《国学经典藏书》丛书编委会

国学经典藏书

三国志

高　方　译注

吉林大学出版社
长　春

图书在版编目（CIP）数据

三国志 / 高方译注 . —长春：吉林大学出版社，2021.4
（国学经典藏书）
ISBN 978-7-5692-7717-3

Ⅰ . ①三… Ⅱ . ①高… Ⅲ . ①中国历史 – 三国时代 – 纪传体 Ⅳ . ① K236.042

中国版本图书馆 CIP 数据核字（2020）第 223482 号

国学经典藏书：三国志
GUOXUE JINGDIAN CANGSHU: SANGUO ZHI

作　　者：高　方 译注
策划编辑：魏丹丹
责任编辑：陶　冉
责任校对：田　娜
装帧设计：蒋宏工作室
开　　本：880mm × 1230mm　1/32
字　　数：207 千字
印　　张：10
版　　次：2021 年 4 月第 1 版
印　　次：2024 年 1 月第 3 次印刷

出版发行：吉林大学出版社
地　　址：长春市人民大街 4059 号（130021）
0431-89580028/29/21
http://www.jlup.com.cn
E-mail:jdcbs@jlu.edu.cn
印　　刷：河北松源印刷有限公司

ISBN 978-7-5692-7717-3　　定价：40.00 元

编者的话

经典是人类知识体系的根基，是人类的精神家园，是我们走向未来的起点。莎士比亚说过："生活里没有书籍，就好像没有阳光；智慧里没有书籍，就好像鸟儿没有翅膀。"21世纪中国国民的阅读生活中最迫切的事情是什么？我们的回答是阅读经典！

中国有数千年一脉相传、光辉灿烂的文化，并长期处于世界文化发展的前列，尤其是在近代以前，曾长期引领亚洲乃至世界文化的发展方向。长期超稳定的社会发展形态和以小农生产为基础的、悠闲的宗法农业社会，塑造了中华民族注重实际、过分地偏重经验、重视历史的文化心理特征。从殷商时代的"古训是式"(《诗经·大雅·烝民》)，到孔子的"述而不作，信而好古"(《论语·述而》)，可以清楚地看出这种文化心理不断强化的轨迹。于是，历史就被赋予了神圣的光环，它既是人们获得知识的源泉，也是人们价值标准的出处。它不再是僵死的、过去的东西，而是生动活泼、富有生命力，并对现世仍有巨大指导作用的事实。因而就形成了这样一种固定的文化思维方式，也就是"以铜为鉴，可正衣冠；以古为鉴，可知兴替；以人为鉴，可明得失"(《新唐书·魏徵传》)。中国的文化人世代相承，均从历史中寻求真理，寻求"修身、齐家、治国、平天下"的崇高理想模式。

这种对于历史所怀有的深沉强烈的认同感，正是历史典籍赖以发展、繁荣的文化心理基础。历史上最初给历史典籍的研究和整理工作涂上政治、道德和伦理色彩的是春秋时期的孔子。当时的孔子因感“周室微而礼乐废、《诗》《书》缺”，于是乃删订了《诗》《书》《礼》《乐》《易》《春秋》等“六经”（见《史记 · 孔子世家》），寄托了自己在政治上“复礼”和道德上“归仁”的最高理想。孔子以后，历史典籍的编撰无不遵循着这一最高原则。所以《隋书 · 经籍志》总序中就说：“夫经籍也者，机神之妙旨，圣哲之能事。所以经天地，纬阴阳，正纲纪，弘道德，显仁足以利物，藏用足以独善……其王者之所以树风声，流显号，美教化，移风俗，何莫由乎斯道？……其教有适，其用无穷，实仁义之陶钧，诚道德之橐籥也。……夫仁义礼智，所以治国也；方技数术，所以治身也。诸子为经籍之鼓吹，文章乃政化之黼黻，皆为治国之具也。”（《隋书 · 经籍志一》）由此可见，历史典籍的编撰整理工作，已不仅仅是文化技术问题，更重要的是它还负有“正纲纪，弘道德”的政治和道德使命。于是，在两千多年的历史发展过程中，先人们为我们留下了汗牛充栋的文化典籍。这些宝贵的精神财富，不仅是我们中华民族的骄傲，也是全人类的骄傲，并已成为世界文化宝藏的重要组成部分。

中国的先哲们一向对古代典籍充满崇敬之情，他们认为，先王之道、历史经验、人伦道德以及治国安邦之术、读书治学之法等等，都蕴藏于典籍之中。文献典籍是先王之道、历史经验、人伦道德等赖以传递后世的重要手段。离开书籍，后人将无法从前朝吸取历史经验，无法传承先王之道。在日新月异的当代，如何对待这份优秀的文化遗产？毛泽东同志早就指出：“中国的长期封建社会中，创造了灿烂的古代文化。清理古代文化的发展过程，剔除其封建性的糟粕，吸取其民主性的精华，是发展民族新文化、提高民族自信心的必要条件。……中国现时的新文化也是从古代的旧文化发展而来，因此，我们必须尊重自己的历史，决不能割断历史。但是，这种尊重是给历史以一定的科学地位，是尊重历史的辩证法的发展，而不是颂古非今。”（毛泽东《新民主主义论》）古代典籍，不仅对中华民族的形成与发展历史地发挥了巨大的凝聚力作用，而且在当今中华民族伟大复兴中，依然会发挥无可替代的重要作用。

在科学技术迅猛发展的当代社会，人们的生活、观念正在发生着巨大而深刻的变革，面对蓬勃发展的现代科技和汹涌而至的各种思潮，人们依然能深切地感受到中国传统文化无所不在的巨大力量。人们渴望了解这种无形的力量源泉，于是绚丽多姿的中华典籍就成了人们首要的选择。它能够使我们在精神上成为坚强、忠诚和有理智的人，成为能够真正爱人类、尊重人类劳动、衷心地欣赏人类的伟大劳动所产生的美好果实的人。所以，在今天，我们要阅读经典；当数字化、网络化带来的“信息爆炸”占领人们的头脑、占用人们的时间时，我们要阅读经典；当中华民族迈向和平崛起和民族复兴的伟大征程时，我们更要阅读经典。因此，读经典，这个我们习以为常的平凡过程，实际上就成了人的心灵和上下古今一切民族的伟大智慧相结合的过程。但由于时代的变迁，这些经典对现代人来说已是谜一样的存在。为继承这份优秀的文化遗产，帮助人们更好地利用这些经典，在全国学术界诸多专家学者的支持下，我们策划了这套“国学经典藏书”丛书。

丛书以弘扬传统、推陈出新、汇聚英华为宗旨，以具有中等以上文化程度的广大读者为对象，从我国古代经、史、子、集四部典籍中精选 50 种，以全注全译或节选的形式结集出版。在书目的选择上，重点选取我国古代哲学、历史、地理、文学、科技、教育、生活等领域历经岁月洗礼、汇聚人类最重要的精神创造和知识积累的不朽之作。既注重选取历史上脍炙人口、深入人心的经典名著，又注重其适应现代社会的人文价值趋向。丛书不仅精校原文，而且从前言、题解，到注释、译文，均在吸收历代学者研究成果的基础上精心编撰。在注重学术性标准的基础上，尽量做到通俗易懂。我们相信，本丛书的出版，对提高人们的古代典籍认知水平，阅读和利用中华传统经典，传播中华优秀文化，提高人们的民族自信心和文化自豪感，进而为中华民族伟大复兴做贡献，均将起到应有的作用。高尔基说："书籍是人类进步的阶梯。""要热爱读书，它会使你的生活轻松，它会友爱地帮助你了解纷繁复杂的思想、感情和事件；它会教导你尊重别人和你自己；它以热爱世界、热爱人类的情感，来鼓舞智慧和心灵。""当书本给我讲到闻所未闻、见所未见的人物、感情、思想和态度时，似乎是每一本书都在我面前打开一扇窗户，并让我看到一个不可思议的新世界。""每一本书是一级小阶梯，我每爬一级，就……更接近美好生活的观念，更热爱这书"（《高尔基论青年》，中国青年出版社 1956 年版）。流传千年的文化经典，让我们受益匪浅，使我们懂得更多。正如德国著名作家歌德所说："读一本好书，就是和一位品德高尚的人谈话。"的确，读一本好书，就像是结交了一位良师益友。我们真诚希望，这套经典丛书能够真正进入您的生活，成为人人应读、必读和常读的名著。

陈　虎

庚子岁孟秋

前　言

《三国志》为西晋史学家陈寿所作，记载了从魏文帝黄初元年（220）到晋武帝太康元年（280）六十年间魏、蜀、吴三国的历史，其间不乏对此前史实的生动追述，让我们认识了东汉末年群雄逐鹿的壮阔场景，以及中国由分裂走向统一的历史全貌。《三国志》是“二十四史”之一，又与西汉司马迁的《史记》、东汉班固的《汉书》、南朝范晔的《后汉书》合称“前四史”。从写作时间上看，《三国志》仅晚于《史记》和《汉书》。其以一身而兼纪传、国别和断代体例，在“二十四史”中也是绝无仅有的。

陈寿（233—297），字承祚，巴西郡安汉县（今四川南充）人。虽然人们习惯标称其为“西晋史学家”，但他实际上却是身历蜀汉，又由魏入晋的。所以《三国志》对陈寿而言大体上相当于是“当代史”的写作。

陈寿少时好学，师事同郡学者谯周，喜欢研习《尚书》《三传》，并且精通《史记》《汉书》，其文章以富丽著称。陈寿在蜀汉时应州郡召命，历任卫将军姜维主簿、东观秘书郎、散骑黄门侍郎等职。任观阁令史时宦官黄皓专权，诚如《三国志 · 樊建传》中所述“宦人黄皓窃弄机柄，咸共将护，无能匡矫”，陈寿因不肯屈从屡遭遣黜。蜀汉灭亡后，陈寿被名臣张华推举为孝廉，历任著作郎、阳平令等职，其间奉令编撰《诸葛亮集》，这一情节在《诸葛亮传》中交代得十分清楚。陈寿入晋后仕途仍旧多有坎坷，晚年被拜为太子中庶子，本当入东宫教诲太子，未曾到任，病逝，时享年六十五岁。

晋武帝太康元年西晋灭吴，天下一统，《三国志》也历时十年于此期成书，“时人称其善叙事，有良史之才”。张华读了《三国志》对陈寿越发赞赏，认为应由其撰写《晋书》。当时著名文学家夏侯湛是曹魏名将夏侯渊的第四子，为追述父辈英烈当时也在撰写《魏书》，但当他看到陈寿的《三国志》后，便销毁了自己已经写好的文稿。陈寿去世后，晋惠帝诏令河南尹、洛阳令派人专程去陈寿家中抄写《三国志》。

在陈寿写作《三国志》之前，魏国已先有王沈所著的官修史书《魏书》和鱼豢所著的私修史书《魏略》，吴国也有韦昭所著的官修史书《吴书》，只有蜀汉没有专门的史官，也没有史书流传。也许恰是因为史料收集难度极大，全书六十五卷的《三国志》，有《魏书》三十卷，《吴书》二十卷，《蜀书》则仅有十五卷。《三国志》最早以《魏书》《蜀书》《吴书》三书单独流传，直到北宋咸平六年(1003)三书才合为一书。但即使是分别独立成书，陈寿也有需要解决的重大难题。

陈寿记载的这段历史是魏、蜀、吴三国鼎立时期，去除后建的吴国，魏和蜀均称自己是代汉而立。不同只在于曹丕自言是“受禅”于汉献帝，刘备则是以刘氏宗亲名义效法光武帝刘秀即位称帝。到底应尊哪一个政权为正统，对史学家来说相当棘手。也就是说，面对这个前所未有的局面，陈寿必须开天辟地般建立自己的史学体系。

陈寿本人由蜀入魏，又由魏入晋，晋承魏而得天下，若魏不正则晋益发不正，身为晋臣的陈寿没有其他选择，所以《三国志》尊魏为正统。其标志就是《三国志》只有《魏书》为魏武帝曹操、魏文帝曹丕、魏明帝曹叡等人作了本纪，《蜀书》《吴书》没有本纪只有传，记刘备则称《先主传》，记孙权则称《吴主传》。《四库全书总目提要》曾将《三国志》与东晋史学家习凿齿所作尊蜀汉为正统的《汉晋春秋》相比较评曰："其书以魏为正统，至习凿齿作《汉晋春秋》始立异议。自朱子以来，无不是凿齿而非寿。然以理而论，寿之谬万万无辞，以势而论，则凿齿帝汉顺而易，寿欲帝汉逆而难。"其实略通史法的人一读之下便可以知道，《先主传》《吴主传》并非寻常传体，二者均与本纪一样采用"年经事纬"的写法，即如清人刘咸炘在评《先主传》时所言："此等书法，皆本纪之制。"这大概就是陈寿对三国鼎立互不统属形势的认知和对历史本真无声的坚持。

先秦史书大多以编年为体，其后《史记》首建纪传体通史之制，《汉书》则创立了"包举一代"的断代史体例。《汉书》在纪传形式上对《史记》也多有改造，如将"本纪"改称为"纪"，将"世家"并入"列传"并改称为"传"，将"书"改为"志"，这些变化后来的史书几乎都有所沿袭。《三国志》也袭用《汉书》"纪""传"之称，但取消了记载王侯、百官世系的"表"和记载经济、地理、职官、礼乐、律历等内容的"志"，全书仅用人物传记支撑立体。

中国史学一直崇尚"不虚美，不隐恶"的"实录"精神，也把这一精神当作“良史”的必备素养。但与此同时，从孔子校订《春秋》时就留下来的“三讳”原则，也就是“为尊者讳，为亲者讳，为贤者讳”的修史曲笔也无时无刻不影响着历代史家。许多人认为《三国志》对曹操、司马懿多有回护和溢美与“实录”相悖，但这也实在是封建时代身为人臣者不得已的选择。即如《三国志》不但无法为晋朝先人司马懿立传，就连称呼也从不称“司马懿”，而只以谥号称之为“司马宣王”。又如《武帝纪》中对曹操的称呼凡三变，篇首呼为“太祖”，建安元年迁都许县后称“公”，建安二十一年“天子进公爵为魏王”后则大多称“王”。只从一个称谓，便可知陈寿当初是如何地大费踌躇。

关于《三国志》，人们还经常探讨陈寿对诸葛亮是否颇多诋毁之意。其理由在于马谡兵败被杀，在其帐下任职的陈寿父亲受到牵连，故而陈寿心有积怨，并以传末陈寿评说诸葛亮“盖应变将略，非其所长欤”为依据。但事实上，《三国志》记述东汉末年到西晋统一之间不可胜数的风云人物，全书单独立传者仅有九人，除魏主（魏武帝、魏文帝、魏明帝）三人、蜀主（先主、后主）二人、吴主（孙权）一人之外，只有诸葛亮和陆逊。而且行文之中陈寿不但对“论者或怪亮文彩不艳，而过于丁宁周至”这一观点认真加以反驳，不遗余力地为诸葛亮辩护，更曾掷地有声地说：“虽甘棠之咏召公，郑人之歌子产，无以远譬也。”足见陈寿是一个负责任的史家，对诸葛亮从未挟私。

《三国志》在尊重史实的基础上，为我们绘制了栩栩如生的三国人物图谱长卷。我们能够从中看到曹操的成长经历，礼贤下士的风范，政治、军事才能的展现，以及战争中数度“屠城”的残忍杀戮;也能够看到曹操与刘备也曾有过“出则同舆,坐则同席”的蜜月期,曹丕和孙权也曾有过君臣和乐的场景,曹丕更曾为孙权加“九锡”;也能够发现《三国演义》故事移花接木的痕迹,比如史实中鞭打督邮的是刘备而不是张飞,勇斩华雄的是孙坚而不是关羽,“史学”之外,《三国志》大可以当作“文学”来读。

本书以中华书局简体字本二十四史《三国志》为基本文字底本,共选文八篇,分别为卷一《魏书一武帝纪第一》,卷二《魏书二文帝纪第二》,卷十九《魏书十九任城陈萧王传第十九》,卷三十二《蜀书二先主传第二》,卷三十五《蜀书五诸葛亮传第五》,卷三十六《蜀书六关张马黄赵传第六》,卷四十六《吴书一孙破虏讨逆传第一》,卷五十四《吴书九周瑜鲁肃吕蒙传第九》。

以上篇目《武帝纪》《文帝纪》《先主传》为本纪体单人独传;《任城陈萧王传》为任城威王曹彰、陈思王曹植和萧怀王曹熊的三人合传,此三人系同母四子中魏文帝曹丕之外的三子,故其传相合;《诸葛亮传》后附其子诸葛乔、诸葛瞻及经其一手提拔且后来在蜀汉担任要职的董厥、樊建之传;《关张马黄赵传》为蜀中“五虎上将”之合传,每人传后各附其子孙传;《孙破虏讨逆传》为东吴破虏将军孙坚、讨逆将军孙策的父子合传,为《吴书》第一,位于《吴主传》即孙权传之前;《周瑜鲁肃吕蒙传第九》大抵因“三人相继屯荆州,以权之论合之”,本书篇幅有限故仅截取周瑜传部分,但篇末保留孙权对周瑜鲁肃吕蒙三人的评论,算是聊以弥补未能收录《吴主传》的遗憾。

所以选取这些篇目,是因为传主多是奠定三国鼎足之势的重要人物,至于西晋如何代魏而立,观看曹氏父子与汉献帝的互动则大致可知。从上述文本可以发现《三国志》的纪传有独传，有合传，有附传，皆取决于人物的重要性和彼此关系。即使是合传也因事迹多寡和重要程度而决定记述详略，例如《任城陈萧王传》中最略为早逝之萧怀王曹熊，次为任城威王曹彰，最详者为陈思王曹植，述事之外又纳入《上责躬诗表》《求自试表》《求通亲亲表》《求存问亲戚疏》《陈审举表》等多篇疏表及诗作，不但能看出三国时期贤臣的榜样是伊尹和周公，让人对三国文化生出更为立体的感知，也直接表现了曹植的言辞文采、政治才能和苦闷心境。

《三国志》材料取舍审慎，记述生动翔实，但也不乏疏简之处。例如《关张马黄赵传》实是过于简约了，尤其是记赵云只有四百余字；“建安七子”中的“六子”更是只以寥寥数笔附于《王粲传》之后。且传末论赞偏于单薄，陈寿的史识表达未免不够鲜明和充分。但瑕不掩瑜，《三国志》面世后不但获得时人的好评，而且为后人所推重。南朝史学家裴松之说“寿书铨叙可观，事多审正。诚游览之苑囿，近世之嘉史”，于是倾力为其作注，有力助推了《三国志》的流传。清代史学家钱大昕则说：“然吾所以重承祚者，又在乎叙事之可信。盖史臣载笔，事久则议论易公，世近见闻必确。三国介汉晋之间，首尾相涉，垂及百年，两史有违失者，往往赖此书正之……予性喜史学，马班而外，即推此书，以为过于范、欧阳。”范晔的《后汉书》和欧阳修的《新唐书》《新五代史》也都是史学名著，《三国志》是否可在司马迁、班固之后位列第三，读者自可以到书中去寻找答案。

目　录

卷一　魏书一

武帝纪第一

〔题解〕

《武帝纪》是《魏书》的第一篇，也是《三国志》的第一篇，更是全书篇幅最长的一篇，记述了魏武帝曹操的一世作为。曹操一直是历史上争议较多的人物，一方面他在乱世之中兴起义兵诛董卓灭袁绍匡扶汉室江山，另一方面也有“挟天子以令诸侯”的事实。身为宦官之后，曹操从未被时人高看一眼，但他凭借自己的远见卓识和过人才干使东汉末年的天下趋于平定，使北方百姓脱离生灵涂炭的战乱。作为政治家的曹操深谋远虑心怀人民，在任汉丞相前后发布了一系列惠民之策；作为军事家的曹操审时度势战术多变，其战绩胜多负少却也留下了一桩桩残忍屠城的记录。汉献帝因其功赐以“九锡”至高之礼，曹操也没有因大权在握而废掉汉献帝，反而将自己的三个女儿一并送入后宫为妃。曹操遗令一命“薄葬”，二命“军政如常”，都显示了不同于常人的胸襟怀抱。此“汉相”是否如周瑜所言实为“汉贼”，读者大可自行评断。

太祖武皇帝[①],沛国谯人也,姓曹,讳操[②],字孟德,汉相国参之后。桓帝世,曹腾为中常侍大长秋[③],封费亭侯。养子嵩嗣[④],官至太尉[⑤],莫能审其生出本末。嵩生太祖。

〔注释〕

①太祖:曹操庙号。武皇帝:曹丕建魏后追谥曹操为魏武帝。

②讳操:汉时史书称先代帝王直书其名,而不称“讳”。易代之后史书称先代帝王均称“讳”,此为史书之惯例。“操”为魏武之名。

③中常侍大长秋:汉代官职,汉元帝时始有中常侍之名,初由士人担任,后由宦官阉人任职。“大长秋”秦称将行,汉景帝时改称大长秋,因掌宣达皇后旨意,管理皇后所居长秋宫而得名,为皇后近侍官首领。

④嗣:一义为接续、继承,一义为子孙、后嗣。此处指继承爵位。

⑤太尉:东汉时太尉为最高武职,但不直接指挥军队,相当于皇帝的最高军事顾问。

〔译文〕

魏太祖武皇帝,是沛国谯县人,姓曹,名操,字孟德,是汉高祖时相国曹参的后代。汉桓帝时期,曹腾任中常侍大长秋,地位在皇宫中举足轻重,后来被封为费亭侯。曹腾的养子曹嵩继承了他的爵位,官至太尉,但是没有人能够推究他的出身来历。曹嵩生下了太祖曹操。

太祖少机警,有权数[①],而任侠放荡[②],不治行业[③],故世人未之奇也;惟梁国桥玄[④]、南阳何颙异焉[⑤]。玄谓太祖曰："天下将乱，非命世之才不能济也[⑥]，能安之者，其在君乎！"年二十，举孝廉为郎[⑦]，除洛阳北部尉[⑧]，迁顿丘令[⑨]，征拜议郎[⑩]。

〔注释〕

①权数：指掌握权力的术数、要领。

②任侠：见义勇为；凭借权威、勇力或财力等手段扶助弱小，帮助他人。放荡：任意而为，不受约束。

③行（xíng）业：德行功业；操行学业。

④桥玄：一作乔玄，字公祖。梁国睢阳县（今河南省商丘市睢阳区）人，东汉时期名臣，官至太尉。

⑤何颙（yóng）：字伯求，东汉末年名士，南阳襄乡（今湖北枣阳）人。见曹操后曾言："汉室将亡，安天下者，必此人也。"后参与谋刺董卓事件，未果，忧愤而死。

⑥命世之才：多用以称誉有治国之才者。原指顺应天命而降世的人才，后多指名望才能为世人所重的杰出人才。

⑦举孝廉：举孝廉是汉朝的一种由下向上推选人才为官的制度。孝廉是"孝顺亲长，廉能正直"的意思。

⑧除：授官。

⑨迁：升职。

⑩征拜：指征召授官。

〔译文〕

太祖年少时机敏警醒，有权谋计算，并且喜欢扶助弱小、任意而为，不注重德行功业，所以世人未曾把他当作奇才；只有梁国的桥玄和南阳的何颙认为他与众不同。桥玄曾经对太祖说：

“天下将要大乱，不是顺应天命而降世的人才不能拯救天下，能够使天下安定的人，应该就是你吧！”太祖二十岁的时候，被推举为孝廉担任郎官，被任命为洛阳北部尉，后升迁为顿丘令，又被征召授予议郎之职。

光和末[1]，黄巾起。拜骑都尉[2]，讨颍川贼。迁为济南相，国有十余县，长吏多阿附贵戚[3]，赃污狼藉[4]，于是奏免其八；禁断淫祀[5]，奸宄逃窜[6]，郡界肃然。久之，征还为东郡太守；不就，称疾归乡里[7]。

〔注释〕

①光和：东汉灵帝刘宏的第三个年号，自公元178年至184年，时间跨度为7年。

②骑都尉：官名。汉武帝始置。两汉属光禄勋，晋以后历代沿置，品级不一。

③长吏：地方上级别最高的官员。贵戚：帝王本姓的亲族。

④赃污狼藉：指贪污受贿，行为不检，名声败坏。

⑤淫祀：过度祭祀。指非其所祭而祭之，包含僭越身份之祭与未列入祀典之祭两种。淫：过度，失其节制，不合法度。

⑥奸宄(guǐ)：指违法作乱的人或事。

⑦称疾归乡里：曹操任济南国相期间的改革触动了权贵阶层的利益，于是相关人联名上书以举荐之名将曹操调离此地，曹操因灰心而辞官归乡。

〔译文〕

汉灵帝光和末年，黄巾军兴起。太祖被任命为骑都尉，征讨颍川地区的贼人。升任为济南国国相，济南国下辖十几个县，县里地位最高的官员大多阿谀依附皇帝本家的刘姓亲族，贪污受贿，行为不检，于是太祖上奏免去了其中八人的职务；禁止过度的祭祀行为，违法作乱的人都逃往外地，国郡之内安定平静，秩序良好。过了一段时间，朝廷征召太祖还朝担任东郡太守；太祖不愿接受任命，就称病回到了自己的家乡。

顷之[①]，冀州刺史王芬、南阳许攸、沛国周旌等连结豪杰，谋废灵帝，立合肥侯[②]，以告太祖，太祖拒之。芬等遂败。

〔注释〕

①顷之（qǐngzhī）：不久，不一会儿。

②合肥侯：东汉皇族，原名失考。

〔译文〕

过了不久，冀州刺史王芬、南阳许攸、沛国周旌等人联合天下豪杰，密谋废掉汉灵帝，改立合肥侯为帝，他们把这件事告诉了太祖请求合作，太祖认为他们无法成事就拒绝了。王芬等人后来果然失败了。

金城边章、韩遂杀刺史郡守以叛[①]，众十余万，天下骚动。征太祖为典军校尉。会灵帝崩，太子即位[②]，太后临朝。大将军何进与袁绍谋诛宦官，太后不听。进乃召董卓,欲以胁太后,卓未至而进见杀。卓到,废帝为弘农王而立献帝[③],京都大乱。卓表太祖为骁骑校尉,欲与计事[④]。太祖乃变易姓名,间行东归[⑤]。出关[⑥],过中牟,为亭长所疑[⑦],执诣县,邑中或窃识之,为请得解。卓遂杀太后及弘农王。太祖至陈留,散家财,合义兵[⑧],将以诛卓。冬十二月,始起兵于己吾,是岁中平六年也[⑨]。

〔注释〕

①金城:郡名。今兰州。

②太子:汉灵帝与何太后嫡长子刘辩,史称少帝,后被废为弘农王。被废一年后,在董卓胁迫下自尽。何进为其舅父。

③献帝:献帝刘协,原为陈留王,少帝刘辩之异母弟。

④计事:计议大事;谋事划策。

⑤间(jiàn)行:偷偷地走;从小路走。东归,从洛阳到曹操家乡陈留是从西向东,所以叫"东归"。曹操因认定董卓必败,故而逃走。

⑥出关:曹操此行出洛阳向东,故此关应为虎牢关,而非许多注本所言之函谷关。

⑦亭长(cháng):秦汉时属于低于县二级的行政建制长官,级别大约相当于现在的派出所所长。

⑧义兵:以恢复被推翻的王朝为宗旨而组织起来的军队。

⑨中平六年:公元 189 年。中平是东汉灵帝的第四个年号,始于 184 年止于 189 年,共计 6 年。中平六年 4 月 11 日,汉灵帝崩逝,汉少帝刘辩即位改元光熹,后改元昭宁,9 月汉献帝即位改元永汉,12 月"诏除光熹、昭宁、永汉三号",复称中平六年。

〔译文〕

金城的守将边章、韩遂杀死了刺史郡守陈懿起兵反叛，集结了十几万人马，天下动荡。朝廷征召太祖为典军校尉。恰逢灵帝驾崩，太子即位，太子之母何太后临朝听政。大将军何进与袁绍密谋诛杀专权的宦官，何太后不肯听从他们的建议。何进于是召见董卓，想要以董卓的力量来胁迫何太后，董卓还没有赶到，何进就被宦官杀死了。董卓到京，废少帝刘辩为弘农王而改立刘协为献帝，京城陷入一片混乱。董卓上表要求封太祖为骁骑校尉，想要和太祖一起计议大事。太祖于是改名换姓，偷偷向东逃往家乡。太祖东出虎牢关，路过中牟县时，他的身份引起了亭长的怀疑，被抓到了县衙，县里有人私下认识他，就替他求情使他得到释放。这时董卓在京城杀了太后和弘农王。太祖回到家乡陈留，散尽家中钱财，聚集大批想要复兴汉室的兵士，准备去诛杀董卓。冬天十二月，开始在己吾起兵，这一年是中平六年。

初平元年春正月①，后将军袁术②、冀州牧韩馥、豫州刺史孔伷、兖州刺史刘岱、河内太守王匡、勃海太守袁绍③、陈留太守张邈、东郡太守桥瑁、山阳太守袁遗、济北相鲍信同时俱起兵，众各数万，推绍为盟主。太祖行奋武将军④。

〔注释〕

①初平：汉献帝刘协的第一个年号，始于 190 年终于 193 年，共计

四年。

②后将军:官名。战国已有,秦因之,汉不常置。金印紫绶,位次于上卿。职掌京师兵卫,或屯兵边境。相当官职为前、后、左、右将军。

③勃海:郡名。治今河北南皮东北。

④行:兼代(官职)。奋武将军:奋武将军是高级将军名号,杂号将军之一,担任此官职者,相当于各路军队中的总监军。吕布也曾任此官职。三国时魏、吴有置,蜀未见。

〔译文〕

初平元年春天正月,后将军袁术、冀州牧韩馥、豫州刺史孔伷(zhòu)、兖州刺史刘岱、河内太守王匡、勃海太守袁绍、陈留太守张邈、东郡太守桥瑁、山阳太守袁遗、济北相鲍信在同一时间一起起兵,每个人手下都有数万兵士,他们推举袁绍为盟主。太祖兼任奋武将军。

二月,卓闻兵起,乃徙天子都长安①。卓留屯洛阳,遂焚宫室。是时绍屯河内,邈、岱、瑁、遗屯酸枣,术屯南阳,伷屯颍川,馥在邺。卓兵强,绍等莫敢先进。太祖曰:"举义兵以诛暴乱,大众已合,诸君何疑?向使董卓闻山东兵起②,倚王室之重,据二周之险③,东向以临天下;虽以无道行之,犹足为患。今焚烧宫室,劫迁天子,海内震动,不知所归,此天亡之时也。一战而天下定矣,不可失也。"遂引兵西,将据成皋。邈遣将卫兹分兵随太祖。到荥阳汴水,遇卓将徐荣,与战不利,士卒死伤甚多。太祖为流矢所中④,所乘马被创,从弟洪以马与太祖⑤，得夜遁去。荣见太祖所将兵少，力战尽日，谓酸枣未易攻也，亦引兵还。

〔注释〕

①徙：迁徙，迁移。意指将天子刘协从洛阳胁持至长安，并改都城为长安。

②向使：如果；假使。山东：太行山以东。山指太行山。

③据二周之险：西周都城镐京在长安一带，东周都城洛邑在洛阳一带，以这两个地方为中心的军事要地都被董卓占据着，所以叫"据二周之险"。

④流矢：指乱飞的或无端飞来的箭。

⑤从弟：古人以共曾祖父而不共父亲又年幼于己者的同辈男性为从弟，年长于己者为从兄。

〔译文〕

二月，董卓听说讨伐自己的义兵兴起，就迁移汉献帝刘协定都长安。董卓留守驻扎在洛阳，于是放火焚毁皇家宫室。这个时候袁绍驻扎在河内，张邈、刘岱、桥瑁、袁遗驻扎在酸枣，袁术驻扎在南阳，孔伷驻扎在颍川，韩馥在邺城。董卓兵力强大，袁绍等没有人敢首先进军。太祖说："我们兴起义兵就是为了诛灭暴乱，如今大家已经兵合一处，诸位还有什么可犹疑的呢？假使董卓听说山东义兵兴起，倚靠王室的器重，占据长安洛阳一带的险要之地，向东出兵，面对天下；虽然所行无道，却还是一个巨大的隐患。如今他焚烧宫室，劫持天子强迁都城，早已引起海内震动，使天下人不知应该归顺于谁，这是老天要灭亡他的时候啊！只需一战就能天下平定，这个机会不可以失去。”太祖就率军向西，将要占据成皋。张邈派遣自己的部将卫兹带领一部分士兵跟随太祖。军队行进到荥阳汴水时，遇到了董卓的部将徐荣，太祖率军与之作战，但战事不顺利，士卒死伤很多。太祖被流箭射中，所骑的马也受了伤，他的从弟曹洪把自己的马让给他，太祖才得以趁夜逃走。徐荣见太祖所率领的兵士虽然数量很少，却能够全力作战一整天，认为酸枣也不是很容易攻克的，就率军撤退了。

太祖到酸枣，诸军兵十余万，日置酒高会①，不图进取。太祖责让之②，因为谋曰③："诸君听吾计，使勃海引河内之众临孟津④，酸枣诸将守成皋，据敖仓，塞轘辕、太谷，全制其险；使袁将军率南阳之军军丹、析，入武关，以震三辅⑤：皆高垒深壁⑥，勿与战，益为疑兵⑦，示天下形势，以顺诛逆⑧，可立定也。今兵以义动，持疑而不进，失天下之望，窃为诸君耻之！”邈等不能用。

〔注释〕

①置酒高会：设酒宴办盛会。置，设置；高会，盛会。

②责让：斥责；谴责。

③因为：因，于是；为，给，替。

④勃海：指袁绍，袁绍曾为勃海太守，故以官职代称其人。河内：河内郡，汉代名郡，位于今河南北部、河北南部一带。

⑤三辅：《太平御览》卷一六四引《三辅黄图》云："武帝太初元年改内史为京兆尹，以渭城以西属右扶风，长安以东属京兆尹，长陵以北属左冯翊

(yì),以辅京师,谓之三辅。”此三个官职的治所皆在长安城中,后以三辅泛称京城附近地区。

⑥高垒深壁:高的营垒和深的战壕,指坚固的防御工事。

⑦疑兵:为了虚张声势、迷惑敌人而布置的军队。

⑧以顺诛逆:以正义之师征讨反动势力。顺,顺理者,指正义之师。逆,违理者,指反动势力。

〔译文〕

太祖到酸枣的时候,各支军队共有兵士十余万人,这些人每日设酒宴办盛会,不思进取。太祖责备他们,又替他们谋划说:“诸位请听我的计策,让袁绍率领河内郡的人马到达孟津,酸枣诸将镇守成皋,占据敖仓,阻塞轘辕(huányuán)、太谷,全部控制这些险要的地方;让袁术将军率领南阳的军队守住丹水、析县,再进入武关,来震慑京城周边:都修好坚固的防御工事,不要和敌人作战,越发会成为疑兵让董卓迷惑,看天下的形势,以正义之师征讨悖逆天道之人,可以立刻使天下安定。如今我们的军队以匡扶皇室的名义集结,却因为心存疑惧而不肯进兵,让天下人失去指望,我在心里替诸位感到羞耻!”张邈等人不肯采纳他的计策。

太祖兵少,乃与夏侯惇等诣扬州募兵,刺史陈温、丹杨太守周昕与兵四千余人。还到龙亢,士卒多叛①。至铚、建平,复收兵得千余人,进屯河内。

〔注释〕

①士卒多叛:《魏书》曰:兵谋叛,夜烧太祖帐,太祖手剑杀数十人,余

皆披靡，乃得出营；其不叛者五百余人。

〔译文〕

太祖手下的兵士很少，就和夏侯惇（dūn）等人一起去扬州招募兵士，刺史陈温、丹杨太守周昕给了他四千余名士兵。往回走到龙亢这个地方，士卒中的多数人都叛逃了。到了铚地和建平，又收纳兵士一千余人，之后进发驻扎在河内。

刘岱与桥瑁相恶，岱杀瑁，以王肱领东郡太守①。

〔注释〕

①领：担任，特指兼任。王肱为刘岱手下将领。

〔译文〕

刘岱和桥瑁互相厌恶，刘岱杀了桥瑁，让王肱代替桥瑁担任东郡太守。

袁绍与韩馥谋立幽州牧刘虞为帝，太祖拒之①。绍又尝得一玉印，于太祖坐中举向其肘②，太祖由是笑而恶焉③。

〔注释〕

①太祖拒之：《魏书》载太祖答绍曰："董卓之罪，暴于四海，吾等合大众、兴义兵，而远近莫不响应，此以义动故也。今幼主微弱，制于奸臣，未有昌邑亡国之衅，而一旦改易，天下其孰安之？诸君北面，我自西向。"昌

邑，指昌邑王刘贺，即皇帝位27天被废，后被封为海昏侯。

②坐中：座席之中。举向其肘：古人佩戴印绶，需将印囊系挂于肘部。袁绍所得为他人之印，绶带长短未必合宜，自然要举肘试戴。此行为后被称作“拟肘”。《说文》中云：“拟，度也。”度即揣度、度量之义。

③恶焉：相传袁绍所得玉印高于他的身份，“拟肘”属于僭越之举，故曹操“恶”之。

〔译文〕

袁绍和韩馥谋划另立幽州牧刘虞为皇帝，太祖反对这件事。袁绍又曾得到一方玉印，在太祖亦在座席中的时候举肘试戴印绶，太祖因为这件事表面上一笑而过，心里却开始厌恶袁绍。

二年春，绍、馥遂立虞为帝，虞终不敢当。

〔译文〕

初平二年春天，袁绍、韩馥不听劝阻立刘虞为帝，刘虞始终不敢承当。

夏四月，卓还长安。

〔译文〕

夏天四月，董卓率军从洛阳回到长安。

秋七月，袁绍胁韩馥，取冀州。

〔译文〕

秋天七月，袁绍胁迫韩馥，取得了韩馥治下的冀州。

黑山贼于毒、白绕、眭固等十余万众略魏郡、东郡[①]，王肱不能御，太祖引兵入东郡，击白绕于濮阳，破之[②]。袁绍因表太祖为东郡太守，治东武阳[③]。

〔注释〕

①黑山贼：大本营在黑山之中的贼寇。《后汉书·朱俊传》曰："贼帅常山人张燕，轻勇趫捷，故军号曰飞燕。乃与中山、常山、赵郡、上党、河内诸山谷寇贼更相交通，众至百万，号曰黑山贼。"眭（suī）：姓。略：攻打，夺取。

②破：打败敌人。

③治东武阳：东郡本治濮阳，即官署设置在濮阳。曹操改治所为东武阳，故特书之。

〔译文〕

黑山贼寇于毒、白绕、眭固等率十余万人攻打魏郡、东郡，东郡太守王肱不能抵御，太祖率军进入东郡，在濮阳攻打白绕，打败了他。袁绍因此上表任命太祖为东郡太守，治所设在东武阳。

三年春，太祖军顿丘，毒等攻东武阳。太祖乃引兵西入山，攻毒等本屯。毒闻之，弃武阳还。太祖要击眭固[①]，又击匈奴于夫罗于内黄，皆大破之。

〔注释〕

①要击(yāojī):同“邀击”。指中途拦截加以袭击,拦击;截击。

〔译文〕

初平三年春天,太祖率军驻扎在顿丘,于毒等人趁机攻打东武阳。太祖于是率军向西进入黑山,攻打于毒的大本营。于毒听说这件事,只好放弃东武阳回防。太祖在途中截击眭固,又在内黄境内攻打来犯的匈奴南单于羌渠之子于夫罗,两战都大败敌军。

夏四月,司徒王允与吕布共杀卓。卓将李傕、郭汜等杀允攻布,布败,东出武关。傕等擅朝政①。

〔注释〕

①擅:专权;独断;自作主张。

〔译文〕

夏天四月,司徒王允和吕布一起杀死董卓。董卓的部将李傕(jué)、郭汜等杀死王允,攻打吕布,吕布败退,向东逃出武关。李傕等人总揽朝政。

青州黄巾众百万入兖州,杀任城相郑遂,转入东平。刘岱欲击之,鲍信谏曰①:“今贼众百万,百姓皆震恐,士卒无斗志,不可敌也。观贼众群辈相随,军无辎重②,唯以钞略为资[3]，今不若畜士众之力，先为固守。彼欲战不得，攻又不能，其势必离散，后选精锐，据其要害，击之可破也。”岱不从，遂与战，果为所杀。信乃与州吏万潜等至东郡迎太祖领兖州牧[4]。遂进兵击黄巾于寿张东。信力战斗死，仅而破之。购求信丧不得，众乃刻木如信形状，祭而哭焉。追黄巾至济北。乞降。冬，受降卒三十余万，男女百余万口，收其精锐者[5]，号为青州兵。

〔注释〕

①鲍信：泰山平阳（今山东新泰）人。曾任济北相、破虏将军。迎曹操为兖州牧，后曹操封赠其子。谏（jiàn）：规劝（君主、尊长或朋友），使改正错误。

②辎重（zīzhòng）：军事用语，表示军队使用的军械、粮草、被服等后勤物资。

③钞略：即抄掠，意为抢掠。

④信乃与州吏万潜等至东郡迎太祖领兖州牧：《世语》曰：岱既死，陈宫谓太祖曰：“州今无主，而王命断绝，宫请说州中，资之以收天下，此霸王之业也。”宫说别驾、治中曰：“天下分裂而州无主。曹东郡，命世之才也，若迎以牧州，必宁生民。”鲍信等亦谓之然。

⑤精锐：通常指群体中的精华，比较优秀的成员。常用为军事术语。

〔译文〕

青州黄巾军以百万之众进入兖州，杀死任城相郑遂，转而进入东平郡。兖州刺史刘岱想要攻打他们，鲍信劝他说：“如今贼寇有百万之众，百姓都十分惊恐，士卒没有斗志，不可以正面和他们对抗。我看贼寇人数虽多,但是军队没有足够的后勤保障,只能靠抢掠取得物资,如今我们不如积蓄力量,先采取固守的策略。敌方想战我们又不应战,想攻打我们又攻不下,他们的势力一定会离散,之后我们再选拔精锐部队,占据他们的要害之地,再行攻打就可以打败他们。”刘岱不肯听从他的建议,坚决与黄巾军作战,果然被贼寇所杀。鲍信就和兖州的官吏万潜等人到东郡迎接太祖兼任兖州牧。于是出兵在寿张东攻打黄巾军。鲍信竭尽全力战斗而死,勉强攻破了黄巾军。太祖悬赏寻找鲍信的遗体却没有找到,人们于是按照体貌特征用木头雕刻了鲍信的像,祭奠他并且为他哭灵。太祖追讨黄巾军直到济北。黄巾军乞求投降。冬天,接受黄巾军投降的士卒三十余万,以及其所占领地区的男女老少百余万口,收编黄巾军的精锐人员,称为青州兵。

袁术与绍有隙[①],术求援于公孙瓒,瓒使刘备屯高唐,单经屯平原,陶谦屯发干,以逼绍。太祖与绍会击,皆破之。

〔注释〕

①隙:(感情上的)裂痕。

〔译文〕

袁术与袁绍兄弟感情不和,袁术向公孙瓒求援,公孙瓒就让刘备驻扎在高唐,单经驻扎在平原,陶谦驻扎在发干,形成合围之势来逼迫袁绍。太祖和袁绍联合出击,把他们都打败了。

四年春，军鄄城。荆州牧刘表断术粮道，术引军入陈留，屯封丘，黑山余贼及于夫罗等佐之。术使将刘详屯匡亭。太祖击详，术救之，与战，大破之。术退保封丘，遂围之，未合，术走襄邑，追到太寿，决渠水灌城①。走宁陵，又追之，走九江。夏，太祖还军定陶。

〔注释〕

①决：疏通水道，使水流出去。决渠水灌城，意为开决沟渠，使水倒灌入城。此种战法在古代战争中多有例证，虽利于取胜，却不乏荼毒百姓之残忍。

〔译文〕

初平四年春天，太祖率军驻扎在鄄(juàn)城。荆州牧刘表阻断了袁术运送粮草的道路，袁术只好率军进入陈留，驻扎在封丘，黑山残贼和匈奴人于夫罗等人都来援助他。袁术派部将刘详镇守匡亭。太祖出兵攻打刘详，袁术前往救援，太祖与之作战，大败袁术。袁术退守死保封丘，太祖于是想要围困他，包围圈还没有形成，袁术逃到襄邑，太祖追到太寿，决开睢阳渠，使渠水倒灌入城。袁术逃到宁陵，太祖又追讨他，袁术败逃到九江。夏天，太祖率军回到定陶。

下邳阙宣聚众数千人，自称天子；徐州牧陶谦与共举兵，取泰山华、费，略任城。秋，太祖征陶谦，下十余城，谦守城不敢出。

〔译文〕

下邳的阙宣聚集了几千人，自称为天子；徐州牧陶谦和他一起兴兵，取得了泰山郡的华、费两地，又夺取了任城。秋天，太祖征讨陶谦，一连攻下十几座城池，陶谦死守城池不敢出城应战。

是岁，孙策受袁术使渡江，数年间遂有江东①。

〔注释〕

①江东：顾炎武云：大江自历阳斜北下京口，故有东西之名，今所谓江北，昔之所谓江西也。故《晋地理志》以庐江、九江自合肥以北至寿春皆谓江西。数年间：有版本作"数年闲"。

〔译文〕

这一年，孙策接受袁术的派遣南下渡过长江，几年之间就占据了江东之地。

兴平元年春，太祖自徐州还。初，太祖父嵩，去官后还谯①，董卓之乱，避难琅邪，为陶谦所害②，故太祖志在复仇东伐。夏，使荀彧、程昱守鄄城，复征陶谦，拔五城③，遂略地至东海。还过郯，谦将曹豹与刘备屯郯东，要太祖。太祖击破之，遂攻拔襄贲，所过多所残戮。

〔注释〕

①去官：辞掉官职，离职。

②为陶谦所害：世语曰：嵩在泰山华县。太祖令泰山太守应劭送家诣兖州，劭兵未至，陶谦密遣数千骑掩捕。嵩家以为劭迎，不设备。谦兵至，杀太祖弟德于门中。嵩惧，穿后垣，先出其妾，妾肥，不时得出；嵩逃于厕，与妾俱被害，阖门皆死。劭惧，弃官赴袁绍。琅邪：古地名，今作"琅琊"。在今山东东南。

③拔：夺取；攻克（据点、城池等）。

〔译文〕

兴平元年春天，太祖从徐州回到驻地。当初，太祖的父亲曹嵩辞掉官职后回到谯地，董卓之乱爆发时，避难于琅琊，结果被陶谦所害，所以太祖志在复仇东伐陶谦。夏天，派荀彧（yù）、程昱镇守鄄城，再次征讨陶谦，接连攻下五座城池，所占领的土地直至东海。回师经过郯（tán）地时，陶谦的部将曹豹和刘备驻扎在郯东，阻击太祖。太祖打败了他们，于是进攻夺取襄贲，所过之处多有残忍杀戮的行为。

会张邈与陈宫叛迎吕布，郡县皆应。荀彧、程昱保鄄城，范、东阿二县固守①，太祖乃引军还。布到，攻鄄城不能下，西屯濮阳。太祖曰："布一旦得一州②，不能据东平，断亢父、泰山之道，乘险要我，而乃屯濮阳③，吾知其无能为也。"遂进军攻之。布出兵战，先以骑犯青州兵。青州兵奔，太祖阵乱，驰突火出，坠马，烧左手掌。司马楼异扶太祖上马，遂引去。未至营止，诸将未与太祖相见，皆怖。太祖乃自力劳军，令军中促为攻具，进复攻之，与布相守百余日。蝗虫起，百姓大饿，布粮食亦尽，各引去。

〔注释〕

①固守:坚守;保卫和防守得非常坚固。

②一旦:一个早晨,指吕布得到张邈和陈宫的帮助过于容易。

③而乃:然后。连词,表示承接。

〔译文〕

恰好张邈与陈宫背叛太祖迎接吕布,郡县都起来响应。荀彧、程昱保卫鄄城,范、东阿二县保卫和防守得非常坚固,太祖于是率军回防。吕布到了之后,攻打鄄城不能攻下,向西驻扎在濮阳。太祖说:"吕布在一个早晨就得到一个州,不能占据东平,阻断亢父、泰山的道路,借助险要的地势阻击我,却驻扎在濮阳,我知道他没有能力做成大事。"于是率领军队攻打吕布。吕布率军出城作战,首先以骑兵进攻骁勇善战的青州兵。青州兵四散奔逃,太祖的阵脚一片混乱,他骑着马从火中奔突而出时意外从马上坠落,左手掌被火灼伤。时任司马的楼异扶起太祖重新上马,就退兵离开。没有到达大营的时候,诸将因为没有及时与太祖相见,以为他遇难,都对战事感到十分恐惧。太祖于是亲自慰劳官兵,命令军中加紧制作攻击用具,进而再次向吕布发起攻击,和吕布两军相持一百余天。这一年闹起了蝗灾,百姓陷于饥饿,吕布军中的粮食也已经吃完,于是两人各自率军回去了。

秋九月,太祖还鄄城。布到乘氏,为其县人李进所破,东屯山阳。于是绍使人说太祖①,欲连和②。太祖新失兖州,军食尽,将许之。程昱止太祖③,太祖从之。冬十月,太祖至东阿。

〔注释〕

①说(shuì):游说,劝说。

②连和:联合,合并力量。袁绍之意并非一般联合,而是欲以曹操为自己之臣下。

③程昱止太祖:《魏书·程昱传》:昱谓曹公"虑之不深,自度不能为袁绍之下"。

〔译文〕

秋天九月,太祖回到鄄城。吕布到达乘氏,被本县人李进打败,只好向东驻扎在山阳。于是袁绍派人游说太祖,想要合并彼此的力量。太祖刚刚失去兖州,军中的粮草也已吃完,就想要答应他。程昱劝阻太祖,太祖就听从了他的意见。冬天十月,太祖率军来到东阿。

是岁谷一斛五十余万钱[①],人相食,乃罢吏兵新募者[②]。陶谦死,刘备代之。

〔注释〕

①斛(hú):量器名,亦是容量单位,一斛本为十斗,宋代改为五斗。

②罢:免去,解除。吏兵:官兵;部属,仆从。

〔译文〕

这一年一斛谷的价格高达五十余万钱,出现了人吃人的现象，于是太祖因为粮草问题遣散了新招募的官兵，没有让他们进入军中。陶谦死去，刘备接替他做了徐州牧。

二年春，袭定陶。济阴太守吴资保南城，未拔。会吕布至，又击破之。夏，布将薛兰、李封屯钜野，太祖攻之，布救兰，兰败，布走，遂斩兰等。布复从东缗与陈宫将万余人来战，时太祖兵少，设伏，纵奇兵击①，大破之。布夜走，太祖复攻，拔定陶，分兵平诸县②。布东奔刘备，张邈从布，使其弟超将家属保雍丘。秋八月，围雍丘。冬十月，天子拜太祖兖州牧。十二月，雍丘溃，超自杀。夷邈三族③。邈诣袁术请救④，为其众所杀，兖州平，遂东略陈地。

〔注释〕

①纵：放，放出，使用。奇兵：指出其不意突然袭击敌人的军队。

②分兵：指分派军队，或作兵分两路之意。

③夷：本义为平、平坦，此处指灭掉、杀尽。三族：三族之说未有定论，一般认为指的是父族、母族、子族，也有说指父族、母族、妻族。

④诣（yì）：到某人所在的地方；到某个地方去探望、拜访（多用于所尊敬的或地位较高的人）。

〔译文〕

兴平二年春天，太祖偷袭定陶。济阴太守吴资保卫南城，没有攻下来。恰好吕布到达，太祖又打败了他。夏天，吕布的部将薛兰、李封驻扎在钜野，太祖攻打他们，吕布前去救援薛兰，薛兰败退，吕布逃走，于是太祖就斩杀了薛兰等人。吕布又从东缗出兵，与陈宫率领一万余人来与太祖作战，当时太祖手下兵将很少，于是设下埋伏，放出奇兵攻击他们，取得了大胜。吕布乘夜逃走，太祖再次进攻，占领定陶，又分派军队平定了周边各县。吕布向东投奔刘备，张邈一路跟从吕布，让自己的弟弟张超带领家属保卫雍丘。秋天八月，太祖围困雍丘。冬天十月，天子任命太祖为兖州牧。十二月，雍丘军队溃败，张超自杀。太祖灭掉了张邈的三族。张邈到袁术军中请求救援，结果被袁术的手下杀死，兖州因此得到平定，于是太祖向东占领陈地。

是岁，长安乱，天子东迁，败于曹阳，渡河幸安邑①。

〔注释〕

①幸：指封建帝王到某地去。

〔译文〕

这一年，长安发生叛乱，天子无奈东迁，结果在曹阳被叛军打败，只好渡过黄河来到安邑。

建安元年春正月，太祖军临武平，袁术所置陈相袁嗣降。

〔译文〕

建安元年春天正月，太祖的军队抵达武平，袁术任命的陈国国相袁嗣等人投降。

太祖将迎天子，诸将或疑，荀彧、程昱劝之，乃遣曹洪将兵西迎，卫将军董承与袁术将苌奴拒险，洪不得进。

〔译文〕

太祖将要亲迎天子回京，诸将之中有人心存疑虑，荀彧、程昱也劝他不要去，于是太祖派曹洪率领军队向西迎接天子，卫将军董承与袁术的部将苌奴凭借险要的地势阻断去路，曹洪无法前进。

汝南、颍川黄巾何仪、刘辟、黄邵、何曼等，众各数万，初应袁术，又附孙坚。二月，太祖进军讨破之，斩辟、邵等，仪及其众皆降。天子拜太祖建德将军，夏六月，迁镇东将军，封费亭侯。秋七月，杨奉、韩暹以天子还洛阳，奉别屯梁。太祖遂至洛阳，卫京都，暹遁走①。天子假太祖节钺②，录尚书事③。洛阳残破，董昭等劝太祖都许。九月，车驾出轘辕而东④，以太祖为大将军，封武平侯。自天子西迁，朝廷日乱，至是宗庙社稷制度始立。

〔注释〕

①《后汉书·董卓传》载："暹矜功恣睢，干扰政事，董承患之，潜召兖州牧曹操。操乃诣阙贡献，禀公卿以下，因奏韩暹、张杨之罪。暹惧诛，单骑奔杨奉。"

②天子假太祖节钺：天子赐给曹操持节钺的仪仗。假，借，此处指赐

予;节钺指符节与斧钺,古代授予官员或将帅作为加重权力的标志,常有相关仪仗与之匹配,代表官员的身份地位。

③录尚书事:行使尚书的权力。东汉机要之位,由三公而归尚书。

④出轘辕而东:轘辕指轘辕关。因许县在洛阳之东故曰“东”,而轘辕关为洛阳向东必由之路。轘辕另指形势险要的道路。

〔译文〕

汝南、颍川的黄巾军将领何仪、刘辟、黄邵、何曼等人,每人手下的军队都有数万之众,这些人最初响应袁术的命令,后来又依附孙坚。二月,太祖进军讨伐并打败了他们,斩杀了刘辟、黄邵等人,何仪及其手下众人都投降了。天子任命太祖为建德将军,夏天六月,又升迁为镇东将军,并封为费亭侯。秋天七月,杨奉、韩暹护送天子回京城洛阳,杨奉另外驻军在梁县。太祖于是就到了洛阳,护卫京城,韩暹畏罪逃走。天子赐给太祖符节与斧钺,让他行使尚书的权力。由于当初董卓放火导致洛阳残破,董昭等人劝太祖迁都许县。九月,天子车驾出轘辕关向东,任命太祖为大将军,封武平侯。自从天子西迁长安,朝廷秩序一天天变得混乱,直到此时宗庙社稷制度才开始确立。

天子之东也,奉自梁欲要之,不及。冬十月,公征奉,奉南奔袁术,遂攻其梁屯,拔之。于是以袁绍为太尉,绍耻班在公下,不肯受。公乃固辞,以大将军让绍。天子拜公司空,行车骑将军。是岁用枣祗、韩浩等议,始兴屯田。

〔译文〕

天子从洛阳向东迁都许县之时，杨奉从梁县出发想要阻截天子，但是没有来得及。冬天十月，曹公征讨杨奉，杨奉向南投奔袁术，曹公于是攻打他在梁县的营地，占领了这个地方。天子任命袁绍为太尉，袁绍因为这一位次在曹公之下，不肯接受。曹公于是坚决推辞，把大将军的职位让给袁绍。天子任命曹公为司空，兼任车骑将军。这一年，曹公采纳了枣祗、韩浩等人的建议，开始实行屯田制。

吕布袭刘备，取下邳。备来奔。程昱说公曰："观刘备有雄才而甚得众心，终不为人下，不如早图之①。"公曰："方今收英雄时也，杀一人而失天下之心，不可。"

〔注释〕

①图：谋划；谋求。程昱的意思是杀掉刘备。

〔译文〕

吕布偷袭刘备，夺取了下邳（pī）。刘备前来投奔曹公。程昱劝曹公说："我看刘备有出众的才能而且很得人心，日后一定不会居于人下，不如早些杀掉他。"曹公说："当今正是收纳英雄的时候，因为杀掉一个人而失去天下人的心，是不可以的。"

张济自关中走南阳。济死，从子绣领其众。二年春正月，公到宛。张绣降，既而悔之，复反。公与战，军败，为流矢所中，长子昂、弟子安民遇害。公乃引兵还舞阴，绣将骑来钞①，公击破之。绣奔穰，与刘表合。公谓诸将曰："吾降张绣等，失不便取其质②，以至于此。吾知所以败。诸卿观之，自今已后③不复败矣。"遂还许。

〔注释〕

①钞：同"抄"，从侧面或较近的小路过去。

②不便：不及时。

③已后：同"以后"。

〔译文〕

张济从关中败走南阳。张济死后，他的侄子张绣接管了他手下的军队。建安二年春天正月，曹公到达宛地。张绣投降曹公，但不久就后悔了，又反叛了曹公。曹公与他作战，军队战败，曹公被流箭射中，他的长子曹昂和侄子曹安民被杀害。曹公于是率军回到舞阴，张绣率领骑兵抄小路袭击曹公，曹公打败了他们。张绣奔逃到穰地，与刘表会合。曹公对手下的将领说："我接受张绣等人的投降，由于没有及时扣押他们的人质，才落到今天这个地步。我已经知道我失败的原因了。大家看着吧，从今以后我不会再因为这个而失败了。"于是回到了许县。

袁术欲称帝于淮南，使人告吕布。布收其使，上其书。术怒，攻布，为布所破。秋九月，术侵陈，公东征之。

术闻公自来,弃军走,留其将桥蕤、李丰、梁纲、乐就;公到,击破蕤等,皆斩之。术走渡淮。公还许。

〔译文〕

袁术想要在淮南称帝,派人去告知吕布。吕布收押了袁术派来的使者,并把他的信交给了天子。袁术大怒,攻打吕布,但是被吕布打败了。秋天九月,袁术侵扰陈地,曹公向东征讨他。袁术听说曹公亲自前来,就弃军逃走,留下了他的部将桥蕤(ruí)、李丰、梁纲、乐就;曹公到陈地,击败桥蕤等人,把他们都杀掉了。袁术渡过淮河逃走。曹公收兵回到许县。

公之自舞阴还也,南阳、章陵诸县复叛为绣,公遣曹洪击之,不利,还屯叶,数为绣①、表所侵。冬十一月,公自南征,至宛。表将邓济据湖阳。攻拔之,生擒济,湖阳降。攻舞阴,下之。

〔注释〕

①数(shuò):多次。

〔译文〕

曹公从舞阴回到许县之后,南阳、章陵各县再次叛变,投降了张绣,曹公派曹洪攻打他们,没有打下来,只好回军驻扎在叶,多次被张绣、刘表所侵扰。冬天十一月,曹公亲自南征,进到宛地。刘表的部将邓济占据湖阳。曹公攻打并占领了这里,活捉了邓济，湖阳投降。攻打舞阴，也打了下来。

三年春正月，公还许，初置军师祭酒①。三月，公围张绣于穰。夏五月，刘表遣兵救绣，以绝军后。公将引还，绣兵来[追]，公军不得进，连营稍前②。公与荀彧书曰："贼来追吾，虽日行数里，吾策之③，到安众，破绣必矣。"到安众，绣与表兵合守险，公军前后受敌。公乃夜凿险为地道，悉过辎重④，设奇兵。会明，贼谓公为遁也，悉军来追。乃纵奇兵步骑夹攻⑤，大破之。秋七月，公还许。荀彧问公："前以策贼必破，何也？"公曰："虏遏吾归师⑥，而与吾死地战⑦，吾是以知胜矣。"

〔注释〕

①军师祭酒：官职名称，由曹操初设。后因避司马师讳，也称军祭酒。古代举行仪式时，一般由德高望重的人执行祭酒的礼仪。军师祭酒意为高级军事参谋，相当于参谋长，不掌兵权。

②连营：扎营相连。

③策：策略；计谋。此处用如动词。

④悉：全部。

⑤夹攻：从两面同时攻击。

⑥虏：中国古代对北方外族的贬称，亦泛指敌军。

⑦而与吾死地战：《孙子兵法》第十一篇云："投之亡地然后存，陷之死地然后生。"兵法曰："归师勿遏。"又曰："置之死地而后生。"

〔译文〕

建安三年春正月，曹公回到许县，首次设置军师祭酒这一官职。三月，曹公在穰地围困了张绣。夏天五月，刘表派兵救援张绣，让人断绝曹军的后路。曹公想要带兵后撤，张绣的军队又来追击，曹公的军队无法前进，只能靠扎连营的方式稍稍向前移动。曹公在给荀彧的信中说："贼寇前来追我，虽然我们每天只能前行数里，但是我计算着，到达安众的时候，一定会打败张绣。"到达安众，张绣和刘表两支军队兵合一处固守险要之地，曹公的军队陷于前后受敌的被动局面。曹公于是趁夜晚在险地开凿地道，把所有的后勤保障设施都运走，但是设置了一支奇兵。等到天明，张绣等人认为曹公已经逃跑，就全军来追。曹公于是派出奇兵，让步兵和骑兵从两面同时攻击，大破敌军。秋天七月，曹公回到许县。荀彧问曹公："之前您说，您计算着贼寇必破，是为什么呢？"曹公说："这些虏人阻遏我军回师，将我军置于死地而与我作战，犯了兵法大忌，我因为这个知道我一定会取胜。"

吕布复为袁术使高顺攻刘备①，公遣夏侯惇救之，不利。备为顺所败。九月，公东征布。冬十月，屠彭城②，获其相侯谐。进至下邳，布自将骑逆击。大破之，获其骁将成廉③。追至城下，布恐，欲降。陈宫等沮其计④，求救于术，劝布出战，战又败，乃还固守，攻之不下。时公连战，士卒罢⑤，欲还，用荀攸、郭嘉计，遂决泗、沂水以灌城。月余，布将宋宪、魏续等执陈宫，举城降，生禽布、宫，皆杀之。太山臧霸、孙观、吴敦、尹礼、昌豨各聚众。布之破刘备也，霸等悉从布。布败，获霸等，公厚纳待，遂割青、徐二州附于海以委焉，分琅邪、东海、北海为城阳、利城、昌虑郡。

〔注释〕

①高顺：高顺为吕布帐下中郎将，常对吕布有谏。高顺为人清白有威严，少言辞，所将七百余兵，号为千人，铠甲俱皆精练齐整，每所攻击无不破者，故名“陷阵营”。“陷阵营”是东汉末年一支有名的精锐部队。

②屠城：破城时杀尽其民。

③骁将（xiāojiàng）：指勇猛善战的将军。

④沮（jǔ）：阻止，制止。

⑤罢（pí）：同“疲”，累。

〔译文〕

吕布又因为袁术的缘故派高顺攻打刘备，曹公派夏侯惇救援刘备，但是战事不利。刘备被高顺击败。九月，曹公东征吕布。冬十月，攻破彭城，尽杀城中民众，俘获了彭城相侯谐。军队开进下邳，吕布亲自率领骑兵迎击曹军。曹公大败吕布，俘获了他手下的勇将成廉。曹公一直追赶吕布到下邳城下，吕布十分害怕，想要投降。陈宫等人阻止了他的打算，向袁术求救，并劝吕布出城作战，吕布听从他们的建议，结果再度战败，于是回城固守下邳，曹公攻城也没有攻下来。当时曹公的军队连续作战，士卒都十分疲惫，想要退兵，曹公采纳了荀攸、郭嘉的计策，就决开泗水和沂水的堤坝让河水灌入城内。过了一个多月，吕布的部将宋宪、魏续等人抓住陈宫，献城投降，曹公活捉了吕布、陈宫，把他们都杀了。太山的臧霸、孙观、吴敦、尹礼、昌豨（xī）

等人分别聚集军队作乱。吕布打败刘备的时候，臧霸等人全部追随吕布。吕布大败时，曹公俘获了臧霸等人，很客气地接纳他们，并给他们优厚的待遇，又分割青州、徐州以及沿海之地交给他们治理，并从琅琊、东海、北海中分出城阳、利城、昌虑三郡。

初，公为兖州，以东平毕谌为别驾①。张邈之叛也，邈劫谌母弟妻子；公谢遣之②，曰："卿老母在彼③，可去。"谌顿首无二心④，公嘉之⑤，为之流涕。既出，遂亡归。及布破，谌生得，众为谌惧，公曰："夫人孝于其亲者，岂不亦忠于君乎！吾所求也。"以为鲁相。

〔注释〕

①别驾：亦称别驾从事、别驾从事史，官名。汉代始置，为州刺史的佐官。隋初改别驾为长史，唐初改郡丞为别驾，高宗又改别驾为长史，另以皇族为别驾，后废置不常设。宋各州的通判，职任似别驾，后世因以别驾为通判之习称。

②谢：致歉。《太平御览》卷二百六十三引《曹公别传》叙此事：帝见谌，曰："孤绥抚失和，闻卿母弟为张邈所执，人情不相远，卿可去。孤自遣，不为相弃。"谌涕泣曰："当以死自效。"帝亦垂涕答之。"绥抚"意为"安抚"，"绥抚失和"系曹公自责之语，也为致歉之语。

③卿：对他人的敬称。

④顿首：古代的一种交际礼仪，跪拜礼之一，为正拜，以头叩地，短暂地接触地面便抬起来。后为书简表奏用语，表示致敬。

⑤嘉：夸奖，赞许。

〔译文〕

当初，曹公做兖州牧时，让东平人毕谌任别驾之职。张邈发动叛乱，劫持了毕谌的母亲、弟弟和妻儿；曹公心怀歉意地让他回乡去张邈那里，说："你的老母亲在他那里，你可以去他手下做官。"毕谌向曹公叩首行礼，表示自己决无二心，曹公嘉许他的忠心，也为他的遭遇流泪。结果他从曹公那里出来后，却逃回了家乡。等到吕布被打败，毕谌被活捉，大家都替毕谌感到恐惧，曹公却说："人能对自己的父母行孝，难道不能同样忠于自己的君主吗！这正是我想要的人。"任命他做了鲁地的相。

四年春二月，公还至昌邑。张杨将杨丑杀杨，眭固又杀丑，以其众属袁绍[1]，屯射犬。夏四月，进军临河，使史涣、曹仁渡河击之。固使杨故长史薛洪、河内太守缪尚留守，自将兵北迎绍求救，与涣、仁相遇[犬]城。交战，大破之，斩固。公遂济河，围射犬。洪、尚率众降，封为列侯，还军敖仓。以魏种为河内太守，属[2]以河北事。

〔注释〕

①属（shǔ）：隶属，归属。

②属（zhǔ）：古同"嘱"，嘱咐，托付。

〔译文〕

建安四年春天二月，曹公回到昌邑。张杨的部将杨丑杀死张杨，黑山贼眭固又杀死杨丑，带着他手下的军队投靠袁绍，驻扎在射犬。夏天四月，曹公进军临河，派史涣、曹仁渡河攻打他们。眭固派张杨原来的长史薛洪和河内太守缪尚留守射犬，亲自率兵北迎袁绍请求救援，和史涣、曹仁相遇于犬城。两军交战，曹军大破敌军，斩杀了眭固。曹公于是渡过黄河，围困射犬。薛洪、缪尚率领众人投降，被封为列侯，曹公带兵回到敖仓。任命魏种为河内太守，把河北的事务交给他处理。

初，公举种孝廉。兖州叛，公曰："唯魏种且不弃孤也。"及闻种走，公怒曰："种不南走越、北走胡，不置汝也！"既下射犬，生禽种，公曰："唯其才也！"释其缚而用之。

〔译文〕

当初，曹公举荐魏种为孝廉。兖州张邈叛乱时，曹公说："只有魏种还没有遗弃我啊！"等到听说魏种也逃走了，曹公发怒说："魏种你如果不是向南逃到越地、向北逃到胡地，我是不会放过你的！"等到攻下射犬，活捉了魏种，曹公说："谁让他有过人的才华呢！"解开捆绑他的绳子重新任用他。

是时袁绍既并公孙瓒，兼四州之地，众十余万，将进军攻许。诸将以为不可敌，公曰："吾知绍之为人，志大而智小，色厉而胆薄，忌克而少威，兵多而分画不明，将骄而政令不一，土地虽广，粮食虽丰，适足以为吾奉也。”秋八月，公进军黎阳，使臧霸等入青州破齐、北海、东安，留于禁屯河上。九月，公还许，分兵守官渡。冬十一月，张绣率众降，封列侯。十二月，公军官渡。

〔译文〕

此时袁绍已经吞并了公孙瓒的势力，兼有四州之地，手下的兵士已有十余万人，准备进军攻打许县。诸将都认为无法抵挡袁绍的力量，曹公却说：“我深知袁绍的为人，他志向远大但是才智不足，表面看很厉害但是胆量很小，忌恨贤能而且又少有威信，兵士虽多却分工不明确，将领骄横而且下达的命令并不一致，他占领的土地虽然广大，占有的粮食虽然很多，却恰好可以把这些当作我们的给养。”秋天八月，曹公进军黎阳，派臧霸等人进入青州，攻破齐、北海、东安，留下于禁驻扎在黄河边上。九月，曹公回到许县，分派一支军队守卫官渡。冬天十一月，张绣率军投降，被封为列侯。十二月，曹公率军驻扎在官渡。

袁术自败于陈，稍困，袁谭自青州遣迎之。术欲从下邳北过，公遣刘备、朱灵要之。会术病死。程昱、郭嘉闻公遣备，言于公曰：“刘备不可纵。”公悔，追之不及。备之未东也，阴与董承等谋反①，至下邳，遂杀徐州刺史车胄，举兵屯沛。遣刘岱、王忠击之，不克。

〔注释〕

①备之未东也，阴与董承等谋反：董承自称领受汉献帝衣带诏，联合

刘备、种辑、吴子兰、王子服、吴硕等人密谋诛杀曹操。董承系东汉末年外戚大臣，汉灵帝母亲董太后之侄，汉献帝嫔妃董贵人之父，因护卫汉献帝刘协从长安东归洛阳，拜为卫将军，受封列侯。建安四年（199），拜车骑将军。

〔译文〕

袁术自从在陈地被曹公打败，渐渐陷于危难，他的长子袁谭就从青州派人来迎接他。袁术想要从下邳以北通过，曹公派刘备、朱灵截击他。恰好此时袁术生病死去。程昱、郭嘉听说曹公派出刘备，就对曹公说："刘备是不可以放走的啊！"曹公也感到后悔，想要追回刘备却没有追上。刘备还没有向东行进的时候，已经私下里和董承等人一起谋划反叛曹公，到了下邳，就杀死了徐州刺史车胄，率领军队驻扎在沛县。曹公派刘岱、王忠去攻打他，没有取得胜利。

庐江太守刘勋率众降，封为列侯。

〔译文〕

庐江太守刘勋率领众将投降，被封为列侯。

五年春正月，董承等谋泄，皆伏诛。公将自东征备，诸将皆曰："与公争天下者，袁绍也。今绍方来而弃之东，绍乘人后，若何？"公曰："夫刘备，人杰也，今不击，必为后患。袁绍虽有大志，而见事迟，必不动也。"郭嘉亦劝公，遂东击备，破之，生禽其将夏侯博。备走奔绍，获其妻子。备将关羽屯下邳,复进攻之,羽降。昌豨叛为备,又攻破之。公还官渡,绍卒不出。

〔译文〕

建安五年春天正月,董承等人的密谋泄露,都被曹公诛杀。曹公将要亲自东征刘备,诸将都说:“与您争夺天下的人是袁绍。如今袁绍刚刚来犯,您却放弃大好的机会去东征,袁绍若是趁此抄您的后路,怎么办?”曹公说:“这刘备是人中的豪杰,如今不攻打他,一定会成为日后的祸患。袁绍虽然有大志向,但遇事迟疑,他一定会按兵不动的。”郭嘉也劝曹公出兵,于是曹公向东攻打刘备,攻下了城池,活捉了刘备的部将夏侯博。刘备逃走投奔袁绍,曹公俘获了刘备的妻子和儿子。刘备的部将关羽驻扎在下邳,曹公又进兵攻打关羽,关羽投降。昌豨之前叛变为刘备服务,曹公又进攻并打败了他。直到曹公回到官渡,袁绍始终都没有出击。

二月,绍遣郭图、淳于琼、颜良攻东郡太守刘延于白马,绍引兵至黎阳,将渡河。夏四月,公北救延。荀攸说公曰:“今兵少不敌,分其势乃可。公到延津,若将渡兵向其后者,绍必西应之,然后轻兵袭白马,掩其不备①,颜良可禽也。”公从之。绍闻兵渡,即分兵西应之。公乃引军兼行趣白马,未至十余里,良大惊,来逆战。使张辽、关羽前登②,击破,斩良。遂解白马围,徙其民,循河而西。绍于是渡河追公军,至延津南。公勒兵驻营南阪下③，使登垒望之④，曰："可五六百骑。"有顷，复白："骑稍多，步兵不可胜数。"公曰："勿复白。"乃令骑解鞍放马。是时，白马辎重就道。诸将以为敌骑多，不如还保营。荀攸曰："此所以饵敌，如何去之！"绍骑将文丑与刘备将五六千骑前后至。诸将复白："可上马。"公曰："未也。"有顷，骑至稍多，或分趣辎重。公曰："可矣。"乃皆上马。时骑不满六百，遂纵兵击，大破之，斩丑。良、丑皆绍名将也，再战，悉禽，绍军大震。公还军官渡。绍进保阳武。关羽亡归刘备。

〔注释〕

①掩：乘人不备（袭击、捕捉）。

②前登：先锋；打头阵。

③勒（lè）兵：一义为治军，操练或指挥军队；一义为陈兵列阵。阪（bǎn）：同"坂"，指山坡，斜坡。

④垒：军营的墙壁或工事。

〔译文〕

二月，袁绍派郭图、淳于琼、颜良率兵在白马攻打东郡太守刘延，袁绍率军到达黎阳，将要渡过黄河。夏天四月，曹公北上救援刘延。荀攸劝曹公说："如今我军兵少不能抵挡袁绍的军队，但分开他的兵力就可以了。您到延津，假装让军队渡河，做出要从他后面进行包抄的样子，袁绍一定会向西应援，然后您再派轻装部队偷袭白马，乘他没有防备，颜良就可以被擒获了。"

曹公听从了他的建议。袁绍听说曹军渡河,立即分派军队向西应援。曹公于是率领军队日夜兼行向白马进发,还差十几里到达白马的时候才被人发现,颜良十分吃惊,前来迎战。曹公派张辽、关羽打前阵,击破敌军,斩杀颜良。于是解了白马之围,迁徙白马的百姓,沿黄河向西撤退。袁绍于是渡河追赶曹公的军队,到了延津城南。曹公在南面的山坡下列阵驻营,派人登上营垒瞭望敌情,负责瞭望的人报告说:"大约有五六百名骑兵。"过了一会儿,又报告说:"骑兵的数量越来越多,步兵的数量数不过来。"曹公说:"不用再来报告了。"就命令骑兵解下马鞍放马吃草。这时候,从白马带来的军用物资都还留在道路之上。诸将认为敌人的骑兵太多,不如抓紧退回去保护大营。荀攸说:"这正是作为诱饵引诱敌人的,怎么能离开呢!"袁绍的骑兵将领文丑和刘备率领五六千名骑兵先后到达。诸将又说:"可以上马和他们作战了。"曹公说:"还不可以。"又过了一会儿,到达的骑兵越来越多,已经有人分散去取路上的物资。曹公说:"现在可以了。"于是所有将领都上马杀敌。当时文丑的骑兵还不满六百人,曹公就放出军队攻打他们,大破敌军,斩杀了文丑。颜良和文丑都是袁绍手下的名将,只打了两仗,就都被擒获,袁绍的军队感到十分震惊。曹公率军返回官渡。袁绍进军保卫阳武。关羽趁机逃回刘备军中。

八月,绍连营稍前,依沙埠为屯[①],东西数十里。公亦分营与相当,合战不利。时公兵不满万,伤者十二三。绍复进临官渡,起土山地道。公亦于内作之,以相应。

绍射营中，矢如雨下，行者皆蒙楯，众大惧[②]。时公粮少，与荀彧书，议欲还许。彧以为“绍悉众聚官渡，欲与公决胜败。公以至弱当至强，若不能制，必为所乘，是天下之大机也[③]。且绍，布衣之雄耳[④]，能聚人而不能用。夫以公之神武明哲而辅以大顺，何向而不济！”公从之。

〔注释〕

①塠(duī)：同“堆”。

②“绍射营中……”一句：《献帝春秋》曰：“绍令军中各持三尺绳，曹公成禽，但当缚之。”楯(dùn)：同“盾”。

③“彧以为……”二句：《后汉书·荀彧传》记荀彧回信说：“今谷食虽少，未若楚、汉等荥阳、成皋间也。是时刘、项莫肯先退者，以为先退则势屈也。公以十分居一之众，画地而守之，搤其喉而不得进，已半年矣。情见势竭，必将有变，此用奇之时，不可失也。”

④布衣：因平民着布衣，故代指平民。此处用以强调袁绍出身于平民，缺少见识和才能。

〔译文〕

八月，袁绍依靠扎连营的方式渐渐向前挺进，依靠沙堆立营，所占土地东西数十里。曹公也分散扎营与之对抗，两军交战不利。当时曹公的军队不足一万人，受伤的人又占了十之二三。袁绍又前进到官渡附近，堆起土山，挖掘地道。曹公也在自己的营地内这么做，用来和袁绍的战术相对应。袁绍向曹营中射箭，箭如雨下，走在路上的人都要蒙着盾牌，兵士十分恐惧。当时曹公军粮少，就给荀彧写信，商量想要撤军回到许县。荀彧认为

“袁绍把所有的军队都聚集到官渡，想要与您决一胜负。您用最弱的军队抵挡最强的军队，如果不能一击制敌，一定会让对方有机可乘，这是关系到天下安定的大好机会。况且袁绍是平民出身的英雄，能够聚敛人才却不能很好地使用他们。凭借您的勇武英明，又是为了顺应天道讨伐叛逆，做什么事能不成功呢！”曹公听从了他的意见。

孙策闻公与绍相持①，乃谋袭许，未发，为刺客所杀。

〔注释〕

①相持：指双方对立、争持，互不相让。

〔译文〕

孙策听说曹公与袁绍两军对峙，相持不下，就计划偷袭许县迎接汉献帝，还没有出兵，就被刺客刺杀身亡了。

汝南降贼刘辟等叛应绍，略许下。绍使刘备助辟，公使曹仁击破之。备走，遂破辟屯。

〔译文〕

汝南投降的贼寇刘辟等人背叛曹公呼应袁绍，夺取了许县下面的一些地方。袁绍派刘备前去帮助刘辟，曹公派曹仁去攻打并打败了他们。刘备逃走，于是攻破了刘辟的营地。

袁绍运谷车数千乘至，公用荀攸计，遣徐晃、史涣邀击，大破之，尽烧其车。公与绍相拒连月，虽比战斩将，然众少粮尽，士卒疲乏。公谓运者曰："却十五日为汝破绍，不复劳汝矣。"冬十月，绍遣车运谷，使淳于琼等五人将兵万余人送之，宿绍营北四十里。绍谋臣许攸贪财，绍不能足，来奔，因说公击琼等。左右疑之，荀攸、贾诩劝公。公乃留曹洪守，自将步骑五千人夜往，会明至。琼等望见公兵少，出陈门外。公急击之，琼退保营，遂攻之。绍遣骑救琼。左右或言"贼骑稍近，请分兵拒之"。公怒曰："贼在背后，乃白！"士卒皆殊死战，大破琼等，皆斩之。绍初闻公之击琼，谓长子谭曰："就彼攻琼等，吾攻拔其营，彼固无所归矣！"乃使张郃、高览攻曹洪。郃等闻琼破，遂来降。绍众大溃，绍及谭弃军走，渡河。追之不及，尽收其辎重图书珍宝，虏其众。公收绍书中，得许下及军中人书，皆焚之。冀州诸郡多举城邑降者。

〔译文〕

袁绍运送谷物的几千辆粮车到达，曹公采纳荀攸的计策，派徐晃、史涣前去截击，大败袁军，把他们的运粮车全部烧掉了。曹公和袁绍相互对峙数月，虽然交战时也杀了敌方将领，但兵少粮尽，士卒疲乏。曹公对运粮的人说："再过十五天为你们打败袁绍，就不再劳累你们了。"冬天十月，袁绍派车运送谷物，派淳于琼等五人率领一万余名将士押送粮食，晚上住在袁绍大营以北四十里的地方。袁绍的谋臣许攸贪恋钱财，袁绍不能满足他，许攸就来投奔曹公，趁机劝说曹公攻打淳于琼等人。曹公左右的人都怀疑他有所企图，只有荀攸、贾诩劝曹公相信他。曹公于是留下曹洪守卫营地，亲自率领步兵、骑兵共五千人连夜前往，恰好在天明时赶到。淳于琼等人看见曹公兵士很少，就在营门外摆阵对战。曹公迅猛出击，淳于琼后退保卫营地，于是攻打营地。袁绍派骑兵救援淳于琼。曹公左右有人说“贼军的骑兵逐渐逼近，请分派兵马抵御他们”。曹公怒道：“等贼人出现在我们背后，再说这个！”士卒都拼死作战，大败淳于琼等人，把他们都杀了。袁绍刚听说曹公攻打淳于琼时，对长子袁谭说：“趁着他们攻打淳于琼等人，我们前去攻占他们的营地，他们就一定无家可归了！”于是派张郃、高览攻打曹洪。张郃等人听说淳于琼被打败，就来投降曹公。袁绍的军队全面溃败，袁绍及袁谭丢下军队逃走，渡过了黄河。曹公追赶他们却没有追上，就把他们的军用物资及图书珍宝全部缴获了，俘虏了他们的兵士。曹公从收缴的袁绍的书信中，得到了许县的下属以及自己军队中的人写给袁绍与之暗通消息的信，他把这些信都烧掉了，没有追究相关人的责任。冀州诸郡有很多献上城池投降曹公的人。

初，桓帝时有黄星见于楚、宋之分，辽东殷馗善天文，言后五十岁当有真人起于梁①、沛之间，其锋不可当。至是凡五十年，而公破绍，天下莫敌矣。

〔注释〕

①真人：古代道家一般称洞悉宇宙和人生本原，真正觉醒、觉悟的人。秦汉以来，受天命而平乱为王者亦称“真人”。

〔译文〕

当初,汉桓帝时有黄星出现在楚宋交界的地方,辽东人殷馗(kuí)善于观测天象,他说五十年后应当有受天命平叛的人在梁沛之间兴起,其锋芒不可抵挡。从那时到此时正是五十年,而曹公打败袁绍,天下就没有人能够与他匹敌了。

六年夏四月,扬兵河上①,击绍仓亭军,破之。绍归,复收散卒,攻定诸叛郡县。九月,公还许。绍之未破也,使刘备略汝南,汝南贼共都等应之。遣蔡扬击都,不利,为都所破。公南征备。备闻公自行,走奔刘表,都等皆散。

〔注释〕

①扬:显示,显扬。有列队阅兵炫耀兵力之意。

〔译文〕

建安六年夏天四月,曹公在黄河之上显扬自己的兵力,攻打袁绍驻扎在仓亭的军队,打败了他们。袁绍败退回去后,曹公又收罗四散的士卒,攻打平定了那些背叛的郡县。九月,曹公回到许县。袁绍还没有被打败的时候,派刘备夺取了汝南,汝南的贼人共都等策应他。曹公派蔡扬攻打共都,出兵不利,反被共都打败。曹公南征刘备。刘备听说曹公亲自前来,逃走投奔刘表,共都等人也都四散奔逃。

七年春正月，公军谯，令曰：“吾起义兵，为天下除暴乱。旧土人民[①]，死丧略尽[②]，国中终日行，不见所识，使吾悽怆伤怀[③]。其举义兵已来，将士绝无后者，求其亲戚以后之，授[土]田，官给耕牛，置学师以教之。为存者立庙[④]，使祀其先人，魂而有灵[⑤]，吾百年之后[⑥]何恨哉！”遂至浚仪，治睢阳渠，遣使以太牢祀桥玄[⑦]。进军官渡。

〔注释〕

①旧土：家乡。谯县是曹操家乡，所以称此地为“旧土”。

②死丧：死亡。略尽：将尽。

③凄怆（qīchuàng）：指悲伤，悲凉。伤怀：伤心，悲痛。

④庙：宗庙，供奉祭祀祖先的处所。立庙，常用于对功臣的奖赏。

⑤魂而有灵：指人死之后仍有感知。

⑥百年之后：对死亡的讳称，指人死以后。

⑦太牢：太牢是中古代祭祀的最高规格，牛、羊、豕（shǐ）三牲全备。与之相对应的少牢只有羊、豕，没有牛。也有人认为自西汉至明朝的太牢祭祀是指用一整头活牛。桥玄为睢阳人，墓亦在此，故有此祭。

〔译文〕

建安七年春天正月，曹公驻扎在谯县，他发布命令说：“我兴起义兵，是为了替天下人扫除暴乱。谯县人民，差不多都死光了，我在境内行走一整天，都看不见一个过去认识的人，使我心中悲痛。自从兴起义兵以来，将士灭绝子孙没有后嗣的，请求他们的亲戚过继儿子作为他们的后人，官府分配土地，赐予耕牛，聘请老师教育他们的后代。为幸存的人立庙，让他们祭祀自己的祖先，如果人的魂魄是有灵性的，我死去之后又有什么遗憾呢！”于是到了浚仪，治理睢阳渠，又派人以太牢之礼祭祀故友桥玄。之后率军来到官渡。

绍自军破后，发病欧血，夏五月死。小子尚代，谭自号车骑将军，屯黎阳。秋九月，公征之，连战。谭、尚数败退，固守。

〔译文〕

袁绍自从战败之后，就开始生病吐血，夏天五月的时候就死了。他的小儿子袁尚继承了他的爵位，长子袁谭自称车骑将军，驻扎在黎阳。秋天九月，曹公征讨他们，接连进行了多次战斗。袁谭、袁尚多次败退，之后固守黎阳不再出战。

八年春三月，攻其郭，乃出战，击，大破之，谭、尚夜遁。夏四月，进军邺。五月还许，留贾信屯黎阳。

〔译文〕

建安八年春天三月，曹公攻打他们的外城，于是被迫出城作战，曹公攻击他们取得大胜，袁谭、袁尚趁夜逃走。夏天四月，曹公进军邺。五月回到许县，留下贾信驻守黎阳。

己酉，令曰：“司马法‘将军死绥’①，故赵括之母②，乞不坐括③。是古之将者，军破于外，而家受罪于内也。

自命将征行,但赏功而不罚罪,非国典也[4]。其令诸将出征,败军者抵罪,失利者免官爵。"

〔注释〕

①司马法"将军死绥":《司马法》是先秦时期的军事著作,相传作者是齐国的司马穰苴。"将军死绥"指军队败退,将领应当治罪处死。"绥"是古代的旌旗和旒(liú)。

②赵括:(?—前260)战国时期赵国人,秦赵长平之战的赵国主帅,赵国战败后四十余万士兵被秦人坑杀。"纸上谈兵"的典故说的也是赵括。

③坐:即连坐,是中国古代因他人犯罪而使与犯罪者有一定关系的人连带受刑的制度。

④国典:国家的典章制度。

〔译文〕

己酉日,曹公发布命令说:"《司马法》上说'将军如果临阵败退就会被处以死刑',所以赵括的母亲才会乞求不被儿子株连。这说明古代的将领,如果在外面打了败仗,留在国内的家人也会获罪。自从我受命率军出征,一直只是奖赏有功的人而不惩罚有罪的人,这不符合国家的制度。从现在开始,我命令,诸将出征打了败仗的要接受处罚,失利的人要被免去官职爵位。"

秋七月,令曰:"丧乱已来,十有五年,后生者不见仁义礼让之风,吾甚伤之。其令郡国各修文学[1],县满五百户置校官[2],选其乡之俊造而教学之,庶几先王之道不废[3]，而有以益于天下。”

〔注释〕

①文学：文章；古典文献。此处泛指教育。

②校官：即学官，指学校，有时也指主管学务的官员和官学教师。

③庶几：差不多；或许可以。表示希望或推测。先王之道：古代圣王的治国之道。

〔译文〕

秋天七月，曹公发布命令说：“自从国家发生变乱以来，已经有十五年了，年轻人中看不见仁义礼让之风，我很是痛心。现在命令各个郡国都要重视教育，满五百户人口的县就要设置学校，选拔乡里有才华的年轻人入学，教导他们，这样才能使先王之道不被废止，而对天下有益。”

八月，公征刘表，军西平。公之去邺而南也，谭、尚争冀州，谭为尚所败，走保平原。尚攻之急，谭遣辛毗乞降请救。诸将皆疑，荀攸劝公许之，公乃引军还。冬十月，到黎阳，为子整与谭结婚[1]。尚闻公北，乃释平原还邺。东平吕旷、吕翔叛尚，屯阳平，率其众降，封为列侯。

〔注释〕

①为子整与谭结婚：曹整（约197—218），曹操第二十子，母李姬，出继叔父曹绍，封郿戴公。袁谭与曹操讲和之时，为女儿和曹整订立婚约，但袁谭第二年就反叛曹操，联姻之事随之告吹。

〔译文〕

八月，曹公征讨刘表，驻扎在西平。曹公离开邺城向南进发的时候，袁谭和袁尚两兄弟争夺冀州，袁谭被袁尚打败，逃走死保平原。袁尚攻打袁谭十分急切，袁谭派辛毗向曹公乞求投降，请求救援。曹公手下众将都怀有疑虑，荀攸却劝曹公同意，曹公于是率军回来救他。冬天十月，曹公到达黎阳，为儿子曹整和袁谭的女儿缔结婚约。袁尚听说曹公北上，就放弃了平原，回到邺城。东平吕旷、吕翔背叛了袁尚，驻扎在阳平，率领手下众将投降了曹公，被封为列侯。

九年春正月，济河，遏淇水入白沟以通粮道[①]。二月，尚复攻谭，留苏由、审配守邺。公进军到洹水，由降。既至，攻邺，为土山、地道。武安长尹楷屯毛城，通上党粮道。夏四月，留曹洪攻邺，公自将击楷，破之而还。尚将沮鹄守邯郸，又击拔之。易阳令韩范、涉长梁岐举县降，赐爵关内侯。五月，毁土山、地道，作围堑[②]，决漳水灌城；城中饿死者过半。秋七月，尚还救邺，诸将皆以为"此归师，人自为战，不如避之"。公曰："尚从大道来，当避之；若循西山来者，此成禽耳。"尚果循西山来，临滏水为营。夜遣兵犯围，公逆击破走之，遂围其营。未合，尚惧，〔遣〕故豫州刺史阴夔及陈琳乞降，公不许，为围益急。尚夜遁，保祁山，追击之。其将马延、张顗等临陈降，众大溃，尚走中山。尽获其辎重，得尚印绶节钺，使尚降人示其家，城中崩沮。八月，审配兄子荣夜开所守城东门内兵。配逆战，败，生禽配，斩之，邺定。公临祀绍墓，哭之流涕；慰劳绍妻③，还其家人宝物，赐杂缯絮④，廪食之⑤。

〔注释〕

①遏（è）：有阻止、断绝的意思。此处指将淇河水引入白沟。

②堑（qiàn）：古同“堑”，指防御用的壕沟，护城河。

③慰劳：用话语来慰问别人的劳苦，或赠送财物安慰有功者。

④杂：各种。缯（zēng）：古代对丝织品的总称。絮：古代指粗的丝绵，此处代指棉织品。

⑤廪（lǐn）：粮仓。食（sì）：拿东西给人吃。

〔译文〕

建安九年春天正月，曹公渡过黄河，阻截淇水引入白沟借以畅通水上运粮通道。二月，袁尚再次攻打袁谭，留下苏由、审配镇守邺城。曹公进军到洹水，苏由投降。曹公到达邺城，立刻准备发起进攻，建筑土山，挖掘地道。武安长尹楷驻扎在毛城，保障向上党方向运粮道路的畅通。夏天四月，曹公留下曹洪攻打邺城，而他亲自去攻打尹楷，打败后又回师邺城。袁尚的部将沮鹄守卫邯郸，曹公又攻占了邯郸。易阳令韩范、涉长梁岐献出县城投降，受赐爵位为关内侯。五月，曹军毁掉土山、地道，挖掘围绕邺城的壕堑，决开漳水使河水倒灌入城；邺城中有超过一半的人被饿死。秋天七月，袁尚回军救邺，曹公手下诸将都认为“这是回归大本营的军队，每个人都会奋力作战，不如避开他们”。

曹公说："如果袁尚从大道而来，我们应当避开他；如果沿着西山而来，就会受擒成为我们的俘虏。"袁尚果然沿着西山而来，在滏水之滨扎营。在夜里派军队进犯围城的曹军，曹公迎击打得他们大败而逃，于是围困他们的大营。包围圈还没有合拢的时候，袁尚恐惧，派原来的豫州刺史阴夔和陈琳来乞求投降，曹公不答应，越发加速合拢包围。袁尚趁夜逃跑，退守祁山，曹公派军追击他。他的部将马延、张顗(yǐ)等人临阵投降，军队全面溃败，袁尚逃到中山。曹军缴获了他的全部军用物资，还得到了袁尚的印章、绶带、符节、斧钺，派袁尚军队中投降的人把这些东西拿给他的家人看，城中的人斗志崩溃。八月，审配哥哥的儿子审荣在夜里打开所守的城东门把曹公的军队放了进来。审配正面迎击，战败，曹公活捉了审配，斩杀了他，邺城就此平定。曹公到袁绍的墓前进行祭祀，为之痛哭流涕；慰问袁绍的妻子，把战争中俘获的家人和宝物还给她，赐给她各种丝织品和棉织品，让官府供应粮食给他们。

初，绍与公共起兵，绍问公曰："若事不辑①，则方面何所可据？"公曰："足下意以为何如②？"绍曰："吾南据河，北阻燕、代，兼戎狄之众，南向以争天下，庶③可以济乎？"公曰："吾任天下之智力，以道御之，无所不可。"

〔注释〕

①辑：和谐、和睦。此处意为成功。

②足下：旧时交际用语，尊称对方，一般为下称上或同辈相称的敬辞，译为"您"。

③庶：或许，大概。

〔译文〕

当初，袁绍与曹公共同起兵讨伐董卓，袁绍问曹公说："如果事情不能成功，那么四面哪里可以据守呢？"曹公说："您心里认为应该怎么办呢？"袁绍说："我在南面据守黄河，在北方阻止燕、代之地以及戎狄的军队，然后向南进军来争夺天下，大概是可以成功的吧？"曹公说："我任用天下有智谋有勇力的人，用正道统领他们，没有什么是做不到的。"

九月，令曰："河北罹袁氏之难，其令无出今年租赋！"重豪强兼并之法，百姓喜悦。天子以公领冀州牧，公让还兖州。

〔译文〕

九月，曹公发布命令说："黄河以北地区遭遇了袁氏家族带来的灾难，现在我命令这个地区无须缴纳今年的租赋！"同时加重处罚豪强兼并土地的法令，百姓十分高兴。天子任命曹公兼任冀州牧，曹公辞让，交还了原来的兖州牧之职。

公之围邺也，谭略取甘陵、安平、勃海、河间。尚败，还中山。谭攻之，尚奔故安，遂并其众。公遗谭书，责以负约，与之绝婚，女还，然后进军。谭惧，拔平原①，走保南皮。十二月，公入平原，略定诸县。

〔注释〕

①拔：即拔营，拔除营寨，指军队从驻地出发转移。不同于此前的“攻克”之义。

〔译文〕

曹公围攻邺城的时候，袁谭攻取了甘陵、安平、勃海、河间。袁尚战败，回到中山。袁谭攻打他，袁尚逃奔到故安，袁谭于是兼并了他的军队。曹公派人给袁谭送信，责备他违背约定，和他断绝了婚姻关系，把他的女儿送了回去，这之后就进军讨伐袁谭。袁谭恐惧，拔营从平原撤出，退守南皮。十二月，曹公率军进入平原，攻取平定了周边的各县。

十年春正月，攻谭，破之，斩谭，诛其妻子，冀州平。下令曰：“其与袁氏同恶者，与之更始①。”令民不得复私仇，禁厚葬，皆一之于法②。是月，袁熙大将焦触、张南等叛攻熙、尚，熙、尚奔三郡乌丸③。触等举其县降，封为列侯。初讨谭时，民亡椎冰④，令不得降。顷之，亡民有诣门首者，公谓曰：“听汝则违令，杀汝则诛首，归深自藏，无为吏所获。”民垂泣而去；后竟捕得。

〔注释〕

①更（gēng）始：重新开始，除旧布新。

②一：同一，一致，同等对待。

③三郡：无确指。一说为辽西郡、上谷郡、右北平郡，一说为辽东郡、

辽西郡、右北平郡。乌丸:亦作“乌桓”,中国古代少数民族之一。

④民亡椎冰:裴松之注以为:“讨谭时,川渠水冻,使民椎冰以通船,民惮役而亡。”

〔译文〕

建安十年春天正月,曹公攻打袁谭,打败了他,斩杀了袁谭,杀了他的妻子儿女,冀州平定。曹公发布命令说:“那些和袁氏一起作恶的人,给他们改过自新的机会。”命令百姓不得报复私仇,禁止厚葬,一切都依照法律执行。就在这个月,袁熙手下的大将焦触、张南等人反叛并攻打袁熙、袁尚,袁熙、袁尚投奔三郡乌丸部族。焦触等人献城投降,被封为列侯。当初讨伐袁谭时,百姓因为逃避天寒椎冰的劳役而逃亡,曹公命令不得接受这些人的投降。但是过了不久,就有此前逃亡的人来到门前自首,曹公对他们说:“答应你们投降就违反了法令,杀你们就是杀了自首的人,你们回去好好藏起来吧,不要让官吏抓到你们。”这些人流着眼泪回去了,后来终究还是被抓住了。

夏四月,黑山贼张燕率其众十余万降,封为列侯。故安赵犊、霍奴等杀幽州刺史、涿郡太守。三郡乌丸攻鲜于辅于犷平。秋八月,公征之,斩犊等,乃渡潞河救犷平,乌丸奔走出塞。

〔译文〕

夏天四月,黑山贼张燕率领他手下十余万人投降,被封为列侯。故安人赵犊、霍奴等杀死了幽州刺史、涿郡太守。三郡乌丸部族在犷平攻打鲜于辅。秋天八月，曹公征讨他们，斩杀了赵犊等人，之后渡过潞河救援犷平，乌丸部族的人一路逃到塞外。

九月，令曰："阿党比周①，先圣所疾也。闻冀州俗，父子异部②，更相毁誉③。昔直不疑无兄④，世人谓之盗嫂；第五伯鱼三娶孤女⑤，谓之挝妇翁；王凤擅权⑥，谷永比之申伯；王商忠议⑦，张匡谓之左道：此皆以白为黑，欺天罔君者也。吾欲整齐风俗，四者不除，吾以为羞。"冬十月，公还邺。

〔注释〕

①阿党比周（ēdǎngbǐzhōu）：指相互勾结，相互偏袒，结党营私。

②异部：指不同派别或门类，佛教中指宗派不同。

③更相（gēngxiāng）：指交互，互相。毁誉：毁，诋毁、诽谤；誉，赞誉、夸奖。

④直不疑：西汉文帝时南阳人，官至御史大夫，精通并崇尚黄老无为学说，人们称其为"长者"，意指有德行的人。

⑤第五伯鱼：第五伦，字伯鱼。东汉末年京兆长陵（今陕西咸阳）人。祖先为战国时齐国的田氏，其家族于西汉初年改姓第五。第五伦位居三公，曾任司空，为人正直无畏、不惧权贵。孤：幼年丧父或父母双亡。

⑥王凤：汉元帝皇后王政君之兄，权倾朝野。

⑦王商（？—前25）：西汉后期大臣，汉元帝时为右将军、光禄大夫，保护太子刘骜（成帝）的储位，并在匈奴单于面前宣扬国威。

〔译文〕

九月，曹公发布命令说："结党营私，是古代圣贤所痛恨的。

我听说冀州的风俗，父亲和儿子分属不同的派别，互相诋毁或吹捧。从前直不疑没有兄长，但世人却说他和嫂嫂私通；第五伯鱼结婚三次娶的都是丧父的孤女，却有人说他殴打岳父；王凤独揽大权，谷永却把他比作忠于周王的申伯；王商忠诚地向皇帝提出建议，张匡却说他的主张是邪道：这些都是把白当作黑，欺骗上天欺骗国君的人。我要整治冀州的风俗，这四种恶劣的现象如果不能摒除，我认为是羞耻的。”冬天十月，曹公回到邺城。

初，袁绍以甥高幹领并州牧，公之拔邺，幹降，遂以为刺史。幹闻公讨乌丸，乃以州叛，执上党太守，举兵守壶关口。遣乐进、李典击之，幹还守壶关城。十一年春正月，公征幹。幹闻之，乃留其别将守城，走入匈奴，求救于单于，单于不受。公围壶关三月，拔之。幹遂走荆州，上洛都尉王琰捕斩之。

〔译文〕

当初，袁绍让外甥高幹兼任并州牧，曹公攻下邺城时，高幹投降，曹公就任命他为并州刺史。高幹听说曹公征讨乌丸，就据并州反叛，并抓捕了上党太守，率军镇守壶关口。曹公派遣乐进、李典攻打他，高幹就后撤退守壶关城。建安十一年春天正月，曹公征讨高幹。高幹听说这件事，就留下其他将领守城，自己逃到匈奴去，向单于请求救援，单于没有接受他的请求。曹公围困壶关三月后，占领了它。高幹于是又逃到荆州，上洛都尉王琰捕获并杀死了他。

秋八月，公东征海贼管承，至淳于，遣乐进、李典击破之，承走入海岛。割东海之襄贲、郯、戚以益琅邪，省昌虑郡。

〔译文〕

秋天八月，曹公向东征讨海盗管承，到达淳于，派乐进、李典出击打败了他，管承逃到海岛上。曹公将东海郡的襄贲、郯、戚三地分割出来划入琅琊郡，并撤销了昌虑郡。

三郡乌丸承天下乱，破幽州，略有汉民合十余万户。袁绍皆立其酋豪①为单于，以家人子②为己女，妻焉。辽西单于蹋顿尤强，为绍所厚，故尚兄弟归之，数入塞为害。公将征之，凿渠，自呼淹入泒水，名平虏渠；又从泃河口凿入潞河，名泉州渠，以通海。

〔注释〕

①酋豪（qiúháo）：部落首领。

②家人子：指平民百姓的子女，亦是汉代对无官职名号宫人的称呼。因袁绍无权嫁出宫中女子且人不在京城，故此处应指平民女子。

〔译文〕

三郡的乌丸部族趁着天下大乱，攻下了幽州，掳掠的汉人合计有十余万户。袁绍把他们的酋长都立为单于，把平民家的女子认作自己的义女，嫁给他们。辽西单于蹋顿势力最强，最为袁绍厚待，所以袁尚兄弟归附他，多次入侵关内制造祸端。曹公将要征讨他，开凿水渠，从呼沲（duǒ）河通入泒（gū）水，起名叫平虏渠；又从泃（jū）河口开凿水道进入潞河，起名叫泉州渠，直通大海。

十二年春二月，公自淳于还邺。丁酉，令曰："吾起义兵诛暴乱，于今十九年，所征必克，岂吾功哉？乃贤士大夫之力也。天下虽未悉定，吾当要与贤士大夫共定之；而专飨[①]其劳，吾何以安焉！其促定功行封。"于是大封功臣二十余人，皆为列侯，其余各以次受封，及复死事[②]之孤，轻重各有差。

〔注释〕

①飨（xiǎng）：一义为用酒食款待人，也泛指对人提供某些东西。另，同"享"，即此文中之义。

②死事：死于国事者。

〔译文〕

建安十二年春天二月，曹公从淳于回到邺城。丁酉日，下令说："我兴起义兵诛杀暴乱，到如今已有十九年，凡有出征必定取胜，难道这是我的功劳吗？这是贤能之士的力量啊！天下虽然还没有完全平定，我应当与贤能之士共同使之安定；而独自享有这些功劳，我怎么能够安心呢！我一定要尽快评定功劳进行封赏。"于是隆重封赏功臣二十余人，都封为列侯，其余人分别按照功劳接受封赏，又寻访那些为国事死难的军士的后代，封赏的轻重各有等级差异。

将北征三郡乌丸，诸将皆曰："袁尚，亡虏耳[①]，夷狄贪而无亲，岂能为尚用？今深入征之，刘备必说刘表以袭许。万一为变，事不可悔。"惟郭嘉策表必不能任备，劝公行。夏五月，至无终。秋七月，大水，傍海道不通，田畴请为乡导，公从之。引军出卢龙塞，塞外道绝不通，乃堑山堙谷五百余里[②]，经白檀，历平冈，涉鲜卑庭[③]，东指柳城。未至二百里，虏乃知之。尚、熙与蹋顿、辽西单于楼班、右北平单于能臣抵之等将数万骑逆军。八月，登白狼山，卒与虏遇，众甚盛。公车重在后，被甲者少，左右皆惧。公登高，望虏陈不整，乃纵兵击之，使张辽为先锋，虏众大崩，斩蹋顿及名王已下，胡、汉降者二十余万口。辽东单于速仆丸及辽西、北平诸豪，弃其种人，与尚、熙奔辽东，众尚有数千骑。初，辽东太守公孙康恃远不服。及公破乌丸，或说公遂征之，尚兄弟可禽也。公曰："吾方使康斩送尚、熙首，不烦兵矣。"九月，公引兵自柳城还，康即斩尚、熙及速仆丸等，传其首。诸将或问："公还而康斩送尚、熙，何也？"公曰："彼素畏尚等，吾急之则并力，缓之则自相图，其势然也。"十一月至易水，代郡乌丸行单于普富卢、上郡乌丸行单于那楼将其名王来贺。

〔注释〕

①虏（lǔ）：俘获；俘获的人；中国古代对北方外族的贬称。

②堑山堙谷(qiànshānyīngǔ):挖山填谷。亦作“堙谷堑山”。

③庭:庭院。意指腹地。

〔译文〕

曹公准备北上征讨三郡的乌丸部族,将领们都说:“袁尚,只是一个逃跑的外敌罢了,夷狄贪婪而没有感情,怎能被袁尚利用?如今深入乌丸征讨他们,刘备一定会劝说刘表攻打许都。万一有什么变化,将来追悔不及。”只有郭嘉预测刘表一定不能信任刘备,劝曹公出兵。夏天五月,军队到达无终。秋天七月,洪水暴发,傍海的道路都不能通行,田畴请求担任向导,曹公答应了他。田畴引导曹军出了卢龙塞,卢龙塞之外的道路断绝不通,于是凿取山体填埋低谷修路五百余里,经过白檀,路过平冈,穿过鲜卑人的腹地,向东直奔柳城。距离柳城不到二百里时,乌丸人就知道了曹军来袭的消息。袁尚、袁熙与蹋顿、辽西单于楼班、右北平单于能臣抵之等人率领数万骑兵迎击曹军。八月,曹公登上白狼山,突然与敌军相遇,敌军人数众多。曹公的战车物资都在后面,身披战甲的人很少,左右之人都很恐惧。曹公登上高处,望见敌军的阵列很不整齐,于是派军队攻击敌军,派张辽为先锋,敌军全面崩溃,斩杀了蹋顿以及其下名位尊贵的王,胡族和汉族投降的人有二十余万口。辽东单于速仆丸及辽西、北平各位首领,丢下自己部族的人,和袁尚、袁熙奔逃到辽东,手下还有几千名骑兵。当初,辽东太守公孙康依仗地处边远不肯归服朝廷。等到曹公打败乌丸,有人劝说曹公接着去征讨他,袁尚兄弟就可以被活捉。曹公说:“我正准备让公孙康砍下袁尚、袁熙的头送给我,就不劳烦军队了。”九月,曹公率军从柳城返回,公孙康果然很快就杀了袁尚、袁熙以及速仆丸等人，派人把他们的首级送来。众将之中有人问："您率军回来公孙康就杀了袁尚、袁熙并把他们的首级送来了，是为什么呢？"曹公说："他平素畏惧袁尚等人，如果我急于取胜，他们就会合力抗击，如果我放缓追击，他们就会自相残杀，这种形势是必然的。"十一月曹公到达易水，代郡乌丸代理单于普富卢、上郡乌丸代理单于那楼率领自己部族名位尊贵的王前来祝贺。

十三年春正月，公还邺，作玄武池以肄舟师①。汉罢三公官，置丞相、御史大夫。夏六月，以公为丞相。

〔注释〕

①肄(yì)：学习，练习。舟师：水军。舟，船，此处指战船。

〔译文〕

建安十三年春天正月，曹公回到邺城，挖掘玄武池用来训练水军。朝廷撤销三公的官职，设置丞相、御史大夫。夏天六月，天子任命曹公为丞相。

秋七月，公南征刘表。八月，表卒，其子琮代，屯襄阳，刘备屯樊。九月，公到新野，琮遂降，备走夏口。公进军江陵，下令荆州吏民，与之更始。乃论荆州服从之功，侯者十五人，以刘表大将文聘为江夏太守，使统本兵，引用荆州名士韩嵩、邓义等。益州牧刘璋始受征役，遣兵给军。十二月,孙权为备攻合肥。公自江陵征备,至巴丘,遣张憙救合肥。权闻憙至,乃走。公至赤壁,与备战,不利。于是大疫,吏士多死者,乃引军还。备遂有荆州江南诸郡。

〔译文〕

秋天七月,曹公向南征讨刘表。八月,刘表去世,他的儿子刘琮接替了他的职位,驻扎在襄阳,刘备驻扎在樊城。九月,曹公到达新野,刘琮就投降了,刘备逃往夏口。曹公进军江陵,下命令给荆州的官吏百姓,实行新政。于是评定荆州降服跟从之人的功劳,封侯的有十五人,任命刘表的大将文聘做江夏太守,让他统率原来的军队,任用了荆州名士韩嵩、邓义等人。益州牧刘璋开始接受朝廷的征调和兵役,派遣兵士补充曹公的军队。十二月,孙权为了协助刘备出兵攻打合肥。曹公从江陵出发征讨刘备,到巴丘,派遣张憙(xǐ)救援合肥。孙权听说张憙来了,就逃走了。曹公到达赤壁,与刘备作战,战事进行得很不顺利。这时流行瘟疫,官吏士兵死了很多人,曹公就率军回去了。刘备于是占有了荆州境内长江以南各郡。

十四年春三月,军至谯,作轻舟①,治水军。秋七月,自涡入淮,出肥水,军合肥。辛未,令曰:“自顷已来②,军数征行,或遇疫气,吏士死亡不归,家室怨旷③,百姓流离④,而仁者岂乐之哉?不得已也。其令死者家无基业不能自存者⑤,县官勿绝廪,长吏存恤抚循,以称吾意。”置扬州郡县长吏，开芍陂屯田⑥。十二月，军还谯。

〔注释〕

①轻舟：小舟。此处指舟身轻便利于作战的船只。

②自顷：指过去不久到现在的一段时间。

③家室：妻子或配偶。怨旷：指长期别离，又指女无夫男无妻，或专指女子无夫。

④流离：用来形容流荡失离的情况。

⑤基业：指根基；事业的基础，此处指家产。

⑥芍陂（quèbēi）：地名。始建于春秋楚庄王时期（前613—前591），为楚相孙叔敖所建，是中国历史上最古老的水利工程，与后来的都江堰、漳河渠、郑国渠并称为中国古代四大水利工程。屯田：指利用戍卒或农民、商人垦殖荒地，以取得军饷和税粮，有军屯、民屯、商屯之分。屯田者所耕之田亦名屯田。屯田亦指专司屯田的机构和官员。

〔译文〕

建安十四年春天三月，军队到达谯县，制造轻便的快船，训练水军。秋天七月，曹军从涡水进入淮水，经过肥水，驻军合肥。辛未日，曹公下令说：“近年以来，军队多次出征，有时遇到瘟疫，官吏士兵死亡不能归来，夫妻长期别离，百姓流离失所，仁德之人难道会乐于见到这种情形吗？实在是不得已啊！我命令凡是死去的官兵家里没有财产不能自我保全的，县里不能停止粮食供给，地方长官要对他们进行抚恤慰问，要做到让我满意。”设置扬州各郡县的地方长官，开垦芍陂的屯田。十二月，率军回到谯县。

十五年春，下令曰："自古受命及中兴之君[①]，曷尝不得贤人君子与之共治天下者乎！及其得贤也，曾不出闾巷[②]，岂幸相遇哉？上之人不求之耳[③]。今天下尚未定，此特求贤之急时也。'孟公绰为赵、魏老则优，不可以为滕、薛大夫'[④]。若必廉士而后可用，则齐桓其何以霸世！今天下得无有被褐怀玉而钓于渭滨者乎[⑤]？又得无盗嫂受金而未遇无知者乎[⑥]？二三子其佐我明扬仄陋[⑦]，唯才是举，吾得而用之。"冬，作铜雀台。

〔注释〕

①中兴(xīng)：通常指国家由衰退而复兴。

②闾巷(lǘxiàng)：小的街道。

③上之人不求之耳：居于上位的人不必亲自去求。指早有官吏代君求贤。

④"孟公绰……"一句：孟公绰是孔子所推崇的清心寡欲的人。此句出自《论语》，为孔子所言。老：先秦时期指卿大夫的家臣。赵、魏为晋国世卿，滕、薛为春秋小国。

⑤被褐怀玉(pīhèhuáiyù)：比喻虽是贫寒出身，但有真才实学。褐，古代贫贱人穿的粗布衣服。钓于渭滨者：指姜子牙。相传姜子牙 80 岁时在渭水边钓鱼被周文王访得，拜为丞相，后辅佐武王伐纣胜利。

⑥"又得……"一句：西汉陈平曾有"盗嫂受金"之污名，经魏无知引荐后，方才得到汉高祖刘邦的重用。

⑦二三子：诸位，你们。仄陋(zèlòu)：指有才德而地位卑微的人。

〔译文〕

建安十五年春天，曹公下令说："自古以来接受天命的开国之君以及复兴国家的君主，何尝不是得到贤人君子和他一起治理天下的呢！等他们得到的贤人，都没有走出过街巷，难道是侥幸遇到的吗？是因为早有人替他们去求访贤才了。如今天下尚未安定，这正是求贤若渴的时候啊！‘孟公绰做赵、魏这样世卿之家的家臣才能绰绰有余，但是却不能做滕、薛两国的大夫’。如果一定是廉洁之士才可以任用，那么齐桓公凭什么称霸当世！如今天下难道就没有穿着粗布衣裳却有真才实学像姜太公一样在渭水之滨垂钓的人吗？又难道就没有像陈平那样被诬陷与嫂子通奸又接受贿赂而没有遇到魏无知那样赏识他才能的人吗？请诸位帮助我发现那些出身卑贱而有才德的人，只要是有才能的人就推荐给我，我得到了就会重用他们。”这一年的冬天，建造铜雀台。

十六年春正月，天子命公世子丕为五官中郎将[①]，置官属[②]，为丞相副。太原商曜等以大陵叛，遣夏侯渊、徐晃围破之。张鲁据汉中，三月，遣钟繇讨之。公使渊等出河东与繇会。

〔注释〕

①世子：天子或诸侯的嫡长子或儿子中继承帝位或王位的人。

②官属（shǔ）：主要官员的属吏。

〔译文〕

建安十六年春天正月，天子任命曹公的世子曹丕为五官中郎将，其下设置属吏，并让他做了副丞相。太原商曜（yào）等凭借大陵反叛，曹公派夏侯渊、徐晃围攻打败了他们。张鲁占据汉中，三月，曹公派钟繇（yáo）征讨他。曹公派夏侯渊等人从河东出兵与钟繇会合。

是时关中诸将疑繇欲自袭，马超遂与韩遂、杨秋、李堪、成宜等叛。遣曹仁讨之。超等屯潼关，公敕诸将[1]："关西兵精悍，坚壁勿与战。"秋七月，公西征，与超等夹关而军。公急持之，而潜遣徐晃、朱灵等夜渡蒲阪津，据河西为营。公自潼关北渡，未济，超赴船急战。校尉丁斐因放牛马以饵贼，贼乱取牛马，公乃得渡，循河为甬道而南[2]。贼退，拒渭口，公乃多设疑兵，潜以舟载兵入渭，为浮桥，夜，分兵结营于渭南。贼夜攻营，伏兵击破之。超等屯渭南，遣信求割河以西请和，公不许。九月，进军渡渭。超等数挑战，又不许；固请割地，求送任子，公用贾诩计，伪许之。韩遂请与公相见，公与遂父同岁孝廉，又与遂同时侪辈[3]，于是交马语移时[4]，不及军事，但说京都旧故，拊手欢笑[5]。既罢，超等问遂："公何言？"遂曰："无所言也。"超等疑之。他日，公又与遂书，多所点窜，如遂改定者；超等愈疑遂。公乃与克日会战[6]，先以轻兵挑之，战良久，乃纵虎骑夹击，大破之，斩成宜、李堪等。遂、超等走凉州，杨秋奔安定，关中平。诸将或问公曰："初，贼守潼关，渭北道缺，不从河东击冯翊而反守潼关，引日而后北渡，何也？"公曰："贼守潼关，若吾入河东，贼必引守诸津，则西河未可渡，吾故盛兵向潼关；贼悉众南守，西河之备虚，故二将得擅取西河；然后引军北渡，贼不能与吾争西河者，以有二将之军也。连车树栅，为甬道而南，既为不可胜，且以示弱。渡渭为坚垒，虏至不出，所以骄之也；故贼不为营垒而求割地。吾顺言许之，所以从其意，使自安而不为备，因畜士卒之力，一旦击之，所谓疾雷不及掩耳，兵之变化，固非一道也。”始，贼每一部到，公辄有喜色。贼破之后，诸将问其故。公答曰：“关中长远，若贼各依险阻，征之，不一二年不可定也。今皆来集，其众虽多，莫相归服，军无适主，一举可灭，为功差易，吾是以喜。”

〔注释〕

①敕（chì）：告诫。亦专指帝王的诏书、命令。

②循：沿着。甬（yǒng）道：通道，过道。

③侪（chái）辈：同辈；朋辈。

④交马：骑马并行，或指马上交锋。移时：经历一段时间。

⑤拊（fǔ）手：拍手。表示喜悦或惊讶。

⑥克日：约定或严格限定时间。

〔译文〕

此时关中各个将领都疑心钟繇要率军袭击自己，马超于是和韩遂、杨秋、李堪、成宜等一起反叛。曹公派曹仁征讨他们。马超等人驻扎在潼关，曹公告诫手下的将领说：“关西的士兵精明强悍，你们要坚守营垒不要与他们作战。”秋天七月，曹公向西征伐，与马超等人分别驻扎在潼关两侧。曹公加紧牵制敌军，暗中派遣徐晃、朱灵等乘夜渡过蒲阪津，占据黄河西岸扎下营盘。曹公从潼关向北渡黄河，军队还未上岸，马超迅速赶到攻打曹军的战船。校尉丁斐趁机放出牛马以引诱贼军，贼军忙乱地夺取牛马顾不上作战，曹公于是得以成功渡河，沿着黄河建立通道向南推进。贼军撤退，据守渭口，曹公于是大量设置疑兵分散敌人的注意力，却在暗中用船运送军队进入渭水，架设浮桥，夜里，分派军队在渭水南岸扎营。贼军连夜攻打曹军营盘，曹公事先埋伏的军队打败了他们。马超等人驻扎在渭水南岸，派人送信要求割让黄河以西的地区与曹公讲和，曹公没有答应。九月，曹公进军渡过渭水。马超等人多次挑战，曹公又不肯出战；马超坚决要求曹公割地讲和，送儿子作人质，曹公采纳贾诩的计策，假装答应他。韩遂请求与曹公阵前相见，曹公与韩遂的父亲在同一年被推举为孝廉，又与韩遂年纪相当辈分相同，于是二人各自骑在马上说了一会儿话，并不涉及军事，只是说了一些京都之中的旧人旧事，拍手欢笑。见过面后，马超等人问韩遂：“曹公说了什么？”韩遂说：“并没有说什么。”马超等人就怀疑他有所隐瞒。过了些天，曹公又派人给韩遂送了一封信，信上有多处涂改，就像韩遂自己改动的一样；马超等人越发怀疑韩遂与曹公暗中勾结。曹公于是与马超等人约定日期会战，首先派轻装的军队前来挑战，交战很久，就放出勇猛的骑兵从两翼夹击敌军，打得敌军大败，还杀掉了成宜、李堪等人。韩遂、马超等人逃向凉州，杨秋逃奔安定，关中就此平定。诸将中有人问曹公说：“当初，贼军据守潼关，渭水以北的道路守备空虚，我们不从黄河以东攻打冯翊反而驻守潼关，拖延了一段日子而后方才北渡，是为什么呢？”曹公说：“贼军驻守潼关，如果我们进入河东地区，贼军一定会调兵驻守各个渡口，那么西河就无法渡过了，所以我故意将重兵开向潼关；贼军全部南下防守，西河战备空虚，所以徐晃、朱灵二位将军能够很容易就占据西河；然后率军向北渡河，贼军不能与我争夺西河，是因为我们有了两位将军的军队。把兵车接起来排成树丛一般的栅栏，构建通道向南延伸，既是表明我军无法取得胜利，也用来表示我军力量虚弱，敌军会因此被麻痹。渡过渭水后修建坚固的营垒，敌人来了却不肯出战，是为了让他们生出骄傲之心；所以贼军不思修筑营垒而要求我们割地讲和。我假意顺从他们的言语答应他们，之所以遵从他们的意见，就是为了让他们自己感到安心而不做战备，于是积蓄士卒的力量，一旦攻打他们，这就是所说的迅雷不及掩耳，用兵的变化，本来就不是只有一种方法的。”开始的时候，贼军每有一支部队到达，曹公就面露喜色。贼军被打败之后，诸将询问其中的缘故。曹公回答说：“关中这一带辽阔僻远，如果贼军各自依据险阻固守，想要征讨他们，没有一二年是不可能平定的。如今他们都来会集，人数虽多，但互相之间都不服气，军队没有统一的主帅，一战就可以把他们全部消灭，取得成功比较容易，我因此感到高兴。”

冬十月，军自长安北征杨秋，围安定。秋降，复其爵位，使留抚其民人。十二月，自安定还，留夏侯渊屯长安。

〔译文〕

冬天十月，军队从长安向北征讨杨秋，围困安定。杨秋投降，恢复了他的爵位，让他留在安定安抚当地的人民。十二月，曹公从安定返回，留下夏侯渊驻扎在长安。

十七年春正月，公还邺。天子命公赞拜不名[①]，入朝不趋[②]，剑履上殿[③]，如萧何故事。马超余众梁兴等屯蓝田，使夏侯渊击平之。割河内之荡阴、朝歌、林虑，东郡之卫国、顿丘、东武阳、发干，巨鹿之廮陶[④]、曲周、南和，广平之任城，赵之襄国、邯郸、易阳以益魏郡。

〔注释〕

①赞拜不名：臣子朝拜帝王时，赞礼官不直呼其姓名，只称官职。

②趋：小步快走，以示对他人的尊敬。不趋，即可以缓步而行。

③剑履上殿：穿鞋佩剑直入殿堂。古人席地而坐，入室须脱鞋；贵族、大臣上殿不得佩剑。“赞拜不名，入朝不趋，剑履上殿”是皇帝给予大臣的一种极高的礼遇。

④廮（yǐng）陶：古县名，在今河北省宁晋县南。

〔译文〕

建安十七年春天正月，曹公回到邺城。天子命令曹公朝拜时司仪不直呼他的姓名，上朝时可以不必小步快走，还可以佩剑穿鞋进殿，遵循汉高祖礼遇萧何的旧例。马超的残余部众梁兴等人驻扎在蓝田，曹公派夏侯渊攻打平定了他们。将河内郡的荡阴、朝歌、林虑，东郡的卫国、顿丘、东武阳、发干，巨鹿郡的廮陶、曲周、南和，广平郡的任城，赵郡的襄国、邯郸、易阳各县划出，加入魏郡的版图。

冬十月，公征孙权。

〔译文〕

冬天十月，曹公征讨孙权。

十八年春正月，进军濡须口，攻破权江西营，获权都督公孙阳，乃引军还。诏书并十四州，复为九州。夏四月，至邺。

〔译文〕

建安十八年春天正月，曹公进军濡须口，攻克孙权位于长江西岸的营地，俘获了孙权的都督公孙阳，就率军回来了。天子下诏书合并十四州，恢复为九州。夏天四月，曹公回到邺城。

五月丙申，天子使御史大夫郗虑持节策命公为魏公曰：

〔译文〕

五月丙申日，天子派御史大夫郗虑手持符节、策书任命曹公为魏公，策书说：

“朕以不德，少遭愍凶[①]，越在西土，迁于唐、卫。当此之时，若缀旒然[②]，宗庙乏祀，社稷无位；群凶觊觎[③]，分裂诸夏，率土之民，朕无获焉，即我高祖之命将坠于地。朕用夙兴假寐[④]，震悼于厥心，曰'惟祖惟父，股肱先正[⑤]，其孰能恤朕躬[⑥]'？乃诱天衷，诞育丞相，保乂我皇家[⑦]，弘济于艰难，朕实赖之。今将授君典礼，其敬听朕命。

〔注释〕

①愍(mǐn)凶：谓父母之丧。或指帝王死于非命。

②旒(liú)：古代旌旗下边或边缘上悬垂的装饰品。或指古代帝王礼帽前后悬垂的玉串，

③觊觎(jìyú)：希望得到不应该得到的东西。

④夙兴：早起。

⑤股肱(gǔgōng)：大腿和胳膊。古代用以比喻得力的帮手。股肱之臣即指辅佐帝王的重臣，也喻为十分亲近且办事得力的人。先正：亦作"先政"，前代的贤臣或君长。

⑥朕躬(zhèngōng)：我，我身。多用于天子自称。

⑦保乂(yì)：意为治理使之安定太平。

〔译文〕

"朕因为缺少德行，小时候就遭遇父母之丧，被劫持到西方，又迁徙到唐、卫。正当这个时候，我就像旌旗上的缀饰一样悬垂无依，宗庙无人祭祀，社稷无处安置；一群凶残的人都心怀企图，分裂国家，所有国土之上的人民，我无权管辖，连我高祖所受的天命都将坠落在地上。我每天早早起床夜不能寐，心中震撼悲痛，说'我的先祖先父啊，如股肱一般辅佐朝廷的先朝臣子啊，谁能体恤我啊'？于是感动了上天之心，降生了丞相，保护

我汉家皇室，把我从艰难之中拯救出来，我实在是依赖您才有今日。今天将举行授予您魏公的仪式，请您恭敬地听从我的命令。

“昔者董卓初兴国难，群后释位以谋王室[①]，君则摄进，首启戎行，此君之忠于本朝也。后及黄巾反易天常，侵我三州，延及平民，君又翦之以宁东夏，此又君之功也。韩暹、杨奉专用威命[②]，君则致讨，克黜其难，遂迁许都，造我京畿[③]，设官兆祀，不失旧物，天地鬼神于是获乂，此又君之功也。袁术僭逆，肆于淮南，慑惮君灵，用丕显谋，蕲阳之役，桥蕤授首，棱威南迈，术以陨溃，此又君之功也。回戈东征，吕布就戮，乘辕将返，张杨殂毙，眭固伏罪，张绣稽服，此又君之功也。袁绍逆乱天常，谋危社稷，凭恃其众，称兵内侮，当此之时，王师寡弱，天下寒心，莫有固志，君执大节，精贯白日，奋其武怒，运其神策，致届官渡，大歼丑类，俾我国家拯于危坠[④]，此又君之功也。济师洪河，拓定四州，袁谭、高幹，咸枭其首，海盗奔迸，黑山顺轨，此又君之功也。乌丸三种，崇乱二世，袁尚因之，逼据塞北，束马县车[⑤]，一征而灭，此又君之功也。刘表背诞[⑥]，不供贡职，王师首路，威风先逝，百城八郡，交臂屈膝，此又君之功也。马超、成宜，同恶相济，滨据河、潼，求逞所欲，殄之渭南，献馘万计[⑦]，遂定边境，抚和戎狄，此又君之功也。鲜卑、丁零，重译而至[⑧]，(单)[箄]于、白屋，请吏率职[⑨]，此又君之功也。君有定天下之功，重之以明德，班叙海内，宣美风俗，旁施勤教，恤慎刑狱，吏无苛政，民无怀慝⑩；敦崇帝族，表继绝世，旧德前功，罔不咸秩；虽伊尹格于皇天，周公光于四海，方之蔑如也。

〔注释〕

①群后：四方诸侯及九州牧伯，泛指公卿。

②威命：指军令，政令。

③京畿（jī）：指国都及其附近的地区。

④俾（bǐ）：使（达到某种效果）。

⑤束马县（xuán）车：同"悬车束马"。形容走山路的艰险情况。

⑥背诞（bèidàn）：违命放诞，不受节制。

⑦献馘（guó）：古时出战杀敌，割取左耳，以献上论功。亦泛指奏凯报捷。馘，被杀者之左耳。

⑧鲜卑、丁零：均为北方少数民族。重译：此处指译使。古代指出使外国或外国来中国负责传译的使者。

⑨箄（bēi）于、白屋：亦为北方少数民族。请吏：请求为臣，谓愿意臣服。率职：朝贡，进贡。

⑩慝（tè）：奸邪，邪恶。

〔译文〕

"当初董卓刚刚制造国家之难时，各方官员放弃自己的职事前来谋救王室，您带头震慑贼人，率先兴兵讨伐，这是您忠于本朝的表现。后来到黄巾军违反天理，侵犯我三州，灾祸殃及平民，您又剪除他们使东方江山得到安宁，这又是您的功劳啊！韩暹、杨奉擅用武力，您就用兵征讨，消除了这一祸难，然后迁都许县，兴造京城，设置百官，建坛祭祀，恢复旧时典章制度，天地鬼神因此获得护佑，这又是您的功劳啊！袁术僭越叛逆，在淮南肆行妄为，但他惧怕您的才智，您也显露了非凡的谋略，蕲（qí）阳之战，桥蕤被斩首，威势不减，继续南行，袁术因此衰亡溃败，这又是您的功劳啊！您回师东征，吕布受戮，乘车回朝，张杨丧命，眭固被诛，张绣叩首臣服，这又是您的功劳啊！袁绍违背天道逆行伦常，谋划危害国家，依仗自己兵多将广，用兵侮辱朝廷，当此之时，朝廷军队鲜少兵力虚弱，天下之人心意寒凉，没有坚定的斗志，您秉执大节，精诚之心上贯白日，奋扬自己的威怒，运用自己的智谋，亲自来到官渡，痛快地歼灭了那些丑恶之人，使我们的国家从危难下坠之中得到拯救，这又是您的功劳啊！带领军队渡过滔滔黄河，平定四州，袁谭、高幹都被斩首示众，海盗奔逃，黑山贼归顺，这又是您的功劳啊！三郡乌丸，作乱两代，袁尚依仗他们，进逼占据塞北，克服艰难险阻，一次出征就消灭了他们，这又是您的功劳啊！刘表背命放诞，不向朝廷进贡纳赋，您率领朝廷的军队刚刚上路，使人敬畏的声势就先传到了敌人耳中，荆州地界的百城八郡，拱手屈膝不战而降，这又是您的功劳啊！马超、成宜，同为恶人互帮互助，临水占据黄河、潼关，想要实现自己的野心，您把他们歼灭在渭水之南，杀死敌人数以万计，于是平定了边境，安抚了戎狄，这又是您的功劳啊！鲜卑、丁零，都派译使前来，箄于、白屋，请求称臣纳贡，这又是您的功劳啊！您有平定天下的功劳，并有智慧德行，使海内秩序井然，宣扬淳美的风俗，向人民施以教化，谨慎使用刑罚，官吏不行苛政，百姓无人心怀邪恶；诚心诚意地尊崇皇室，上表延续断绝的世代，对过去德高望重和此前建立功勋的人，没有不按照功绩进行封爵的；虽然伊尹的功德感动皇天，周公的光芒照耀四海，但是与您比起来都不如啊！

“朕闻先王并建明德，胙之以土①，分之以民，崇其宠章②，备其礼物，所以藩卫王室，左右厥世也。其在周成，管、蔡不静，惩难念功，乃使邵康公赐齐太公履③，东至于海，西至于河，南至于穆陵，北至于无棣，五侯九伯，实得征之，世祚太师④，以表东海；爰及襄王，亦有楚人不供王职，又命晋文登为侯伯，锡以二辂、虎贲、鈇钺、秬鬯、弓矢⑤，大启南阳，世作盟主。故周室之不坏，繄二国是赖⑥。今君称丕显德，明保朕躬，奉答天命，导扬弘烈，绥爰九域，莫不率俾，功高于伊、周，而赏卑于齐、晋，朕甚恧焉⑦。朕以眇眇之身⑧，讬于兆民之上，永思厥艰，若涉渊水⑨，非君攸济，朕无任焉。今以冀州之河东、河内、魏郡、赵国、中山、常山、巨鹿、安平、甘陵、平原凡十郡，封君为魏公。锡君玄土，苴以白茅⑩；爰契尔龟⑪，用建冢社⑫。昔在周室，毕公、毛公入为卿佐，周、邵师保出为二伯⑬，外内之任，君实宜之。其以丞相领冀州牧如故。又加君九锡，其敬听朕命。以君经纬礼律，为民轨仪，使安职业，无或迁志，是用锡君大辂、戎辂各一，玄牡二驷⑭。君劝分务本，穑人昏作，粟帛滞积，大业惟兴，是用锡君衮冕之服，赤舄副焉。君敦尚谦让，俾民兴行，少长有礼，上下咸和，是用锡君轩县之乐，六佾之舞[15]。君翼宣风化，爰发四方，远人革面，华夏充实，是用锡君朱户以居。君研其明哲，思帝所难，官才任贤，群善必举，是用锡君纳陛以登。君秉国之钧，正色处中，纤毫之恶，靡不抑退，是用锡君虎贲之士三百人。君纠虔天刑[16]，章厥有罪，犯关干纪，莫不诛殛[17]，是用锡君铁钺各一。君龙骧虎视[18]，旁眺八维，掩讨逆节，折冲四海[19]，是用锡君彤弓一，彤矢百，玈弓十[20]，玈矢千。君以温恭为基，孝友为德，明允笃诚，感于朕思，是用锡君秬鬯一卣[21]，珪瓒副焉[22]。魏国置丞相已下群卿百寮，皆如汉初诸侯王之制。往钦哉，敬服朕命！简恤尔众，时亮庶功，用终尔显德，对扬我高祖之休命！”

〔注释〕

①胙(zuò)：赐予。胙土，即帝王以土地赐封功臣，酬其勋绩。另指古代祭祀时供奉的肉，或福佑，或同“祚”，指君位。

②宠章：封建时代表示高官显爵的章服，即表示官阶身份的服饰。

③履：本义为“鞋”，指脚踩的地方，封地。

④世祚：同“世胙”，谓世代享有封爵。

⑤锡，在古代通“赐”字。此处内容可与下文汉献帝赐给曹操的“九锡”之礼合并来看。九锡是君主给予臣子的最高礼遇，指九种由国君特别赐给臣子的用品，分别是：车马、衣服、乐县、朱户、纳陛、虎贲(bēn)、铁钺(fūyuè)、弓矢、秬鬯(jùchàng)。记载见于《礼记》。一曰车马。指金车大辂(lù，车辕上用来挽车的横木)和兵车戎辂；玄牡二驷，即黑马八匹。其德可行者赐以车马。二曰衣服。指衮冕之服，即衮衣和冕，是古代皇帝及上公的礼服和礼冠，是皇帝等王公贵族在祭天地、宗庙等重大庆典活动时

穿戴用的正式服装。外加配套的赤舄(xì,鞋)一双。能安民者赐之。三曰乐县,亦作“乐悬”。指定音、校音器具,多为编钟。使民和乐者赐之。四曰朱户。指红漆大门。民众多者赐之。五曰纳陛。有两种说法。一是登殿时特凿的陛级,使登升者不露身,犹贵宾专用通道。二是阶高较矮的木阶梯,使登阶不会过陡。能进善者赐以纳陛。六曰虎贲(bēn)。守门之军虎贲卫士若干人,或谓三百人;也指虎贲卫士所执武器,戟、铩之类。能退恶者赐虎贲。七曰弓矢。彤弓矢百,玄弓矢千。指特制的红、黑色的专用弓箭。能征不义者赐之。八曰铁钺(fūyuè),即“斧钺”,斫刀和大斧,是腰斩、砍头的刑具。能诛有罪者赐之。九曰秬(jù)鬯(chàng)。指供祭礼用的香酒,以稀见的黑黍和郁金草酿成,色黄而芳香。孝道备者赐之。

⑥繄:同“惟”。语气助词,用在句首。

⑦恧(nǜ):本义为惭愧。

⑧眇眇(miǎo)之身:指一个人的身躯和力量微不足道。

⑨讬:同“托”。渊水:一作“渊冰”。

⑩苴(zū):通“菹”,铺垫。苴秸指古代祭祀时用作陈列祭品的草席。古代分封诸侯时,用白茅裹着的泥土授予被封的人,象征授予土地和权力,即成语“裂土分茅”。

⑪爰契尔龟:用龟甲占卜,将占卜结果刻在龟甲上。此处反映占卜吉时破土动工建造神庙。契:刻。

⑫冢社(zhǒngshè):冢土,大社,天子祭祀土神和谷神的地方。

⑬伯:方伯,殷周时代一方诸侯之长。

⑭驷:古代同驾一辆车的四匹马;或套着四匹马的车。

⑮佾(yì):古代乐舞的行列,每列六人。佾舞是古代宫廷乐舞,大多用于祭祀天子、大夫等的演出,佾舞分六佾舞和八佾舞,诸侯可用六佾,即六列。八佾是天子专用之舞。

⑯纠虔天刑:意为恭修典章法规。纠,察也。虔,敬也。刑,法也。

⑰诛殛(zhūjí):诛杀。

⑱龙骧(xiāng)虎视：像龙马高昂着头，像老虎注视着猎物。形容人的气概威武，也比喻雄才大略。

⑲折冲(zhéchōng)：抵御、击退敌人，使敌方的战车折返。冲，冲车。战车的一种。

⑳玈(lú)：黑色。

㉑卣(yǒu)：古代一种中型酒樽，青铜制，一般为椭圆形，大腹，敛口，圈足，有盖与提梁，多用作礼器，盛行于商和西周。

㉒珪瓒(guīzàn)：指玉柄的酒器，用于舀酒。

〔译文〕

“朕听说先王之时选拔智慧德高之人，赐给他土地，分给他人民，用华美的礼服表示对他的尊崇，为他准备隆重的仪仗，目的是让他保卫王室，辅佐当世君主。在周成王时，管叔、蔡叔作乱，惩处发难之人后追念姜尚的功绩，于是派邵康公赐给齐太公姜尚封地，东边到大海，西边到黄河，南边到穆陵，北边到无棣，五侯九伯之类诸侯，都可以前去征讨，世世代代都可以担任太师之职，让他的功业照耀东海；到了周襄王时，也有楚国人不向周王纳贡，周襄王又命晋文公在诸侯之上担任首领，赐给他大辂戎辂、勇士、斧钺、祭酒、弓箭，准许他大力开拓南阳的土地，世代做盟主。所以周王室没有衰败，全是依靠齐和晋这两个国家。如今您显扬大德，尽力保全我汉室社稷，遵奉上天的旨意，发扬宏大的功业，安定了九州，没有人不顺从，您的功德高于伊尹、周公，而受到的赏赐却低于于齐太公、晋文公，我感到非常惭愧。我以微小之身，处在众百姓之上，常常想到其中的艰辛，就像我要趟过深水，如果没有您帮我渡河，我是不能胜任的。如今我以冀州的河东、河内、魏郡、赵国、中山、常山、巨鹿、安平、甘陵、平原一共十个郡,封您为魏公。赐给您黑土,下面铺垫白茅;用龟甲占卜吉时,建造祭祀土神谷神的地方。过去在周朝,毕公、毛公内入朝堂担任公卿,周公、邵公两位太师、太保出外担任一方诸侯之长,无论外任还是内任,您都是合适的,所以任命您像从前那样以丞相之职兼任冀州牧。又加赐给您九锡,请您敬听我的命令不要推辞。因为您编订了礼法刑律,作为百姓的行为准则,让百姓安居乐业没有迁移的想法,所以我赐给您大辂、戎辂各一辆,黑色的公马八匹。您劝导百姓守分务农,农人到黄昏时还在耕作,积累了大量粮食布帛,国家大业兴旺发达,所以赐给您上公的礼服和礼冠衮冕,以及红色的鞋子与之相配。您崇尚谦虚礼让,使之在百姓中兴起流传,少长皆相待有礼,上下都相处和睦,所以赐给您三面悬挂的乐器,六列的舞队。您扶持宣扬淳美的风俗教化,推广到四方,远方之人改变了面貌前来归附,中原因此人口充实,所以赐给您朱红色的大门让您居住其中。您研习如何才能深明事理,思考五帝也难以做到的事情,任用贤德的人做官,让各种有才能的人都得到举荐,所以赐给您檐下登殿的权力。您执掌国家大权,严肃公正,即使是一丝一毫的恶行,也没有不抑止后退的,所以赐给您护卫勇士三百人。您恭敬地修正典章法规,揭露有罪的人,凡是触犯国家法纪的人,没有不被诛杀的,所以赐给您斧、钺各一柄。您气概威武,环顾八方,征讨叛逆,御敌于四海,所以赐给您红色的弓一张,红色的箭一百支,黑色的弓十张,黑色的箭一千支。您以温和恭敬作为立身的基础,把孝顺友爱作为美德,明智、守信、厚道、诚实,感动了我的心,所以赐给您祭酒一樽,以及玉勺与之相匹配。魏国可以设置丞相以下的群臣百官，全部如同汉朝初年诸侯王的制度。您回到封地之后，请恭敬地服从我的命令！选拔、体恤您的手下，让他们辅佐您完成各种功业，以成就您光明的德行，来报答彰显我高祖的美好命令！”

秋七月，始建魏社稷宗庙。天子聘公三女为贵人①，少者待年于国②。九月，作金虎台，凿渠引漳水入白沟以通河。冬十月，分魏郡为东西部，置都尉。十一月，初置尚书、侍中、六卿。

〔注释〕

①聘：定亲；迎娶。贵人：皇帝妃嫔封号之一。东汉光武帝时始置，为最高位妃嫔称号，仅次于皇后。

②待年：谓女子定亲时年少，待成年后方行嫁娶之礼。

〔译文〕

秋天七月，开始建立魏国的社稷宗庙。天子聘定了曹公的三个女儿为贵人，年纪小的留在魏国待成年后再行迎娶。九月，建造金虎台，开凿水渠引漳河水进入白沟以便与黄河相通。冬天十月，把魏郡分为东西两部分，设置都尉。十一月，首次设置尚书、侍中、六卿的官职。

马超在汉阳，复因羌、胡为害，氐王千万叛应超，屯兴国。使夏侯渊讨之。

〔译文〕

马超驻扎在汉阳，又依仗羌人、胡人为害百姓，氐王千万也反叛朝廷响应马超，驻扎在兴国。曹公派夏侯渊讨伐他们。

十九年春正月，始耕籍田[1]。南安赵衢、汉阳尹奉等讨超，枭其妻子[2]，超奔汉中。韩遂徙金城，入氐王千万部，率羌、胡万余骑与夏侯渊战，击，大破之，遂走西平。渊与诸将攻兴国，屠之。省安东、永阳郡。

〔注释〕

①籍(jí)田：也作“藉田”。古代天子、诸侯征用民力耕种的田。亦指天子示范性的农业耕作。相传天子籍田千亩，诸侯百亩。每逢春耕前，由天子、诸侯执耒耜在籍田上三推或一拨，称为“籍礼”，以示对农业的重视。

②枭(xiāo)：即“枭首”。把头割下来悬挂示众。

〔译文〕

建安十九年春天正月，曹公开始亲自耕作籍田行籍礼。南安赵衢、汉阳尹奉等讨伐马超，砍下了马超妻子和子女的首级悬挂示众，马超逃奔汉中。韩遂的部队转移到金城，加入氐王千万的部队，率领羌人、胡人的一万多名骑兵与夏侯渊作战，夏侯渊出击，把他们打得大败，韩遂逃到西平。夏侯渊与诸将攻打兴国，屠杀了城里的人。撤销了安东、永阳郡。

安定太守毋丘兴将之官，公戒之曰：“羌、胡欲与中国通，自当遣人来，慎勿遣人往。善人难得，必将教羌、胡妄有所请求，因欲以自利；不从便为失异俗意，从之则无益事。”兴至，遣校尉范陵至羌中，陵果教羌，使自请为属国都尉。公曰：“吾预知当尔，非圣也，但更事多耳。”

〔译文〕

安定太守毋丘兴将要赴任，曹公告诫他说：“羌人、胡人如果想要与中原交往，自会派人前来，你一定不要派人出使。好人难以找到，不好的人一定会教唆羌人、胡人提出非分的要求，因为他想要为自己谋取私利；如果不答应就会使异族人失望，如果答应了他们对我们没什么好处。”毋丘兴到了安定，没有听曹公的话，派校尉范陵到羌人那里与之通好，范陵果然教唆羌人，让他们向毋丘兴请求由自己担任属国都尉。曹公说：“我早就预知事情会是这样的，不是我有什么圣明之处，只是我经历过的事情多一些罢了。”

三月，天子使魏公位在诸侯王上，改授金玺①、赤绂②、远游冠③。

〔注释〕

①金玺（xǐ）：黄金制成的印玺。

②赤绂（fú）：也称“赤绶”。指中国古代官员衣服上系印纽的赤色丝带。

③远游冠：古代冠饰之一，为诸侯王常戴。汉时依四时采用不同颜色，春用青、夏用赤、秋用黄、冬用皂。“金玺、赤绂、远游冠”均为诸侯服色。

〔译文〕

三月，天子将魏公的地位升至所有诸侯王之上，改授他金质印玺、红色绶带、远游冠。

秋七月，公征孙权。

〔译文〕

秋天七月，曹公征讨孙权。

初，陇西宋建自称河首平汉王，聚众枹罕[①]，改元[②]，置百官，三十余年。遣夏侯渊自兴国讨之。冬十月，屠枹罕，斩建，凉州平。

〔注释〕

①枹罕(bāohǎn)：古城名，遗址在今甘肃临夏附近。

②改元：新皇帝即位时颁布新年号称“改元”；皇帝在位期间改换年号亦称“改元”。每个年号开始的一年称元年。

〔译文〕

当初，陇西人宋建自称河首平汉王，在枹罕聚集人马，改换年号，设置百官，已有三十余年。曹公派夏侯渊从兴国出发讨伐他。冬天十月，屠杀枹罕城中人众，杀死宋建，凉州平定。

公自合肥还。

〔译文〕

曹公从合肥返回。

十一月，汉皇后伏氏坐昔与父故屯骑校尉完书，云帝以董承被诛怨恨公，辞甚丑恶，发闻，后废黜死，兄弟皆伏法①。

〔注释〕

①伏法：指罪犯被执行死刑。

〔译文〕

十一月，汉献帝皇后伏氏因为从前给她父亲原来的屯骑校尉伏完写信，说皇帝因为董承被诛杀而怨恨曹公，用语十分恶劣，此事被发觉，伏皇后被废黜处死，她的兄弟们也都被处死。

十二月，公至孟津。天子命公置旄头①，宫殿设钟虡②。乙未，令曰："夫有行之士未必能进取③，进取之士未必能有行也。陈平岂笃行④，苏秦岂守信邪？而陈平定汉业，苏秦济弱燕。由此言之，士有偏短，庸可废乎⑤！有司明思此义⑥，则士无遗滞，官无废业矣。"又曰："夫刑，百姓之命也，而军中典狱者或非其人⑦，而任以三军死生之事，吾甚惧之。其选明达法理者，使持典刑。"于是置理曹掾属⑧。

〔注释〕

①旄(máo)头:古代皇帝仪仗中一种担任先驱的骑兵。

②钟虡(jù):指饰以猛兽形象的悬挂乐钟的格架。虡,指古代悬挂钟或磬的架子两旁的柱子。此处意为曹操可以受命使用编钟。编钟不是一般的乐器,而是礼乐文化框架下能够代表身份的高级礼器,一般为皇帝与诸侯所用。

③有行:有德行,品德好。进取:指努力上进,力图有所作为。

④笃行:品行纯厚。

⑤庸:表示反问;岂。

⑥有司:指主管某部门的官吏。古代设官分职,各有专司,故称有司。

⑦典狱:执掌刑狱之事。

⑧理曹掾(yuàn)属:古司法官名,即法曹。掾,原为佐助的意思,掾属是佐治的官吏。汉代自三公至郡县,都有掾属,人员由主官自选,不由朝廷任命。

〔译文〕

十二月,曹公到达孟津。天子命令曹公出行的仪仗中可以设置先驱的骑兵,宫殿中可以悬挂乐钟。乙未日,曹公下令说:"那些有德行的人未必能够有所作为,有所作为的人也未必能有德行。陈平难道有淳厚的品行,苏秦难道是诚实守信的人吗?但陈平奠定了汉室的基业,苏秦拯救了弱小的燕国。由此说来,有能力的人即使有偏颇有短处,难道可以废弃吗!相关部门如果能好好思考此中道理,那么有才能的人就不会被遗漏,官府就不会有被废止的事业了。"又说:"刑,关系着百姓的性命,而军队中执掌刑狱者中有的人并不是合适的人,但是把执掌三军死生的事交到他们的手中，我十分恐惧。应该选取明白事理通晓法律的人，让他们掌管刑罚。”于是设置了管理刑法的理曹掾属。

二十年春正月，天子立公中女为皇后。省云中、定襄、五原、朔方郡，郡置一县领其民，合以为新兴郡。

〔译文〕

建安二十年春天正月，天子立曹公的第二个女儿曹节为皇后。撤销云中、定襄、五原、朔方郡，原来的郡分别设置成一个县管理当地百姓，把这四个县合在一起建立新兴郡。

三月，公西征张鲁，至陈仓，将自武都入氐；氐人塞道，先遣张郃、朱灵等攻破之。夏四月，公自陈仓以出散关，至河池。氐王窦茂众万余人，恃险不服，五月，公攻屠之。西平、金城诸将麹演、蒋石等共斩送韩遂首。秋七月，公至阳平。张鲁使弟卫与将杨昂等据阳平关，横山筑城十余里，攻之不能拔，乃引军还。贼见大军退，其守备解散。公乃密遣解慓、高祚等乘险夜袭，大破之，斩其将杨任，进攻卫，卫等夜遁，鲁溃奔巴中。公军入南郑，尽得鲁府库珍宝。巴、汉皆降。复汉宁郡为汉中；分汉中之安阳、西城为西城郡，置太守；分锡、上庸郡，置都尉。

〔译文〕

三月，曹公西征张鲁，到陈仓，将要从武都进入氐人境内；氐人阻塞了道路，就先派张郃、朱灵等人打败了他们。夏天四月，曹公从陈仓出了散关，抵达河池。氐王窦茂有兵士一万余人，依仗地势险要不肯降服，五月，曹公攻打他们并屠杀城里的人。西平、金城的将领麹(qū)演、蒋石等一起杀了韩遂并把他的首级送给曹公。秋天七月，曹公到了阳平。张鲁派弟弟张卫和将领杨昂等据守阳平关，在山前筑城十余里，曹公攻打他却没攻下来，就率军回去了。贼军看见曹公大军撤退，就放松了防守。曹公于是秘密派遣解慓、高祚等攀登到险要之地在夜间发动突袭，把敌人打得大败，杀了张鲁的部将杨任，进攻张卫，张卫等人连夜遁逃，张鲁溃败逃向巴中。曹公的军队进入南郑，将张鲁府库之中的珍宝搜罗一空。巴、汉地区的军队全部投降。恢复汉宁郡为汉中；把汉中的安阳、西城分出来设立西城郡，设置太守；分出锡、上庸郡，设置都尉。

八月，孙权围合肥，张辽、李典击破之。

〔译文〕

八月，孙权围攻合肥，张辽、李典打败了他。

九月，巴七姓夷王朴胡、賨邑侯杜濩举巴夷、賨民来附[①]，于是分巴郡，以胡为巴东太守，濩为巴西太守，皆封列侯。天子命公承制封拜诸侯守相[②]。

〔注释〕

①七姓：或指罗、朴、督、鄂、度、夕、龚七姓，或指卢、朴、沓、鄂、度、夕、

龚七姓，此前均不服朝廷不供租赋。夷：指少数民族。賨（cóng）：秦汉时期四川、湖南等地少数民族所缴的一种赋税，亦指这些少数民族。杜濩（huò）：东汉末年西南賨人首领，称賨邑侯。

②承制：谓秉承皇帝旨意而便宜行事。制，皇帝的旨意。

〔译文〕

九月，巴地的七姓夷王朴胡、賨邑侯杜濩带着巴地的少数民族和賨地的人民前来归附，于是把巴郡分为两部分，任命朴胡为巴东太守，任命杜濩为巴西太守，都封为列侯。天子命令曹公可以秉承皇帝旨意封立诸侯和任命太守、丞相。

冬十月，始置名号侯至五大夫，与旧列侯、关内侯凡六等，以赏军功。

〔译文〕

冬天十月，开始设置名号侯至五大夫的各级爵位，与此前所封的列侯、关内侯一共分为六等，用来奖赏有军功的人。

十一月，鲁自巴中将其余众降。封鲁及五子皆为列侯。刘备袭刘璋，取益州，遂据巴中；遣张郃击之。

〔译文〕

十一月，张鲁从巴中率领他的残部前来投降。曹公将张鲁及他的五个儿子都封作列侯。刘备袭击刘璋，取得益州，于是占据巴中；曹公派张郃攻打他。

十二月,公自南郑还,留夏侯渊屯汉中。

〔译文〕

十二月,曹公从南郑返回,留夏侯渊驻守汉中。

二十一年春二月,公还邺。三月壬寅,公亲耕籍田。夏五月,天子进公爵为魏王。代郡乌丸行单于普富卢与其侯王来朝。天子命王女为公主,食汤沐邑①。秋七月,匈奴南单于呼厨泉将其名王来朝,待以客礼,遂留魏,使右贤王去卑监其国②。八月,以大理钟繇为相国。

〔注释〕

①汤沐邑:原指诸侯朝见天子,天子赐以位于王畿以内供住宿和斋戒沐浴的封邑。后指国君、皇后、公主等受封者收取赋税的私邑。

②监(jiān)国:君主因故不能亲政,由权臣或近亲摄政。

〔译文〕

建安二十一年春天二月,曹公回到邺城。三月壬寅日,曹公亲自耕作籍田。夏天五月,天子晋封曹公的爵位为魏王。代郡乌丸代理单于普富卢和他的侯王前来朝贺。天子册封魏王的女儿为公主,赐给她汤沐邑。秋天七月,匈奴南单于呼厨泉率领他手下的高级贵族前来朝贺,魏王以待客之礼接待他们,于是他们就留在了魏国,只让右贤王去卑回去监管他们的国事。八月,任命大理人钟繇为魏国的相国。

冬十月，治兵，遂征孙权，十一月至谯。

〔译文〕

冬天十月，整治军队，就出兵征讨孙权，十一月到达谯。

二十二年春正月，王军居巢，二月，进军屯江西郝谿。权在濡须口筑城拒守，遂逼攻之，权退走。三月，王引军还，留夏侯惇、曹仁、张辽等屯居巢。

〔译文〕

建安二十二年春天正月，魏王驻扎在居巢，二月，进军驻扎在长江以西的郝谿。孙权在濡须口修筑城垒，于是曹军进逼攻打他，孙权撤军逃走。三月，魏王率军返回，留夏侯惇、曹仁、张辽等驻扎在居巢。

夏四月，天子命王设天子旌旗，出入称警跸①。五月，作泮宫②。六月，以军师华歆为御史大夫。冬十月，天子命王冕十有二旒③，乘金根车，驾六马，设五时副车④，以五官中郎将丕为魏太子。

〔注释〕

①警跸(bì)：古代帝王出入时，于所经路途侍卫警戒，清道止行。

②泮(pàn)宫：指古代诸侯国设立的国家高等学校。

③冕(miǎn):古代帝王及地位在大夫以上的官员们戴的礼帽,后专指帝王的皇冠。十二旒为天子服制。

④蔡邕《独断》记载:“法驾,上所乘曰金根车,驾六马。有五色安车、五色立车各一,皆驾四马,是谓五时副车。”此段主要内容为汉献帝赐曹操使用与自己相同的冕旒及出行仪仗。

〔译文〕

夏天四月,天子命令魏王仪仗设置和天子一样的旌旗,出入时由侍卫警戒清道。五月,兴建泮宫。六月,魏王任命军师华歆为御史大夫。冬天十月,天子命令魏王礼冠上缀饰十二根玉旒,乘坐金根车,套六匹马驾车,配置五时副车,册立五官中郎将曹丕为魏国太子。

刘备遣张飞、马超、吴兰等屯下辩;遣曹洪拒之。

〔译文〕

刘备派张飞、马超、吴兰等驻扎在下辩;魏王派曹洪抵挡他们。

二十三年春正月,汉太医令吉本与少府耿纪、司直韦晃等反,攻许,烧丞相长史王必营,必与颍川典农中郎将严匡讨斩之。

〔译文〕

建安二十三年春天正月,汉朝的太医令吉本与少府耿纪、司直韦晃等谋反，攻打许都，火烧了丞相长史王必的大营，王必与颍川典农中郎将严匡讨伐并斩杀了他们。

曹洪破吴兰，斩其将任夔等。三月，张飞、马超走汉中，阴平氐强端斩吴兰，传其首。

〔译文〕

曹洪打败吴兰，杀了他的部将任夔等人。三月，张飞、马超逃到汉中，阴平的氐人强端杀死吴兰，送来了他的首级。

夏四月，代郡、上谷乌丸无臣氐等叛，遣鄢陵侯彰讨破之。

〔译文〕

夏天四月，代郡、上谷的乌丸人无臣氐等反叛，魏王派鄢陵侯曹彰讨伐打败了他们。

六月，令曰："古之葬者，必居瘠薄之地。其规西门豹祠西原上为寿陵①，因高为基，不封不树②。周礼冢人掌公墓之地③，凡诸侯居左右以前，卿大夫居后，汉制亦谓之陪陵。其公卿大臣列将有功者，宜陪寿陵，其广为兆域，使足相容。"

〔注释〕

①寿陵：一般指皇帝后妃生前预筑的陵墓。曹操墓后被命名为"高

陵”。

②不封不树：不封，指不积土为坟丘，即不建高于地面的封土堆；不树，指不种树以标其处，后来亦指不立碑，也不搞地面纪念性建筑。曹操所嘱对自己的丧葬安排是相当节俭的。

③冢(zhǒng)人：官名，见于《周礼》，指掌管王室墓地的人。冢，高而大的坟。

〔译文〕

六月，魏王下令说：“古代的墓葬，一定建造在瘠薄的土地上。现在规划西门豹祠西面的高地之上修建我未来的墓地，利用原有的高度作为墓基，下葬后不起封土堆，不种植树木。《周礼》中规定由冢人掌管天子诸侯的安葬之地，凡是诸侯都埋葬在天子陵墓左右靠前的位置，卿大夫则靠后，汉代的制度也称之为陪陵。那些公卿大臣和列位将领之中有功的人，也可以陪葬在我的墓地，所以要扩大墓地的区域，让它足够容得下这些人。”

秋七月，治兵，遂西征刘备，九月，至长安。

〔译文〕

秋天七月，整治军队，就向西征讨刘备，九月，到达长安。

冬十月，宛守将侯音等反，执南阳太守，劫略吏民，保宛。初，曹仁讨关羽，屯樊城，是月使仁围宛。

〔译文〕

冬天十月，宛城守将侯音等反叛，抓住了南阳太守，抢劫掳掠官吏百姓，据守宛城。当初，曹仁讨伐关羽，驻扎在樊城，这个月就派曹仁围攻宛城。

二十四年春正月，仁屠宛，斩音。

〔译文〕

建安二十四年春天正月，曹仁屠杀宛城军民，斩杀了侯音。

夏侯渊与刘备战于阳平，为备所杀。三月，王自长安出斜谷，军遮要以临汉中①，遂至阳平。备因险拒守。

〔注释〕

①遮要（yào）：拦截于要害之处。

〔译文〕

夏侯渊与刘备在阳平交战，被刘备杀死。三月，魏王从长安出斜谷，派军队在要害之处拦截敌军逼近汉中，于是到了阳平。刘备凭借地势险要抵御防守。

夏五月，引军还长安。

〔译文〕

夏天五月，魏王率军回到长安。

秋七月，以夫人卞氏为王后。遣于禁助曹仁击关羽。八月，汉水溢，灌禁军，军没，羽获禁，遂围仁。使徐晃救之。

〔译文〕

秋天七月，册立夫人卞氏为魏国王后。派于禁协助曹仁攻打关羽。八月，汉水满溢，淹了于禁的军队，全军覆没，关羽抓获了于禁，接着包围了曹仁。魏王派徐晃救援曹仁。

九月，相国钟繇坐西曹掾魏讽反免。

〔译文〕

九月，相国钟繇因为自己的下属西曹掾魏讽谋反受到牵连而被免职。

冬十月，军还洛阳。孙权遣使上书，以讨关羽自效。王自洛阳南征羽，未至，晃攻羽，破之，羽走，仁围解。王军摩陂。

〔译文〕

冬天十月，曹军回到洛阳。孙权派使臣向魏王上书，想以讨伐关羽为魏王效力。魏王从洛阳出兵向南征讨关羽，还没到，徐晃攻打关羽，打败了他，关羽逃走，曹仁所受围困被解开。魏王驻军在摩陂。

二十五年春正月，至洛阳。权击斩羽，传其首。

〔译文〕

建安二十五年春天正月，魏王到达洛阳。孙权攻打并杀掉了关羽，把他的首级送给魏王。

庚子，王崩于洛阳①，年六十六。遗令曰②："天下尚未安定，未得遵古也。葬毕，皆除服。其将兵屯戍者③，皆不得离屯部。有司各率乃职。敛以时服④，无藏金玉珍宝。"谥曰武王。二月丁卯，葬高陵。

〔注释〕

①崩：古代称帝王死。

②遗令：临终前的告诫、嘱咐。

③戍：军队防守。后世称防守边疆为戍边。

④敛(liàn)：通"殓"。指给尸体穿衣下棺，也叫"入殓"。

〔译文〕

庚子日，魏王在洛阳去世，享年六十六岁。魏王遗令说："天下还没有安定，不能遵照古代的礼仪大办丧事。将我安葬完毕，所有人都要去除丧服。那些率领军队驻扎防守的人，都不许离开驻地。官员们都要各司其职各守其事。入殓时只用四时衣服，不要埋藏金玉珍宝。"谥号为武王。二月丁卯日，葬于高陵。

评曰:汉末,天下大乱,雄豪并起,而袁绍虎眎四州①,强盛莫敌。太祖运筹演谋,鞭挞宇内,揽申、商之法术②,该韩、白之奇策③,官方授材,各因其器,矫情任算④,不念旧恶,终能总御皇机⑤,克成洪业者,惟其明略最优也。抑可谓非常之人,超世之杰矣。

〔注释〕

①眎(shì):同"视"。虎眎,即"虎视",谓如虎之雄视,有伺机攫取之意。

②揽:取得,掌握。法术:方法,权术。

③该:具备,包括。

④矫情:控制情感。任算:进行谋算,施用计谋。

⑤总御:亦作"总驭"。意为统领。皇机:皇帝政事。

〔译文〕

评曰:汉朝末年,天下大乱,英雄豪杰同时兴起,而袁绍虎视天下占据四州,势力强盛没有人能与之匹敌。太祖运用谋略,征战天下,掌握了申不害、商鞅的治国之术,具备了韩信、白起的奇谋妙策,把官职授予有才能的人,发挥他们各自的才干,能够控制情感,使用计谋,能够抛弃以前的摩擦和不快客观任用贤才,终于能够总揽朝政,成就大业,这是因为他审时度势运用谋略最为优秀。可以说他是不同寻常之人,是超出当世的豪杰啊!

卷二　魏书二

文帝纪第二

〔题解〕

魏文帝曹丕自幼跟随父亲曹操征战沙场，八岁即能骑射，且兼有文武之才。曹丕二十五岁担任副丞相之职，三十一岁被立为魏太子。被立为太子前与曹植的地位之争因受本纪体例所限，此文未有书写。曹丕对孔子的尊崇和任人唯贤、广开言路，体现了政治家的宏大气象；政令中对宦官和后族政治的限制，有效避免了东汉末年宦官专权和外戚专权历史悲剧的重演；对丧葬之风的改良，以及对士卒的抚恤，都表明了对民生的重视。黄初六年冬遣使祀桥玄是文章逸笔，身为帝王而不忘替父亲祭奠旧日相知，曹丕此举可谓不忘本也。文中时有关于“异象”的书写，旨在用以显示以魏代汉的合理性，也表现了古人的“天命”观念。这是需要今人用客观态度对待的地方。

文皇帝讳丕，字子桓，武帝太子也。中平四年冬，生于谯。建安十六年，为五官中郎将、副丞相。二十二年，立为魏太子。太祖崩，嗣位为丞相、魏王。尊王后曰王太后。改建安二十五年为延康元年。

〔译文〕

文皇帝名丕，字子桓，是武帝的太子。中平四年冬天，出生在谯。建安十六年，担任五官中郎将，副丞相。建安二十二年，立为魏国太子。太祖去世，继位为丞相、魏王。尊奉王后卞氏为王太后。改建安二十五年为延康元年。

元年二月壬戌，以大中大夫贾诩为太尉，御史大夫华歆为相国，大理王朗为御史大夫。置散骑常侍、侍郎各四人，其宦人为官者不得过诸署令①；为金策著令②，藏之石室③。

〔注释〕

①此令为避宦官专权之祸。宦人：太监。

②金策：古代记载大事或帝王诏命的连编金简。

③石室：古代收藏图书档案的地方。

〔译文〕

延康元年二月壬戌日，任命大中大夫贾诩为太尉，御史大夫华歆为相国，大理王朗为御史大夫。设置散骑常侍、侍郎各四人，宦人做官的职级不得超过各个官署的令；用金策记录以上命令，收藏在石室。

初,汉熹平五年,黄龙见谯,光禄大夫桥玄问太史令单飏:“此何祥也?”飏曰:“其国后当有王者兴,不及五十年,亦当复见。天事恒象,此其应也。”内黄殷登默而记之。至四十五年,登尚在。三月,黄龙见谯,登闻之曰:“单飏之言,其验兹乎!”

〔译文〕

当初,在汉朝熹平五年,黄龙出现在谯,光禄大夫桥玄问太史令单飏:“这是何种祥瑞的预兆呢?”单飏说:“这个郡国日后应当有帝王兴起,不到五十年,黄龙应当会再次出现。上天对人事的反映一定会预兆,这就是天意的表现。”内黄人殷登默默地记下了这件事。到了四十五年之后,殷登还健在。三月,黄龙出现在谯,殷登听说之后说:“单飏的话,就应验在这里啊!”

己卯,以前将军夏侯惇为大将军。濊貊①、扶余单于、焉耆、于阗王皆各遣使奉献。

〔注释〕

①濊貊(wèimò):古代北方民族名。

〔译文〕

己卯日,任命前将军夏侯惇为大将军。濊貊、扶余单于、焉耆、于阗(tián)王都各自派遣使者前来进奉贡品。

夏四月丁巳，饶安县言白雉见。庚午，大将军夏侯惇薨[①]。

〔注释〕

①薨（hōng）：古代称诸侯或有爵位的官员死去。

〔译文〕

夏天四月丁巳（sì）日，饶安县报告有白色的雉鸡出现。庚午日，大将军夏侯惇去世。

五月戊寅，天子命王追尊皇祖太尉曰太王，夫人丁氏曰太王后，封王子叡为武德侯。是月，冯翊山贼郑甘、王照率众降，皆封列侯。

〔译文〕

五月戊寅日，天子命令魏王曹丕追尊魏王的祖父太尉曹嵩称太王，曹嵩夫人丁氏称太王后，封魏王的儿子曹叡为武德侯。这个月，冯翊山里的贼人郑甘、王照率领手下人众投降，都被封为列侯。

酒泉黄华、张掖张进等各执太守以叛。金城太守苏则讨进，斩之。华降。

〔译文〕

酒泉的黄华、张掖的张进等人各自抓住本郡的太守反叛朝廷。金城太守苏则讨伐张进,斩杀了他。黄华投降。

六月辛亥,治兵于东郊,庚午,遂南征。

〔译文〕

六月辛亥日,曹丕在东郊训练部队,庚午日,就向南出征。

秋七月庚辰,令曰:“轩辕有明台之议①,放勋有衢室之问②,皆所以广询于下也。百官有司,其务以职尽规谏,将率陈军法,朝士明制度,牧守申政事,缙绅考六艺③,吾将兼览焉。”

〔注释〕

①明台:传说为轩辕黄帝听政之所。

②衢(qú)室:相传为唐尧放勋征询民意的处所。

③缙绅(jìnshēn):古代称有官职的或做过官的人。也作搢绅。原义是插笏(古代朝会时官宦所执的手板,有事就写在上面,以备遗忘)于带,指旧时官宦的装束,转用为官宦的代称。缙,也写作“搢”,插。绅,束在衣服外面的大带子。六艺:一说为指礼、乐、射、御、书、数,一说指“六经”,即《诗》《书》《礼》《乐》《易》《春秋》。

〔译文〕

秋天七月庚辰日,曹丕下令说:“轩辕黄帝设有明台听取民间议论,唐尧设有衢室问政于民,这都是为了广泛征询百姓的意见。各位官员和各个部门,一定要按照职责尽到规谏的义务,军中将帅要陈说军法,朝中官员要阐明制度,州郡长官要申明政事,普通官员要研习六艺,我将对这些进行全面考察。”

孙权遣使奉献。蜀将孟达率众降。武都氐王杨仆率种人内附,居汉阳郡。

〔译文〕

孙权派使者进奉贡品。蜀地将领孟达率领手下人众前来投降。武都的氐王杨仆率领族人从边疆向内地归附朝廷,居住在汉阳郡。

甲午,军次于谯,大飨六军及谯父老百姓于邑东。八月,石邑县言凤皇集。

〔译文〕

甲午日,军队驻扎在谯,在城东以丰盛的酒食犒劳六军以及谯地的父老乡亲。八月,石邑县报告说有凤凰聚集栖息。

冬十(一)月癸卯,令曰:“诸将征伐,士卒死亡者或未收敛,吾甚哀之;其告郡国给槥椟殡敛①,送致其家,官为设祭。”丙午,行至曲蠡。

〔注释〕

①槥椟(huìdú):小棺材,亦泛指棺材。

〔译文〕

冬天十一月癸卯日，曹丕下令说："将领们出征攻伐，死亡的士兵有的还没有收殓下葬，我十分哀怜他们；现在通告各郡国提供棺材为他们收尸，送到他们的家里，官府为他们设置祭奠的仪式。"丙午日，出行到曲蠡。

汉帝以众望在魏，乃召群公卿士，告祠高庙。使兼御史大夫张音持节奉玺绶禅位，册曰："咨尔魏王①：昔者帝尧禅位于虞舜，舜亦以命禹，天命不于常，惟归有德。汉道陵迟，世失其序，降及朕躬，大乱兹昏，群凶肆逆，宇内颠覆。赖武王神武，拯兹难于四方，惟清区夏，以保绥我宗庙，岂予一人获乂，俾九服实受其赐②。今王钦承前绪，光于乃德，恢文武之大业，昭尔考之弘烈。皇灵降瑞，人神告征，诞惟亮采，师锡朕命③，佥曰尔度克协于虞舜，用率我唐典，敬逊尔位。於戏④！天之历数在尔躬，允执其中⑤，天禄永终；君其祗顺大礼，飨兹万国，以肃承天命。"乃为坛于繁阳。庚午，王升坛即阼⑥，百官陪位。事讫，降坛，视燎成礼而反⑦。改延康为黄初，大赦。

〔注释〕

①咨尔：用于句首，表示赞叹或祈使。

②九服：原指王畿以外的九等地区，后指全国各地区。

③师锡：谓众人献言，同辞以对。

④於戏(wūhū):感叹词,同“呜呼”。可独立成句,表示赞美、称颂或感叹。

⑤允执其中:真诚地坚持中庸之道。比喻真正做到恰到好处。允,诚信。执,持。其,代词,那个。中,不偏不倚。

⑥阼(zuò):原指大堂前东面的台阶,是主人迎接宾客的地方。封建帝王登阼阶以主持祭祀,践阼指皇帝即位。

⑦燎(liào)祭:古代祭祀仪式之一。把玉帛、牺牲放在柴堆上,焚烧祭天。

〔译文〕

汉献帝因为众人的愿望寄托在魏国身上,就召集朝中群臣,在宗庙举行祭祀。派遣兼御史大夫张音持符节奉上玉玺绶带向魏王禅让帝位,诏书说:“啊,魏王:昔日帝尧禅让帝位给虞舜,舜也把帝位交给大禹,上天赋予帝位的命令不是一直不变的,只归于有德的人。我大汉的天命已经衰退,世道失去了应有的秩序,到了我这一代,强烈的乱局益发严重,成群的凶徒肆意逆行,天下动荡不安。依赖武王的神勇威武,在四方拯救危难,肃清华夏叛逆,才保全安定我大汉的宗庙,难道只有我一个人获得护佑吗,实在是全天下都受到了他的恩赐。如今魏王您敬承前人的基业,光大武王的德行,弘扬文治武功的大业,昭示了您亡父的伟绩。皇天之灵降下祥瑞,人神都得见吉兆,诞育您辅佐政事,众人向我进言,都说您的气度和虞舜相当,应该遵循唐尧的故典,恭敬地把帝位禅让给您。啊!上天的命数在您的身上,只要用恰当的方式来治国,上天赐予的福运就会永存;您要恭敬地顺应大礼,享有万国,来庄严地承接这上天的命令。”于是曹丕就在繁阳修筑祭坛。庚午日，魏王曹丕登上祭坛即皇帝位，百官按位陪同。仪式举行完毕后，曹丕走下祭坛，观看众人将祭品焚烧祭天完成礼仪之后返回。改年号延康为黄初，大赦天下。

黄初元年十一月癸酉，以河内之山阳邑万户奉汉帝为山阳公，行汉正朔①，以天子之礼郊祭，上书不称臣，京都有事于太庙，致胙②；封公之四子为列侯。追尊皇祖太王曰太皇帝，考武王曰武皇帝，尊王太后曰皇太后。赐男子爵人一级③，为父后及孝悌力田人二级④。以汉诸侯王为崇德侯，列侯为关中侯。以颍阴之繁阳亭为繁昌县。封爵增位各有差。改相国为司徒，御史大夫为司空，奉常为太常，郎中令为光禄勋，大理为廷尉，大农为大司农。郡国县邑，多所改易。更授匈奴南单于呼厨泉魏玺绶，赐青盖车、乘舆、宝剑、玉玦。十二月，初营洛阳宫，戊午幸洛阳。

〔注释〕

①正朔：指历法。正朔原义是某朝历法的第一天。由于汉及以前各个朝代更迭时，每每以更改正朔来表示自己新承天命，因而在后来“改正朔”即有改朝换代之意。

②致胙（zuò）：指古时祭祀后，君王与诸侯互将祭肉给予对方，以示礼节。

③赐爵为古代君主赏赐臣民的一种手段，不同的人会被赏赐不同等级的爵位。有爵位者可以在面临刑罚时用以冲抵。

④孝悌(tì)力田：指孝顺父母，尊敬兄长，努力务农。汉以后各王朝均作为表彰名目之一。

〔译文〕

黄初元年十一月癸酉日，文帝将河内郡的山阳县一万户人口奉送给汉献帝，封他为山阳公，准许他执行汉代的历法，按天子的礼仪进行郊祭，上书给文帝时可以不自称为臣，京城在太庙举行祭祀时，要给他送祭肉；封山阳公的四个儿子为列侯。文帝追尊皇祖父太王称太皇帝，已故父亲武王为武皇帝，尊奉王太后称皇太后。赐给天下男子每人一级爵位，做了父亲继承人以及被表彰为孝悌力田的每人赐二级爵位。把汉朝的诸侯王改为崇德侯，列侯改为关中侯。将颍阴的繁阳亭改为繁昌县。对手下诸人封赏爵位提升官职各有等次。改称相国为司徒，御史大夫为司空，奉常为太常，郎中令为光禄勋，大理为廷尉，大农为大司农。郡国县邑的名称，很多都做了改动。改授匈奴南单于呼厨泉魏国的印玺和绶带，赐给他诸侯王才可以用的青盖车、乘舆、宝剑、玉玦。十二月，开始营建洛阳宫，戊午日文帝来到洛阳。

是岁，长水校尉戴陵谏不宜数行弋猎，帝大怒；陵减死罪一等。

〔译文〕

这一年，长水校尉戴陵规劝文帝不应该经常外出射猎，文帝大怒；戴陵被判处只比死罪轻一等的刑罚。

二年春正月，郊祀天地、明堂[1]。甲戌，校猎至原陵，遣使者以太牢祠汉世祖。乙亥，朝日于东郊。初令郡国口满十万者，岁察孝廉一人；其有秀异，无拘户口。辛巳，分三公户邑，封子弟各一人为列侯。壬午，复颍川郡一年田租。改许县为许昌县。以魏郡东部为阳平郡，西部为广平郡。

〔注释〕

①明堂：明堂是古代帝王所建的最隆重的建筑物，用作朝会诸侯、发布政令、秋季大享祭天，并配祀祖宗。此处因是郊祀，不在明堂之内，应是祭祖之意。

〔译文〕

黄初二年春天正月，文帝在郊外祭祀天地、祖宗。甲戌日，到原陵打猎，派使者以猪、牛、羊三牲祭祀汉世祖光武帝刘秀。乙亥日，在东郊祭日神。开始命令各郡国人口满十万的，每年考察推举孝廉一人；如果有特别优秀的，不受户口多寡的限制。辛巳日，分出三公的食邑，封他们的子弟各一人为列侯。壬午日，免除颍川郡一年的田租。改称许县为许昌县。把魏郡一分为二，东部改称阳平郡，西部改称广平郡。

诏曰："昔仲尼资大圣之才，怀帝王之器，当衰周之末，无受命之运，在鲁、卫之朝，教化乎洙、泗之上，悽悽焉，遑遑焉，欲屈己以存道，贬身以救世。于时王公终莫能用之，乃退考五代之礼，修素王之事①，因鲁史而制《春秋》，就太师而正《雅》《颂》②，俾千载之后，莫不宗其文以述作，仰其圣以成谋，咨！可谓命世之大圣，亿载之师表者也。遭天下大乱，百祀堕坏，旧居之庙，毁而不修，褒成之后③，绝而莫继，阙里不闻讲颂之声，四时不睹蒸尝之位④，斯岂所谓崇礼报功，盛德百世必祀者哉！其以议郎孔羡为宗圣侯，邑百户，奉孔子祀。”令鲁郡修起旧庙，置百户吏卒以守卫之，又于其外广为室屋以居学者。

〔注释〕

①素王：具有帝王之德而无帝王之位的人，一般仅指孔子。

②太师：此处指古代乐官之长。《雅》《颂》代指《诗经》，先秦时《诗经》篇章并非用于吟诵，而是和乐歌唱。

③褒成：孔子十三代孙孔霸被汉元帝封为“褒成侯”，赐食邑八百户。其后代皆被汉朝皇帝封为褒成侯。

④蒸尝：本指秋冬二祭，后泛指祭祀。

〔译文〕

文帝下诏说：“昔日孔子具备至高的才能，胸怀帝王的气度，正逢周王朝衰败的末期，没有受天承命的运数，在鲁国、卫国的朝廷里做官，在洙水、泗水一带教化弟子，多么凄凉，多么不安，只想委屈自己来保存大道，贬抑自己来拯救世人。在那个时候王侯公卿最终没有人能够任用他，于是他回到家乡考订黄帝、唐虞、夏、商、周五代的礼仪，从事有帝王之德而无帝王之位的人所做的事，依据鲁国的历史而撰写《春秋》，与乐官一起校正了

《雅》《颂》，使千年之后，没有人不效法他的文章来著述写作，仰赖他的圣明来完成谋略。啊！他可以说是具有治世能力的大圣人，是亿万年人们学习的榜样。如今遭遇天下大乱，所有祭祀都被废弃，孔子旧日的宗庙，毁坏而得不到修整，自从孔子后人被封为褒成侯之后到现在，他的思想早已断绝而没有人继承，他曾居住的阙里听不到讲习学业、诵读诗书的声音，一年四季看不到祭祀的神位，这难道就是所说的崇尚礼仪、报偿功德、盛大的德行虽然经历百世也一定要祭祀吗？现在册封议郎孔羡为宗圣侯，赐食邑一百户，供奉对孔子的祭祀。”命令鲁郡修复建造孔子的旧日宗庙，设置一百户官兵来守卫它，又在孔庙之外广建房屋，供前来学习儒学的人居住。

（春）三月，加辽东太守公孙恭为车骑将军。初复五铢钱。夏四月，以车骑将军曹仁为大将军。五月，郑甘复叛，遣曹仁讨斩之。六月庚子，初祀五岳四渎，咸秩群祀。丁卯，夫人甄氏卒。戊辰晦①，日有食之，有司奏免太尉，诏曰：“灾异之作，以谴元首，而归过股肱，岂禹、汤罪己之义乎？其令百官各虔厥职，后有天地之眚②，勿复劾三公。”

〔注释〕

①晦：农历初一为朔，十五为望，三十为晦。
②眚（shěng）：灾难。

〔译文〕

春天三月，加授辽东太守公孙恭为车骑将军。开始恢复使用五铢钱。夏天四月，任命车骑将军曹仁为大将军。五月，上年投降的郑甘再次反叛，派曹仁讨伐并斩杀了他。六月庚子日，初次祭祀泰山、华山、衡山、恒山、嵩山五岳和长江、黄河、淮河、济水四渎，全部依序举行各种祭祀。丁卯日，夫人甄氏去世。戊辰日是三十，发生日食，有关官员上奏要求罢免太尉，文帝下诏说："灾异的发生，是为了责备君主，把罪过归到股肱大臣的身上，难道符合夏禹、商汤把罪责归于自己的大义吗？现在命令百官各自敬守职责，以后再有天地惩罚我们的灾异，不许再弹劾三公。"

秋八月，孙权遣使奉章，并遣于禁等还。丁巳，使太常邢贞持节拜权为大将军，封吴王，加九锡。冬十月，授杨彪光禄大夫。以谷贵，罢五铢钱。己卯，以大将军曹仁为大司马。十二月，行东巡。是岁，筑陵云台。

〔译文〕

秋天八月，孙权派使者呈奉奏章，并送还之前被俘的于禁等人。丁巳日，派太常邢贞持符节任命孙权为大将军，封为吴王，加赐九锡之礼。冬天十月，授予杨彪光禄大夫之职。因为粮食价格昂贵，停止使用五铢钱。己卯日，任命大将军曹仁为大司马。十二月，出行巡视东方。这一年，修筑陵云台。

三年春正月丙寅朔，日有蚀之。庚午，行幸许昌宫。诏曰："今之计、〔孝〕，古之贡士也；十室之邑，必有忠信，若限年然后取士，是吕尚、周晋不显于前世也。其令郡国所选，勿拘老幼；儒通经术，吏达文法，到皆试用。有司纠故不以实者。”

〔译文〕

黄初三年春天正月丙寅日是初一，发生日食。庚午日，文帝出行来到许昌宫。下诏说：“现在的上计吏、孝廉，相当于古代的贡士；十户人家的村邑，也一定有忠诚守信之人，如果限制年龄选拔贤能之士，那么吕尚、周晋就不会在前代彰显声名了。现在命令各郡国所选拔的人才，不受年纪大小的限制；读书的人能够精通经学道术，官吏能够通晓典籍法规，到了都可以试用。有关部门要检举故意不按实际情况举荐人才的人。”

二月，鄯善、龟兹、于阗王各遣使奉献，诏曰：“西戎即叙，氐、羌来王，《诗》《书》美之。顷者西域外夷并款塞内附，其遣使者抚劳之。”是后西域遂通，置戊己校尉。

〔译文〕

二月，鄯善、龟兹、于阗王各自派遣使者来进奉贡品，文帝下诏说：“当初西戎顺服，氐人、羌人来朝见皇王，《诗经》《尚书》记录并赞美他们。近来西域的少数民族一并叩响塞门请求归附，要派使者去抚慰犒劳他们。”此后就和西域开始交往，设置了戊己校尉之职。

三月乙丑，立齐公叡为平原王，帝弟鄢陵公彰等十一人皆为王。初制封王之庶子为乡公，嗣王之庶子为亭侯[①]，公之庶子为亭伯。甲戌，立皇子霖为河东王。甲午，行幸襄邑。夏四月戊申，立鄄城侯植为鄄城王。癸亥，行还许昌宫。五月，以荆、扬、江表八郡为荆州，孙权领牧故也；荆州江北诸郡为郢州。

〔注释〕

①嗣王：承袭爵位之王为嗣王。意为非本人直接受封为王。

〔译文〕

三月乙丑日，立齐公曹叡为平原王，文帝弟弟鄢陵公曹彰等十一人都被封王。开始设立封王的庶子为乡公，承袭爵位之王的庶子为亭侯，公的庶子为亭伯的制度。甲戌日，立皇子曹霖为河东王。甲午日，文帝出行到襄邑。夏四月戊申日，立鄄城侯曹植为鄄城王。癸亥日，文帝出行返回许昌宫。五月，将荆州、扬州、长江以南地区的八郡划为荆州，这是因为孙权兼任荆州牧的缘故；荆州长江以北各郡划为郢(yǐng)州。

闰月，孙权破刘备于夷陵。初，帝闻备兵东下，与权交战，树栅连营七百余里，谓群臣曰："备不晓兵，岂有七百里营可以拒敌者乎！'苞原隰险阻而为军者为敌所禽'[①]，此兵忌也。孙权上事今至矣。"后七日，破备书到。

〔注释〕

①苞:草木丛生的地方。原:地势高旷的地方。隰(xí):地势低下潮湿的地方。

〔译文〕

闰六月,孙权在夷陵打败刘备。当初,文帝听说刘备的军队东下,和孙权交战,树起栅栏连接营地七百余里,对群臣说:"刘备不懂军事,哪里有七百里连营可以抵御敌人的呢!'在草木丛生、地势高旷、低洼潮湿或险要阻碍的地方安营扎寨,一定会被敌人擒获',这是兵家的大忌啊。孙权上奏战事胜利的奏章现在就要到了。"七天以后,打败刘备的上书就送到了。

秋七月,冀州大蝗,民饥,使尚书杜畿持节开仓廪以振之。八月,蜀大将黄权率众降。

〔译文〕

秋天七月,冀州发生了大规模的蝗灾,百姓遭遇饥荒,文帝派尚书杜畿持符节打开仓廪赈济百姓。八月,蜀国大将黄权率领军队投降。

九月甲午,诏曰:"夫妇人与政,乱之本也。自今以后,群臣不得奏事太后,后族之家不得当辅政之任,又不得横受茅土之爵①;以此诏传后世,若有背违,天下共诛之。”庚子，立皇后郭氏。赐天下男子爵人二级；鳏寡笃癃及贫不能自存者赐谷[②]。

〔注释〕

①茅土：指王、侯的封爵。古代天子分封王、侯时，用代表方位的五色土筑坛，按封地所在方向取一色土，包以白茅而授之，作为受封者得以有国建社的表征，也叫“分茅裂土”。

②鳏寡（guānguǎ）：老而无妻曰鳏，老而无夫曰寡，泛指没有劳动力而又没有亲属供养的人。笃癃（lóng）：年老体衰，疾病缠身。

〔译文〕

九月甲午日，文帝下诏说：“妇人参与国政，是动乱的根本。自今以后，群臣不得向太后奏报国事，太后家族里的人不得承担辅佐朝政的要职，也不得无端接受王侯的爵位；把这份诏书传给后世，如果有人违背，天下之人可以共同诛杀他。”庚子日，立郭氏为皇后。赐天下男子每人两级爵位；年老多病以及贫困无法生存的人赐给他们粮食。

冬十月甲子，表首阳山东为寿陵[①]，作终制曰[②]：“礼，国君即位为椑[③]，存不忘亡也。昔尧葬穀林，通树之，禹葬会稽，农不易亩，故葬于山林，则合乎山林。封树之制，非上古也，吾无取焉。寿陵因山为体，无为封树，无立寝殿[④]，造园邑[⑤]，通神道[⑥]。夫葬也者，藏也，欲人之不得见也。骨无痛痒之知，冢非栖神之宅，礼不墓祭，欲存亡之不黩也，为棺椁足以朽骨，衣衾足以朽肉而已。故吾营此丘墟不食之地，欲使易代之后不知其处。无施苇炭[7]，无藏金银铜铁，一以瓦器，合古涂车、刍灵之义。棺但漆际会三过，饭含无以珠玉[8]，无施珠襦玉匣，诸愚俗所为也。季孙以玙璠敛，孔子历级而救之，譬之暴骸中原。宋公厚葬，君子谓华元、乐莒不臣，以为弃君于恶。汉文帝之不发，霸陵无求也；光武之掘，原陵封树也。霸陵之完，功在释之；原陵之掘，罪在明帝。是释之忠以利君，明帝爱以害亲也。忠臣孝子，宜思仲尼、丘明、释之之言，鉴华元、乐莒、明帝之戒，存于所以安君定亲，使魂灵万载无危，斯则贤圣之忠孝矣。自古及今，未有不亡之国，亦无不掘之墓也。丧乱以来，汉氏诸陵无不发掘，至乃烧取玉匣金缕，骸骨并尽，是焚如之刑，岂不重痛哉！祸由乎厚葬封树。'桑、霍为我戒'[9]，不亦明乎？其皇后及贵人以下，不随王之国者，有终没皆葬涧西，前又以表其处矣。盖舜葬苍梧，二妃不从，延陵葬子，远在嬴、博，魂而有灵，无不之也，一涧之间，不足为远。若违今诏，妄有所变改造施，吾为戮尸地下，戮而重戮，死而重死。臣子为蔑死君父，不忠不孝，使死者有知，将不福汝。其以此诏藏之宗庙，副在尚书、秘书、三府。"

〔**注释**〕

①表：测量的标尺，或其他计量用的器具。此处用作动词，堪定，

选定。

②终制：死者生前对丧葬礼制的嘱咐。

③椑(bì)：内棺。后亦泛指棺材。

④寝殿：陵墓的正殿。

⑤园邑：汉代为守护陵园所置的县邑。

⑥神道：为护送灵柩入墓专门铺设的道路。

⑦苇炭：用芦苇烧成的灰炭，用以吸潮。古时墓葬中多设此物。

⑧饭含：古丧礼。以珠、玉、贝、米等物纳于死者之口。

⑨桑、霍为我戒：《汉书·张延寿传》："延寿孙临，亦谦俭。每登阁殿，常叹曰：'桑、霍为我戒，岂不厚哉！'薄葬不起坟。"桑，桑弘羊；霍，霍禹。二人皆以骄奢致祸。

〔译文〕

冬天十月甲子日，勘定首阳山东侧兴建文帝的陵寝，文帝作终制，安排自己的后事说："礼制规定，国君即位就要为自己制作棺材，以示活着不忘离世之后的事。当初尧安葬在榖林，就在那里全部种上树木，禹安葬在会稽，农民不必改换耕田的地方，所以葬在山林之中，就要与山林合为一体。修建坟头、种植树木作为标识的制度，不是上古就有的，我不采用它。寿陵要依照山势为其外形，不要修建坟头、种植树木，不要建立寝殿、兴造护陵的县邑、铺通上山的神道。葬，就是藏的意思，就是想让人看不见。尸体没有痛痒的感觉，坟墓不是栖息灵魂的地方，礼法说不在墓前祭祀，是想让生者和死者都不过分注重修建陵墓，制作棺椁足以盛装朽骨，制作衣衾足以包裹朽肉就罢了。所以我把坟墓营建在这草木不生的山丘之上，就是想在改朝换代之后没有人知道我埋在何处。我的坟墓之中不要放置苇炭，不要埋藏金银铜铁之类的器物，一律使用瓦质器具，以符合古人用泥车、草人送葬的规矩。棺材只有接缝之处需要油漆三遍，口含不要使用珍珠玉石，不要穿用缀有珍珠的短衣，不要将尸体放入玉匣，这些都是愚蠢的俗人所做的事情。季孙氏死后以玙璠之类的美玉入殓，孔子登上台阶来阻止这样做，把它比作暴尸中原。宋文公厚葬，君子说华元、乐莒没有尽到臣子的责任，认为他们把君主丢弃到了恶人手中。汉文帝的陵墓之所以不被发掘，是因为他下葬的霸陵中没有人们贪求的财物；光武帝陵之所以被盗掘，是因为原陵起了坟头、种了树木。霸陵的完好无损，功劳在于主张薄葬的张释之；原陵的被盗掘，罪责在主张厚葬的汉明帝。这就是张释之因为忠心而护佑了国君，汉明帝因为爱而害了亲人啊！忠臣孝子，应该想一想孔子、左丘明、张释之的话，把华元、乐莒、汉明帝当作前车之鉴，把心思放在安定君主、亲人上，让他们的魂灵永远不受到危害，这才是贤圣之人的忠孝。自古到今，没有不灭亡的国家，也没有不被盗掘的坟墓。国家动乱以来，汉朝的诸多陵墓没有不被发掘的，甚至被烧毁盛放尸身的玉匣和尸身上所着的金缕玉衣，连尸骨都化为灰烬，这就像是受了烈火焚烧的酷刑，难道不让人万分痛心吗？这种祸事都是由厚葬和起坟种树而来的啊！‘桑弘羊、霍禹是我的戒鉴’，说的不也是很明白了吗？我死之后，皇后及贵人以下的嫔妃，不愿跟随诸侯王回到封国原籍去的，死后都埋葬在涧西，以前已经勘测过这个地方了。舜安葬在苍梧，他的两个妃子没有和他安葬在一起，延陵季子埋葬他的儿子，远在故乡之外的嬴、博一带，魂魄如果有灵性，没有哪里是它不能到达的，一道山涧的距离，并不算远。如果有人违背了今天这道诏书，任意改变我安排的一切事项，我将来就会在地下戮杀他的尸体，杀了再杀，让他死了再死。大臣、儿子如果蔑视君主、父亲的态度，做出不忠不孝之事，假使死者有知觉，将不会赐福给你们。要把这份诏书收藏在宗庙里，副本存放在尚书省、秘书省、三公府。”

是月，孙权复叛。复郢州为荆州。帝自许昌南征，诸军兵并进，权临江拒守。十一月辛丑，行幸宛。庚申晦，日有食之。是岁，穿灵芝池。

〔译文〕

这个月，孙权再度反叛。文帝恢复郢州为荆州。文帝从许昌南下征讨，各路军队一并前进，孙权倚靠长江据险坚守。十一月辛丑日，文帝出行来到宛地。庚申这天是三十日，发生日食。这一年，开掘灵芝池。

四年春正月，诏曰：“丧乱以来，兵革未戢①，天下之人，互相残杀。今海内初定，敢有私复仇者皆族之。”筑南巡台于宛。三月丙申，行自宛还洛阳宫。癸卯，月犯心中央大星。丁未，大司马曹仁薨。是月大疫。

〔注释〕

①兵革：指军事，战争。戢(jí)：停止。

〔译文〕

黄初四年春天正月，文帝下诏说：“天下遭遇丧乱以来，战争从来没有停息过，天下的人，互相残杀。如今国家刚刚平定，有胆敢私自复仇的都要被灭族。”在宛地修筑南巡台。三月丙申，从宛地回到洛阳宫。癸卯，月亮侵入心宿中央大星的区域。丁未，大司马曹仁去世。这个月发生重大瘟疫。

夏五月，有鹈鹕鸟集灵芝池[①]，诏曰：“此诗人所谓污泽也。曹诗‘刺恭公远君子而近小人’，今岂有贤智之士处于下位乎？否则斯鸟何为而至？其博举天下俊德茂才、独行君子，以答曹人之刺。”

〔注释〕

①鹈鹕（tíhú）：一种水禽。

〔译文〕

夏天五月，有鹈鹕鸟聚集在灵芝池，文帝下诏说：“这就是诗人所说的污泽鸟。《诗经·曹风》‘讽刺曹恭公远离君子而亲近小人’，如今难道有具备贤德才智的人处在卑下的位置吗？否则这些鸟为什么会来到这里呢？要广泛推举天下有高尚德行、优异才能、特立独行的君子，以应答上天给我们的与曹国人一样的讽刺。”

六月甲戌，任城王彰薨于京都。甲申，太尉贾诩薨。太白昼见。是月大雨，伊、洛溢流，杀人民，坏庐宅。秋八月丁卯，以廷尉钟繇为太尉。辛未，校猎于荥阳[①]，遂东巡。论征孙权功，诸将已下进爵增户各有差。九月甲辰，行幸许昌宫。

〔注释〕

①校猎（xiàoliè）：遮拦禽兽以猎取之。

〔译文〕

六月甲戌日，任城王曹彰在京城去世。甲申日，太尉贾诩去世。太白星在白天出现。这个月阴雨连绵，伊水、洛水泛滥成灾，淹死人民，冲毁房屋。秋天八月丁卯日，任命廷尉钟繇为太尉。辛未日，在荥（xíng）阳围猎，于是向东巡视国土。评定征讨孙权的功劳，诸将以下晋升爵位、增加食邑各有等级差异。九月甲辰日，文帝来到许昌宫。

五年春正月，初令谋反大逆乃得相告，其余皆勿听治；敢妄相告，以其罪罪之。三月，行自许昌还洛阳宫。夏四月，立太学，制五经课试之法，置《春秋穀梁》博士。五月，有司以公卿朝朔望日，因奏疑事，听断大政，论辨得失。秋七月，行东巡，幸许昌宫。八月，为水军，亲御龙舟，循蔡、颍，浮淮，幸寿春。扬州界将吏士民，犯五岁刑已下，皆原除之。九月，遂至广陵，赦青、徐二州，改易诸将守。冬十月乙卯，太白昼见。行还许昌宫。十一月庚寅，以冀州饥，遣使者开仓廪振之。戊申晦，日有食之。

〔译文〕

黄初五年春天正月，初次下令说有谋反大逆之罪的才可以向官府告发，其余小罪都不受理；胆敢任意诬告他人的，按照他所告发的罪名相应地惩处他。三月，从许昌回到洛阳宫。夏天四月，设立太学，制定五经考试的办法，设置讲授《春秋穀梁传》的博士。五月，有关部门要求公卿每月初一日、十五日朝见皇帝，趁此时上奏有疑问的政事，皇帝听取裁断国家大事，讨论分辨政事之得失。秋天七月，文帝出行向东巡视，来到许昌宫。八月，建立水军，亲自登上龙舟，沿着蔡河、颍水，经过淮河，来到寿春。扬州地域的将军、官吏、士人、百姓，犯了应处五年以下罪过的人，都赦免了他们。九月，就到了广陵，赦免了青州、徐州的犯人，调换了各处守城的将领。冬天十月乙卯日，太白星在白天出现。文帝回到许昌宫。十一月庚寅日，因为冀州闹饥荒，派使者打开粮仓救济他们。戊申日是三十日，发生日食。

十二月，诏曰："先王制礼，所以昭孝事祖，大则郊社，其次宗庙，三辰五行，名山大川，非此族也，不在祀典。叔世衰乱，崇信巫史，至乃宫殿之内，户牖之间，无不沃酹，甚矣其惑也。自今，其敢设非祀之祭，巫祝之言，皆以执左道论，著于令典。"是岁，穿天渊池。

〔译文〕

十二月，文帝下诏说："前代的君王制定礼仪，是为了昭示孝道事奉祖先，最重要的祭祀是到郊外祭祀天地，其次是祭祀宗庙，日月星三辰和金木水火土五行，以及名山大川，都不在此类，也不在祭祀典籍的记载之内。在衰乱的时代，人们尊崇信仰巫史，上至皇家宫殿之内，下至百姓门窗之间，没有人不洒酒祭祀，这也过于糊涂了。从今天开始，那些胆敢设置不合礼仪的祭祀的人，听信巫祝言论的人，一律按照宣扬邪道之罪论处，把这项命令写进法令典章之中。”这一年，开掘天渊池。

六年春二月，遣使者循行许昌以东尽沛郡，问民所疾苦，贫者振贷之。三月，行幸召陵，通讨虏渠。乙巳，还许昌宫。并州刺史梁习讨鲜卑轲比能，大破之。辛未，帝为舟师东征。五月戊申，幸谯。壬戌，荧惑入太微。

〔译文〕

黄初六年春天二月，文帝派使者巡视许昌以东直到沛郡的大片区域，询问百姓之疾苦，对生活贫困的人进行救济。三月，文帝到达召陵，修通讨虏渠。乙巳日，回到许昌宫。并州刺史梁习讨伐鲜卑轲比能，把他打得大败。辛未日，文帝整顿水军向东征讨。五月戊申日，来到谯地。壬戌日，荧惑星进入太微星垣。

六月，利成郡兵蔡方等以郡反，杀太守徐质。遣屯骑校尉任福、步兵校尉段昭与青州刺史讨平之；其见胁略及亡命者，皆赦其罪。

〔译文〕

六月,利成郡士兵蔡方等人占据全郡反叛朝廷,杀了太守徐质。文帝派屯骑校尉任福、步兵校尉段昭与青州刺史一起讨伐平定了叛乱;那些被胁迫以及中途逃离叛军的人,都赦免了他们的罪责。

秋七月,立皇子鉴为东武阳王。八月,帝遂以舟师自谯循涡入淮,从陆道幸徐。九月,筑东巡台。冬十月,行幸广陵故城,临江观兵,戎卒十余万,旌旗数百里。是岁大寒,水道冰,舟不得入江,乃引还。十一月,东武阳王鉴薨。十二月,行自谯过梁,遣使以太牢祀故汉太尉桥玄。

〔译文〕

秋天七月,立皇子曹鉴为东武阳王。八月,文帝命令水军从谯沿着涡水进入淮河,自己从陆路抵达徐州。九月,修筑东巡台。冬天十月,文帝到达广陵故城,在江边检阅军队,参加检阅的士兵有十余万人,旌旗飘扬长达几百里。这一年极为寒冷,水道上结了冰,船都不能进入长江,于是文帝就率军返回。十一月,东武阳王曹鉴去世。十二月,文帝从谯经过梁国,派遣使者以太牢之礼祭祀原来的汉朝太尉桥玄。

七年春正月,将幸许昌,许昌城南门无故自崩,帝心恶之,遂不入。壬子,行还洛阳宫。三月,筑九华台。夏五月丙辰,帝疾笃,召中军大将军曹真、镇军大将军陈群、征东大将军曹休、抚军大将军司马宣王①,并受遗诏辅嗣主。遣后宫淑媛、昭仪已下归其家。丁巳,帝崩于嘉福殿,时年四十。六月戊寅,葬首阳陵。自殡及葬,皆以终制从事。

〔注释〕

①司马宣王:"宣王"为司马懿谥号。因为《三国志》作于司马懿死后,故此处以陈寿时人们对司马懿的习称入史。

〔译文〕

黄初七年春天正月,文帝准备去许昌,许昌城的南门无缘无故自己就崩塌了,文帝心里对此事很忌讳,就没有进城。壬子日,回到洛阳宫。三月,修筑九华台。夏天五月丙辰日,文帝病情严重,召见中军大将军曹真、镇军大将军陈群、征东大将军曹休、抚军大将军宣王司马懿,一同接受遗诏辅佐继位的君主。遣放后宫淑媛、昭仪以下的妃嫔回自己的娘家。丁巳日,文帝在嘉福殿去世,享年四十岁。六月戊寅日,文帝埋葬在首阳陵。从停放灵柩到下葬,都按照文帝生前的嘱托行事。

初,帝好文学,以著述为务,自所勒成垂百篇。又使诸儒撰集经传,随类相从,凡千余篇,号曰《皇览》。

〔译文〕

当初，文帝爱好文学，把著书立说当作重要的事，亲自将自己的一百余篇作品编辑成书。又派学者们撰写收集各类经传，按类合编，一共有一千多篇，起名叫《皇览》。

评曰：文帝天资文藻，下笔成章，博闻强识，才艺兼该；若加之旷大之度，励以公平之诚，迈志存道①，克广德心，则古之贤主，何远之有哉！

〔注释〕

①迈志：致力于某种志向。

〔译文〕

评曰：文帝天赋文采，文思敏捷，落笔成文，见闻广博，记忆力强，才能与技艺兼备；如果再加上旷达宏大的气度，用公正平和的诚意激励自己，坚持志向保全道义，能够广施仁德之心，那么距离古代的贤明君主，又能有多远呢！

卷十九　魏书十九

任城陈萧王传第十九

〔题解〕

魏武帝曹操卞皇后生四子，即魏文帝曹丕、任城王曹彰、陈思王曹植、萧怀王曹熊。魏文帝独以“本纪”记之，余者三人则作兄弟合传。曹熊因体弱多病早早去世，故其传从简。任城王曹彰不喜读书，陈思王曹植则自幼手不释卷，二人虽为一奶同胞却性情迥异。曹彰以勇武著称，曹植以文章名世。若一定要说有相似之处，大概就是疏旷放达之性与父亲曹操一脉相承。黄初四年五月，曹彰、曹植与异母弟白马王曹彪一同例行赴京师朝会，曹彰猝然薨逝于洛阳，曹植作《任城王诔（lěi）》。七月曹植与曹彪各还封国，“有司以二王归藩，道路宜异宿止”，曹植“愤而成篇”乃有代表诗作《赠白马王彪》。曹植早年深受曹操喜爱，与曹丕曾有太子之争，兄弟二人早存芥蒂，后因有罪一直未能进入政治核心，也未能施展自己的一腔抱负，只能空怀遗憾。传末评语极其简短，大概是因为涉及帝王家事，也事关君臣大义，陈寿实在是无法多言亦不敢多言。本传收录曹植多篇诗作与奏疏，从中不难看出他的才华与忧愤。曹植在同姓诸侯与异姓诸侯亲疏问题上对皇帝的劝谏，一方面存在改善自身政治处境的目的，另一方面也表现了他的政治敏感。如果曹丕听取了曹植的意见，审慎托孤，也许就不会有司马氏篡位之事发生了。

任城威王彰①，字子文。少善射御，膂力过人②，手格猛兽，不避险阻。数从征伐，志意慷慨。太祖尝抑之曰："汝不念读书慕圣道，而好乘汗马击剑③，此一夫之用，何足贵也！"课彰读《诗》《书》，彰谓左右曰："丈夫一为卫、霍，将十万骑驰沙漠，驱戎狄，立功建号耳，何能作博士邪？"太祖尝问诸子所好，使各言其志。彰曰："好为将。"太祖曰："为将奈何？"对曰："被坚执锐，临难不顾，为士卒先；赏必行，罚必信。"太祖大笑。建安二十一年，封鄢陵侯。

〔注释〕

①任城威王彰：曹彰受封任城王，谥号为"威"。

②膂(lǚ)力：体力；力气。

③汗马：将士骑的马奔驰出汗，比喻征战劳苦，指在战场上建立战功。

〔译文〕

任城威王曹彰，字子文。年少时就擅长射箭骑马，体力超过常人，敢于徒手与猛兽搏斗，不回避艰难险阻。多次跟随太祖出兵作战，斗志激昂。太祖曾经批评他说："你不想着好好读书学习圣贤之道，却喜欢骑马奔跑、习练剑术，这就是一介武夫的本事，有什么值得重视的呢！”太祖督促曹彰读《诗经》《尚书》，曹彰对左右的人说：“大丈夫就应该做卫青、霍去病那样的人，率领十万铁骑驰骋沙漠，驱逐戎狄，建立功勋树立封号，怎么能只做一个饱读诗书的人呢？”太祖曾经问儿子们的爱好，让他们各自说说自己的志向。曹彰说：“我喜欢做将军。”太祖说：“做将军是什么样呢？”曹彰回答说：“身披盔甲手执武器，面临危难也不回头，做士卒的表率；有功的一定要赏，有过的一定要罚。”太祖听了大笑。建安二十一年，曹彰被封为鄢陵侯。

二十三年，代郡乌丸反，以彰为北中郎将，行骁骑将军。临发，太祖戒彰曰：“居家为父子，受事为君臣，动以王法从事，尔其戒之。”彰北征，入涿郡界，叛胡数千骑卒至。时兵马未集，唯有步卒千人，骑数百匹。用田豫计，固守要隙，虏乃退散。彰追之，身自搏战，射胡骑，应弦而倒者前后相属。战过半日，彰铠中数箭，意气益厉，乘胜逐北，至于桑乾，去代二百余里。长史诸将皆以为新涉远，士马疲顿，又受节度，不得过代，不可深进，违令轻敌。彰曰：“率师而行，唯利所在，何节度乎？胡走未远，追之必破。从令纵敌，非良将也。”遂上马，令军中：“后出者斩。”一日一夜与虏相及，击，大破之，斩首获生以千数。彰乃倍常科大赐将士，将士无不悦喜。时鲜卑大人轲比能将数万骑观望强弱，见彰力战，所向皆破，乃请服。北方悉平。时太祖在长安，召彰诣行在所。彰自代过邺，太子谓彰曰：“卿新有功，今西见上，宜勿自伐，应对常若不足者。”彰到，如太子言，归功诸将。太祖喜，持彰须曰：“黄须儿竟大奇也！”

〔译文〕

建安二十三年，代郡的乌丸人反叛朝廷，朝廷任命曹彰为北中郎将，代理骁骑将军。将要出发的时候，太祖告诫曹彰说：“在家里我们是父子，接受任命我们就是君臣，行动要按照王法做事，你一定要严格要求自己。”曹彰北上征伐，进入涿郡地界，反叛的胡人的几千名骑兵突然到来。当时曹彰的兵马还没有集结，只有步兵一千人，骑兵几百名。曹彰采纳了田豫的计谋，坚守要道，胡贼这才后退散去。曹彰追赶他们，亲自参加搏斗作战，用箭射击胡人的骑兵，应弦而倒的前后相连。交战了大半天，曹彰铠甲上中了好几箭，他的斗志却更加激昂，乘胜追击败退的敌人，一直追到桑乾，距离代郡已有二百多里。长史和将领们都认为刚刚长途跋涉来到远方，士兵和战马都非常疲惫，又受到节制调度，不能越过代郡，不能深入接近敌人，不能违抗命令轻视敌人。曹彰说：“率领军队出征，只在乎能否取胜，管他什么节制调度呢？胡贼还未逃远，追击下去一定会打败他们。听从命令却放走敌人，不是好将军。”于是跨上战马，命令军中将士说：“行动迟缓者，杀！”追了一天一夜追上了胡贼，曹彰率队出击，大败敌军，斩首的和生俘的数以千计。曹彰于是比平时加倍赏赐将士，将士没有不十分高兴的。当时鲜卑贵族轲比能率领数万骑兵观望双方势力的强弱，看见曹彰奋力作战，凡是攻打的地方都被攻破，就请求臣服。北方全部平定。当时太祖在长安，召见曹彰到自己临时居住的地方。曹彰从代郡经过邺城，太子曹丕对曹彰说："你刚刚立功，现在西去谒见君上，应该不要自夸，回话的时候要像还有不足之处一样。"曹彰到了太祖那里，就像太子说的那样，把功劳归于将领们。太祖很高兴，手持曹彰的胡须说："想不到我的黄须儿竟然如此出色！"

太祖东还，以彰行越骑将军，留长安。太祖至洛阳，得疾，驿召彰，未至，太祖崩。文帝即王位，彰与诸侯就国。诏曰："先王之道，庸勋亲亲，并建母弟，开国承家，故能藩屏大宗，御侮厌难。彰前受命北伐，清定朔土，厥功茂焉。增邑五千，并前万户。"黄初二年，进爵为公。三年，立为任城王。四年，朝京都，疾薨于邸，谥曰威。至葬，赐銮辂[①]、龙旗，虎贲百人，如汉东平王故事。子楷嗣，徙封中牟。五年，改封任城县。太和六年，复改封任城国，食五县二千五百户。青龙三年，楷坐私遣官属诣中尚方作禁物[②]，削县二千户。正始七年，徙封济南，三千户。正元、景元初，连增邑，凡四千四百户。

〔注释〕

①銮辂（luánlù）：即銮驾，又名銮舆，指皇帝的车驾。由古代帝王出巡的仪仗队伍简化而成。

②中尚方：古代官署名，掌管宫内营造杂作。始置于汉代，唐代改称中尚署，元代为中尚监，明代以后不设。因其制作器物专供皇宫使用，所以曹楷因此获罪。

〔译文〕

太祖向东回师，任命曹彰代理越骑将军，留在长安。太祖到达洛阳，生了病，派驿丞召见曹彰，曹彰还未赶到，太祖就去世了。文帝即魏王位，曹彰与各路诸侯回到自己的封地。文帝下诏说："先王的治国之道，是酬赏有功的人，亲近自己的亲人，并且封赏同母的弟弟，建立诸侯国，创建国家承继家业，所以能够护卫大宗，抵御外侮，克服危难。曹彰此前接受命令北上征伐，扫清平定了北方的土地，他的功劳十分卓著。增加食邑五千户，加上之前的一共是一万户。"黄初二年，晋封他的爵位为公。黄初三年，立为任城王。黄初四年，到京城朝见，在宅邸生病去世，谥号为"威"。到了下葬的时候，文帝又赐给他皇帝使用的銮驾、龙旗，以及勇士一百人，仿照汉朝东平王的旧例。曹彰的儿子曹楷继承了他的爵位，转封在中牟县。黄初五年，改封在任城县。太和六年，又改封任城国，食邑五县二千五百户。青龙三年，曹楷因为私自派遣下属到专为宫中制作器物的中尚方制作违禁物品而获罪，被削去食邑一县二千户。正始七年，转封济南，食邑三千户。正元、景元初年，接连增加食邑，一共四千四百户。

陈思王植字子建①。年十岁余，诵读《诗》《论》及辞赋数十万言，善属文。太祖尝视其文，谓植曰："汝倩人邪？"植跪曰："言出为论，下笔成章，顾当面试，奈何倩人？"时邺铜爵台新成，太祖悉将诸子登台，使各为赋。

植援笔立成，可观，太祖甚异之。性简易，不治威仪。舆马服饰，不尚华丽。每进见难问，应声而对，特见宠爱。建安十六年，封平原侯。十九年，徙封临菑侯。太祖征孙权，使植留守邺，戒之曰："吾昔为顿邱令，年二十三。思此时所行，无悔于今。今汝年亦二十三矣，可不勉与！"植既以才见异，而丁仪、丁廙、杨修等为之羽翼。太祖狐疑，几为太子者数矣。而植任性而行，不自彫励②，饮酒不节。文帝御之以术，矫情自饰，宫人左右，并为之说，故遂定为嗣。二十二年，增置邑五千，并前万户。植尝乘车行驰道中③，开司马门出④。太祖大怒，公车令坐死。由是重诸侯科禁，而植宠日衰。太祖既虑终始之变，以杨修颇有才策，而又袁氏之甥也，于是以罪诛修。植益内不自安。二十四年，曹仁为关羽所围。太祖以植为南中郎将，行征虏将军，欲遣救仁，呼有所敕戒。植醉不能受命，于是悔而罢之。

〔注释〕

①陈思王植字子建：曹植受封为陈王，谥号为"思"。

②彫励：彫，同"雕"，有砥砺言行之义。

③驰道：驰道是皇帝的专用车道，皇帝以下人员都无权行走。

④司马门：司马门是皇宫的外门，除了皇帝，其他人不能驰行。曹植因上述逾矩的行为失去曹操的信任，从而彻底丧失继承权。

〔译文〕

陈思王曹植字子建。十几岁的时候，就诵读过《诗经》《论语》以及辞赋几十万字,擅长写文章。太祖曾经看到他的文章,对曹植说:“这是你请别人写的吧?”曹植跪下说:“我出言就是议论,下笔就成文章,可以当面测试,怎么会请他人代笔呢?”当时邺城的铜雀台刚刚落成,太祖带着儿子们登上铜雀台,让他们各自作一篇《铜雀台赋》。曹植拿起笔来立刻就写成一篇,大有可观之处,太祖十分惊异于他的才华。曹植生性不拘小节,不讲究仪态举止。车马服饰,不崇尚华丽。每次进见太祖被刁难发问,都能不假思索应声回答,因而特别被太祖宠爱。建安十六年,被封为平原侯。建安十九年,转封临菑侯。太祖征讨孙权,让曹植留守邺城,告诫他说:“我当初做顿邱令的时候是二十三岁。回想那时所做的事情,到今天也都没有可悔恨的。如今你也二十三岁了,能不努力吗!”曹植以才华受到太祖的特别宠爱,丁仪、丁廙(yì)、杨修等人都来辅佐他。太祖在曹植和曹丕之间犹豫不决,好几次差点儿立曹植为太子。而曹植行事放纵,不能约束自己的言行,饮酒没有节制。文帝却用权术伪装自己,掩饰真实性情,太祖宫中和左右的人都替他说话,所以就被确定为继承人。建安二十二年,增加了曹植的食邑五千户,加上之前的共计有一万户。曹植曾经乘车在皇帝专用的驰道上行驶,打开皇帝专用的司马门外出。太祖大怒,掌管宫门的公车令被处死。因此加重了针对诸侯的法律禁令,而对曹植的宠爱也一天天衰减。太祖考虑到将来可能发生的兄弟相争的变故,因为杨修很有才干谋略,又是袁术和袁绍的外甥,就假借罪名杀了他。曹植心里益发惶恐不安。建安二十四年,曹仁被关羽围困。太祖任命曹植为南中郎将,代理征虏将军,想派他去救援曹仁,唤他前来有话告诫他。曹植饮酒大醉不能前来接受命令,太祖于是感到后悔，撤销了对曹植的任命。

文帝即王位，诛丁仪、丁廙并其男口。植与诸侯并就国。黄初二年，监国谒者灌均希指①，奏"植醉酒悖慢，劫胁使者"。有司请治罪，帝以太后故，贬爵安乡侯。其年改封鄄城侯。三年，立为鄄城王，邑二千五百户。

〔注释〕

①监国谒者：官名。魏国对诸侯国防制甚密，特遣谒者等使者监伺诸国。监国谒者必须严密伺察诸侯之过，及时上报、纠过，以免祸及自身。楚之监国谒者因未能及时上报曹彪之过，便受株连被杀。希指：亦作"希旨"，指迎合在上者的意旨。

〔译文〕

文帝即魏王位后，诛杀了丁仪、丁廙以及他们家中所有的男性人口。曹植与其他诸侯王一起返回各自的封地。黄初二年，监国谒者灌均迎合曹丕的意思，上奏"曹植醉酒后傲慢无礼，威胁皇帝使者"。相关官员请求治曹植的罪，文帝因为太后的缘故，只将曹植贬爵为安乡侯。同年改封鄄城侯。黄初三年，立曹植为鄄城王，食邑二千五百户。

四年，徙封雍丘王。其年，朝京都。上疏曰：

〔译文〕

黄初四年，曹植改封雍丘王。同年，曹植到京城朝见文帝。

上奏疏说：

“臣自抱衅归藩[①]，刻肌刻骨，追思罪戾，昼分而食，夜分而寝。诚以天罔不可重离，圣恩难可再恃。窃感《相鼠》之篇，无礼遄死之义[②]，形影相吊，五情愧赧。以罪弃生，则违古贤‘夕改’之劝；忍活苟全，则犯诗人‘胡颜’之讥。伏惟陛下德象天地[③]，恩隆父母，施畅春风，泽如时雨。是以不别荆棘者，庆云之惠也[④]；七子均养者，尸鸠之仁也[⑤]；舍罪责功者，明君之举也；矜愚爱能者，慈父之恩也：是以愚臣徘徊于恩泽而不能自弃者也。

〔注释〕

①抱衅（xìn）：亦作“抱舋”。处于嫌疑危难之中；负罪。

②遄（chuán）：快，速速，赶快。《诗经·鄘风·相鼠》云：“相鼠有体，人而无礼；人而无礼，胡不遄死？”

③伏惟：伏在地上想，下对上陈述时的表敬之辞。

④庆云：五色云。古人以为系祥瑞之气。

⑤七子均养：谓人君对臣民一视同仁。《诗经·曹风·鸤鸠》云：“鸤鸠在桑，其子七兮。”毛传：“鸤鸠之养其子，朝从上下，莫从下上，平均如一。”郑玄笺：“喻人君之德当均一于下也。尸鸠：即鸤鸠，布谷鸟。

〔译文〕

“臣自从负罪返回藩国，深刻反思自己的罪过，每天正午才吃饭，深夜才睡觉。实在是因为国家的法度不可以再次违背，皇上的恩德难以再次依凭。私下思索《相鼠》诗篇中,做人不守礼,何不赶快死去的道理,形影相吊,心中十分羞愧。如果因为有罪而放弃生命,却又违背了古代贤人'早晨犯错晚上改正'的劝导;如果忍辱偷生苟全性命,却又触犯了诗人'有何颜面存活下去'的讥笑。臣伏在地上想,陛下您的德行像天地一般广大,恩情像父母一般深厚,给予的一切都如春风一般畅达,恩泽如及时雨一般降临。因此不将无用而有害的荆棘与有用的良材区别对待,是五彩祥云般的恩惠;对所有臣下一视同仁,是布谷鸟般的仁慈;赦免罪错责令立功,是贤明君主的举措;怜惜愚笨的人爱护有能力的人,是慈父般的恩德:因此愚臣徘徊在陛下的恩泽之中而不能自我放弃。

"前奉诏书,臣等绝朝,心离志绝,自分黄耇无复执珪之望[①]。不图圣诏猥垂齿召,至止之日,驰心辇毂。僻处西馆,未奉阙廷,踊跃之怀[②],瞻望反仄。谨拜表献诗二篇,其辞曰:'于穆显考[③],时惟武皇,受命于天,宁济四方。朱旗所拂,九土被攘,玄化滂流,荒服来王。超商越周,与唐比踪。笃生我皇,奕世载聪[④],武则肃烈,文则时雍,受禅炎汉[⑤],临君万邦。万邦既化,率由旧则;广命懿亲,以藩王国。帝曰尔侯,君兹青土,奄有海滨,方周于鲁,车服有辉,旗章有叙,济济隽乂,我弼我辅。伊予小子,恃宠骄盈,举挂时网,动乱国经。作藩作屏,先轨是堕,傲我皇使,犯我朝仪。国有典刑,我削我绌,将置于理,元凶是率。明明天子,时笃同类,不忍我刑，暴之朝肆[6]，违彼执宪，哀予小子。改封兖邑，于河之滨，股肱弗置，有君无臣，荒淫之阙，谁弼予身？茕茕仆夫[7]，于彼冀方[8]，嗟予小子，乃罹斯殃。赫赫天子，恩不遗物，冠我玄冕[9]，要我朱绂[10]。朱绂光大，使我荣华，剖符授玉，王爵是加。仰齿金玺，俯执圣策，皇恩过隆，祗承怵惕[11]。咨我小子，顽凶是婴[12]，逝惭陵墓，存愧阙廷。匪敢傲德[13]，实恩是恃，威灵改加，足以没齿。昊天罔极，性命不图，常惧颠沛[14]，抱罪黄垆。愿蒙矢石，建旗东岳，庶立毫氂[15]，微功自赎。危躯授命，知足免戾，甘赴江、湘，奋戈吴、越。天启其衷，得会京畿，迟奉圣颜，如渴如饥。心之云慕，怆矣其悲，天高听卑，皇肯照微。’又曰：‘肃承明诏，应会皇都，星陈夙驾，秣马脂车。命彼掌徒，肃我征旅，朝发鸾台，夕宿兰渚。芒芒原隰，祁祁士女，经彼公田，乐我稷黍。爰有樛木[16]，重阴匪息；虽有糇粮，饥不遑食。望城不过，面邑匪游，仆夫警策，平路是由。玄驷蔼蔼，扬镳漂沫[17]；流风翼衡，轻云承盖。涉涧之滨，缘山之隈，遵彼河浒，黄阪是阶。西济关谷，或降或升；骓骖倦路，再寝再兴。将朝圣皇，匪敢晏宁；弭节长骛[18]，指日遄征[19]。前驱举燧，后乘抗旌；轮不辍运，鸾无废声。爰暨帝室，税此西墉；嘉诏未赐，朝觐莫从。仰瞻城阈，俯惟阙廷；长怀永慕，忧心如酲[20]。’”

〔注释〕

①黄耇(gǒu):年老。耇:老人面部的寿斑。执珪(guī):同“执圭”。圭,古代帝王或诸侯在上朝或举行典礼时拿的一种玉器,一般上圆下方。

②踊跃:形容情绪激烈,争先恐后,比喻做某事积极。

③显考:对已故父亲的美称。“考”指已经故去的父亲,“显”是敬辞。

④奕世:累世,代代。

⑤炎汉:对汉朝的尊称。古代中国讲究金木水火土五行相克相生,王莽建立“新朝”,自以为是属木德,刘秀光武中兴确定汉德为火德。

⑥朝肆:朝廷和市肆。

⑦茕茕(qióng):形容充满忧思孤独无依的样子。

⑧曹植行至延津,受安乡侯印绶,安乡属冀州巨鹿郡,故云“于彼冀方”。

⑨玄冕(miǎn):古代天子、诸侯祭祀的礼服。也泛指黑色的冠冕。

⑩朱绂(fú):古代礼服上的红色蔽膝。后多借指官服。古代系佩玉或印章的红色丝带也叫朱绂。

⑪怵惕(chùtì):恐惧警惕。

⑫顽凶:愚妄不顺。

⑬慠(ào):古同“傲”。

⑭颠沛:灭亡,死亡;困顿挫折。

⑮毫氂(máo):同“毫厘”。细微的,微不足道的。氂,长毛或硬而卷曲的毛。

⑯樛(jiū)木:下曲而上高的树。

⑰扬镳(biāo):提起马嚼子,指驱马前进。

⑱弭(mǐ)节:驾车。长骛(wù):向远方急驰。

⑲指日:为期不远。遄征:急行;迅速赶路。

⑳酲(chéng):酒醉神志不清。

〔译文〕

"之前奉诏书之命，臣等被禁止到京城朝见，臣心灰意冷，自认为到年老之时也不会再有执圭上朝的希望了。没想到圣上您下达诏书，亲昵地召臣入京，诏书送达之日，臣便早已心驰神往，恨不能早日乘车抵达您的身边。如今臣住在僻静的西馆，还未能进入朝廷事奉陛下，但臣的心情激动而急切，抬头仰望辗转不安。臣恭敬地呈上奏表并献诗二首，我的诗说：'我庄严伟大的父亲啊，是那魏国的武皇，他从上天那里接受了命令，安定和拯救了四方。朱红旗帜飘拂到的地方，九州祸乱都被平息，道德教化之功如滂沱大水流布天下，荒凉偏远处的人民也前来归降。他的业绩超过商朝和周朝，可以与唐尧相仿。父亲生下我们忠厚的皇帝，他具备累世的聪慧，他的武功威风赫赫，他的文治使得时世太平，他接受汉朝的禅让，登临帝位统治天下万邦。天下万邦接受教化，全赖采用古代的制度；广泛地封赏兄弟至亲，用来作为藩屏护卫国土家乡。皇帝说封你为侯，你管理青州境内，直到海边，就像周朝分封鲁国，车舆礼服光彩夺目，各色旗帜排列有序，俊才济济，为我辅弼帮忙。可是我这个小子，依仗恩宠过于骄傲，行事触犯律条，举动扰乱国家法纪。本应为国家作藩作屏，却破坏之前的法令，傲慢地对待陛下的使者，违背了朝廷礼仪。国有常刑律法，削我食邑贬我爵位，还应将我置于牢狱，作为元凶惩处放弃。圣明的天子啊，因为同母所生，不忍我受到刑罚，暴尸于朝堂市井，违反了法律的条文，是因为哀怜我这个小子。改封我到兖州的鄄城，在那黄河岸边，不设置封国的属官，我的封国只有君没有臣，这是我荒淫犯下的过错，谁来辅佐我这戴罪之人？我这孤独忧郁的仆夫，还住在冀州那个地方，可叹我这个小子，还要遭遇这样的祸殃。威名赫赫的天子，恩泽遍布天下，不会遗漏一事一物，又给我戴上玄冕，系上朱绂。朱绂光芒四射，使我重享富贵荣华，陛下剖开符节授我玉珪，重新赐我王位。我仰头接受金玺，俯身拿好策书，皇恩过于隆重，我只能更加警惕不要重蹈覆辙。可叹我这个小子，愚妄而且不顺，死了愧对先帝，活着愧对朝廷。我不敢轻视陛下的德政，实在是依赖陛下的恩义，陛下以赫赫声威为我改爵加封，这份恩德足以让我至死不忘记。苍天没有边际，人的性命不可预期，我经常恐惧死亡，抱罪于黄土之下。我愿意冒着箭石走上战场，在东岳树起大旗，建立微不足道的功勋，用这微小的功劳赎我的罪过。即使是面临危险献出生命，若是能够免罪我也知足，我甘愿奔赴长江、湘江，在吴地、越地挥动兵戈。陛下您知晓我的衷心，让我来到京城参加朝会，时隔许久能够再次事奉陛下，我心中的急切如饥似渴。我的心里是那样地倾慕，是那样地悲怆，上天高高在上却能倾听人间卑贱的声音，陛下您一定会照顾卑微的我。’又说：‘恭敬地接受皇帝的诏书，前来皇都参加朝会，星夜备好行装，早晨驾车登程，喂饱了驾车的马，又用油脂将车轴润滑。命令那些掌管旅途的人，整肃我出行的队伍，早晨从鸾台出发，晚上在兰渚住下。广阔的原野之上，众多男女从容行走，经过那些国有的良田，高兴地看到繁茂的庄稼。路过盘曲高大的树木，虽有繁阴也不敢在下面休息；虽然带有干粮，肚子饿了也没有吃饭的闲暇。望见城市也不过去，面对城邑也不游玩，驾车的人挥动长鞭，在平坦的道路上一直向前驱赶我的马。驾车的四匹黑马高大强壮，扬头狂奔，累得口吐白沫；疾风吹过车前的横木，轻云承托着头顶的车盖如云霞。经过涧水之旁,依着山路弯折,沿着河岸而行,又向黄土坡上爬。向西渡过关谷,一会儿向低处去,一会儿向高处行;驾车的马匹赶路疲倦,休息一会就再出发。将要朝见圣明的皇帝,不敢求得路上安宁;驾车长驱,要用最快的时间迅速到达。前车举着火把,后车举着旌旗;车轮不停地转,车上的鸾铃不停地喧哗。到了皇帝的京城,住在这西边的馆舍;诏书还没有赐下,无从前去朝觐他。仰望着宫城的城门,低头思念宫廷中的皇帝;长久地怀念、长久地思慕他,心中烦忧如同醉酒一样啊!'”

帝嘉其辞义,优诏答勉之①。

〔注释〕

①优诏:褒美嘉奖的诏书。

〔译文〕

文帝赞赏他的文辞和情义,下褒奖的诏书答复和勉励他。

六年,帝东征,还过雍丘,幸植宫,增户五百。太和元年,徙封浚仪。二年,复还雍丘。植常自愤怨,抱利器而无所施,上疏求自试曰:

〔译文〕

黄初六年,文帝东征,回来时路过雍丘,亲自来到曹植的王宫,给他增加了食邑五百户。太和元年,魏明帝曹叡即位后改封浚仪。太和二年，又封回到雍丘。曹植经常自己愤懑怨恨，一身本事却无处施展，上奏疏给明帝请求任用说：

“臣闻士之生世，入则事父，出则事君；事父尚于荣亲，事君贵于兴国。故慈父不能爱无益之子，仁君不能畜无用之臣。夫论德而授官者，成功之君也；量能而受爵者，毕命之臣也。故君无虚授，臣无虚受；虚授谓之谬举，虚受谓之尸禄，《诗》之‘素餐’所由作也①。昔二虢不辞两国之任，其德厚也；旦、奭不让燕、鲁之封，其功大也。今臣蒙国重恩，三世于今矣②。正值陛下升平之际，沐浴圣泽，潜润德教，可谓厚幸矣。而窃位东藩③，爵在上列，身被轻暖，口厌百味，目极华靡，耳倦丝竹者，爵重禄厚之所致也。退念古之授爵禄者，有异于此，皆以功勤济国，辅主惠民。今臣无德可述，无功可纪。若此终年无益国朝，将挂风人‘彼其’之讥④。是以上惭玄冕，俯愧朱绂。

〔注释〕

①素餐：《诗经·魏风·伐檀》云：“不稼不穑，胡取禾三百廛(chán)兮？不狩不猎，胡瞻尔庭有县貆(huán)兮？彼君子兮，不素餐兮。”素餐指无功劳而空享俸禄。

②三世：指魏武帝、魏文帝、魏明帝三代。

③窃位：才德不称，窃取名位。

④风人“彼其”之讥：《诗经·曹风·候人》云：“彼候人兮，何戈与祋

(duì)。彼其之子,三百赤芾。维鹈(tí)在梁,不濡其翼。彼其之子,不称其服。”

〔译文〕

“臣听说士人活在世上,在家就事奉父亲,出门就事奉君主;事奉父亲崇尚荣耀双亲,事奉君主贵在振兴国家。所以慈爱的父亲也不能宠爱对家族没有益处的儿子,仁德的君主也不能收容对国家没有用处的臣子。那些评议德行如何再决定授予官职的,是能够成就功业的君主;估量自己的才能才接受爵位的,是能够完成使命的臣子。所以君主不能无故授官,臣子不能无能受爵;无故而授官就是所说的错误的举荐,无能而受爵就是所说的不做事而空受俸禄,《诗经》中‘素餐’之句就是为讽刺这个才写的。当初周文王的弟弟虢(guó)仲、虢叔不推辞东虢国和西虢国的任命,是因为他们德行深厚;周公姬旦、召公姬奭不推辞燕国、鲁国的封地,是因为他们的功劳很大。如今臣蒙受国家的重恩,到现在已经三代了。正赶上陛下您的太平时代,沐浴您的恩泽,深深润泽于您的道德教化,可以说是十分幸运了。然而我德不配位占据东方的藩国,爵位在上等之列,身上穿着轻暖的衣服,口中尝尽了人间美味,眼睛看尽了华丽奢靡的景物,耳朵听累了丝竹奏出的美妙音乐,这都是爵位高贵俸禄优厚所带来的。回想古代被授予爵位俸禄的人,都与此不同,他们都是因为功勋卓著做事勤勉拯救国家,辅佐君主恩惠人民。如今臣没有德行可以称述,没有功劳可以记载。像这样一年到头无益于国家,将要应了诗人‘那些身居高位的人,不配穿上他的官服’之类的讥讽了。因此对上有愧于玄冕,对下有愧于朱绂。

“方今天下一统，九州晏如，而顾西有违命之蜀，东有不臣之吴，使边境未得脱甲，谋士未得高枕者，诚欲混同宇内以致太和也。故启灭有扈而夏功昭，成克商奄而周德著。今陛下以圣明统世，将欲卒文、武之功，继成、康之隆，简贤授能，以方叔、召虎之臣镇御四境，为国爪牙者，可谓当矣。然而高鸟未挂于轻缴，渊鱼未县于钩饵者，恐钓射之术或未尽也。昔耿弇不俟光武，亟击张步，言不以贼遗于君父①。故车右伏剑于鸣毂，雍门刎首于齐境②，若此二士，岂恶生而尚死哉？诚忿其慢主而陵君也。夫君之宠臣，欲以除患兴利；臣之事君，必以杀身靖乱，以功报主也。昔贾谊弱冠，求试属国，请系单于之颈而制其命；终军以妙年使越，欲得长缨占其王③，羁致北阙。此二臣，岂好为夸主而耀世哉？志或郁结，欲逞其才力，输能于明君也。昔汉武为霍去病治第，辞曰：‘匈奴未灭，臣无以家为。’夫忧国忘家，捐躯济难，忠臣之志也。今臣居外，非不厚也，而寝不安席，食不遑味者，伏以二方未克为念。

〔注释〕

①耿弇(yǎn)(3—58)：东汉开国名将、军事家，位列云台二十八将第四位。君父：对为父为君者的称呼。

②汉代刘向《说苑·立节》记载：“雍门子狄对曰：‘臣闻之，昔者王田于囿，左毂鸣，车右请死之，而王曰：“子何为死？”车右对曰：“为其鸣吾君

也。”王曰:“左毂鸣者,工师之罪也;子何事之有焉?”车右曰:“臣不见工师之乘,而见其鸣吾君也。”遂刎颈而死,知有之乎?’王曰:‘有之。’”越军进攻齐国,雍门子狄举“车毂鸣君”之例,说明如今“越甲鸣君”自己也必须以身殉职,“越军知之,曰:‘齐王有臣,钧如雍门子狄,拟使越社稷不血食。’遂引军而退”。伏剑:用剑自刎。

③占:一作“缨”。

〔译文〕

“如今天下统一,九州安宁,可是回头看西边还有违抗天命的蜀国,东面还有不肯臣服的吴国,使得我们边境的将士还不能脱下铠甲,谋士也不能高枕无忧,实在是想要四海同一天下太平。所以夏启灭掉有扈国而夏朝功勋显明,成王打败商奄国而周朝德行昭著。如今陛下以神圣英明统治天下,将要完成周代文王、武王的功业,继承成王、康王的盛世,选拔贤才授官于有能之士,让方叔、召虎那样的大臣镇守四方边境,作为国家的得力助手,可以说是无比恰当的。然而高飞的鸟还没有被系着丝线的箭射中,水中的游鱼还没有被悬在钩饵之上,恐怕是钓鱼和射鸟的方法还不够高明。当初耿弇不等到光武帝到来,就出击攻打张步,说不能把贼人留给君王。所以驾车的人因为车轮鸣响而自责就拔剑自杀,雍门子狄因越军来犯而引咎在齐国边境自刎,像这两位壮士,难道是厌恶活着而喜欢死去吗?实在是因为愤恨有人轻慢主人欺侮君王啊!那些国君宠爱的臣子,都想着要消除祸患为国家带来利益;臣子事奉君王,一定要用牺牲自己平定祸乱之志,来立功报效君王。昔日贾谊年仅二十岁,请求担任属国的官职,想要用绳子系住匈奴单于的脖颈而控制他的生命；终军在少年之时出使南越，想要用长绳缚住南越王，把他押送到朝廷。这两名臣子，难道是喜欢向君主夸口而向世人炫耀吗？是因为他们志向郁结不得舒展，才想要施展自己的才干，向明君展示能力。当初汉武帝要为霍去病修建宅邸，霍云病推辞说：'匈奴还未消灭，臣不需要有自己的家。'忧虑国家忘却家事，献出生命解救危难，是忠臣的志向。如今臣居于外藩，得到的爵禄不是不够优厚，但是寝不安席，食不知味，只是惦记着蜀吴二国还没有消灭。

"伏见先武皇帝武臣宿将[1]，年耆即世者有闻矣[2]。虽贤不乏世，宿将旧卒，犹习战陈，窃不自量，志在效命，庶立毛发之功，以报所受之恩。若使陛下出不世之诏，效臣锥刀之用，使得西属大将军，当一校之队，若东属大司马，统偏舟之任[3]，必乘危蹈险，骋舟奋骊，突刃触锋，为士卒先。虽未能禽权馘亮，庶将虏其雄率，歼其丑类，必效须臾之捷，以灭终身之愧，使名挂史笔，事列朝策。虽身分蜀境，首县吴阙，犹生之年也。如微才弗试，没世无闻，徒荣其躯而丰其体，生无益于事，死无损于数，虚荷上位而忝重禄，禽息鸟视，终于白首，此徒圈牢之养物，非臣之所志也。流闻东军失备，师徒小衄[4]，辍食弃餐，奋袂攘衽，抚剑东顾，而心已驰于吴会矣。

〔注释〕

①伏见：古代在下者对己见的谦辞。

②耆(qí):老。古人六十岁曰耆。

③偏(piān)舟:泛指小船。单体船,与两船相并的方舟相对。

④衄(nǜ):同“衄”,泛指出血。也有挫伤、失败、侮辱、退缩之意。

〔译文〕

“我看见已故武皇帝的武臣老将,经常会听说有年老去世的。虽然当世不乏贤能之人,久经沙场的兵将,都还熟习战事,但我还是不自量力,想要为国效命,希望能立下微小的功勋,用来报答我所受的恩德。假使陛下您颁出不同寻常的诏书,让我发挥锥刀一样微小的作用,如能让我向西归属在大将军麾下,带领一校人马,或是向东归属大司马帐下,统率一支船队,我一定不顾危险,疾驶战船奋力催马,与敌人刀锋相接,做士卒的表率。即使不能活捉孙权、割下诸葛亮的耳朵,也希望能够俘获敌人的将帅,歼灭我们的敌人,一定要迅速取得胜利,来消除我终身的愧疚,让自己的名字被史官记录,事迹列于朝廷的策书之上。即使是在蜀国被分尸,在吴国被砍头,也是虽死犹生。如果我微薄的才能不能被使用,终生默默无声,只是享受荣华富贵让身体一天天地肥胖起来,活着对国家没有益处,死了对国家没有损失,徒居高位白白地享有丰厚的俸禄,如同禽鸟一般活着直到老死,这就像是圈养的动物,不是臣的愿望。听传言说东面的军队有失防备,我军遭受了小小的挫折,我就连饭都吃不下,焦急得挽起袖子撩起衣襟,按着腰间的宝剑向东眺望,而我的心已经飞到了吴郡、会稽,想与敌人决一死战了。

“臣昔从先武皇帝南极赤岸,东临沧海,西望玉门,北出玄塞，伏见所以行军用兵之势，可谓神妙矣。故兵者不可豫言，临难而制变者也。志欲自效于明时，立功于圣世。每览史籍，观古忠臣义士，出一朝之命，以徇国家之难，身虽屠裂，而功铭著于鼎钟，名称[垂]于竹帛，未尝不拊心而叹息也。臣闻明主使臣，不废有罪。故奔北败军之将用，秦、鲁以成其功①；绝缨盗马之臣赦，楚、赵以济其难②。臣窃感先帝早崩，威王弃世，臣独何人，以堪长久！常恐先朝露，填沟壑，坟土未干，而身名并灭。臣闻骐骥长鸣，则伯乐照其能；卢狗悲号，则韩国知其才③。是以效之齐、楚之路，以逞千里之任；试之狡兔之捷，以验搏噬之用。今臣志狗马之微功，窃自惟度，终无伯乐、韩国之举，是以于邑而窃自痛者也。

〔注释〕

①奔北：战败而逃。北，败。此处用春秋典故，一见于《左传》，一见于《公羊传》。秦晋崤之战，秦国将军百里孟明、西乞术、白乙丙被俘，获释后秦穆公仍任用如前。鲁国人曹沫以力大勇敢著称，为鲁庄公将军，与齐国三战皆败，鲁国无奈割地求和，但鲁庄公仍用曹沫为将。后来齐桓公与鲁庄公结盟时，曹沫突然挟持齐桓公要求归还侵略鲁国得到的土地，齐桓公被迫同意。

②绝缨盗马：典故源于西汉刘向的《说苑》。“绝缨”是说楚庄公宴请诸将时派自己宠爱的孙姬斟酒，其间烛火被风吹灭，有人趁机调戏孙姬，孙姬摘下他的帽缨并告诉了楚庄王。楚庄王要求将领们都摘下帽缨才吩咐重新点燃烛火。后来无礼之人感念不杀之恩，在战场上拼死救下了楚庄王。“盗马”是说秦穆公骏马被人盗食，他不但没有追究反而赠酒，后来

在危难中为盗马之人所救。裴松之注云:“楚庄掩绝缨之罪,事亦显,故不书。秦穆公有赦盗马事,赵则未闻。盖以秦亦赵姓,故互文以避上‘秦’字也。”

③伯乐:春秋人,善相马。韩国:战国人,相传为齐国善于相狗的人。均指具有慧眼、能真正赏识英才的人。骐骥(qíjì):骏马;千里马;人才。卢狗:即“韩卢”,战国时韩国出产的良种猎犬。

〔译文〕

“臣当初跟从已经去世的武皇帝,南到赤岸,东临沧海,西望玉门,北出玄塞,看见行军用兵的方法,可以说是无比神妙。所以用兵不能预言,需要遇到危难随机应变。我的心愿是想在这个清明的时代为国效力,在这个圣德的时代建立功业。每每翻阅史册,看见古代的忠臣义士,放弃自己短促的生命,为国家的危难而献身,即使身体被屠杀甚至割裂,但是功绩铭刻在钟鼎礼器之上,名字流传于竹帛史书之间,没有不手抚胸膛而心生叹息的。臣听说贤明的君主任用臣子,不会废弃那些有罪的人。所以战败的将军仍旧能够得到任用,秦国和鲁国因此成就了功业;曾犯重罪的人被赦免,楚国、赵国得以度过危难。臣暗自感伤文帝过早崩逝,任城威王曹彰也已死去,一母同胞之中,只有臣这最没用的人,却活得如此长久!我常常担心在天亮之前突然死去,身体填入沟壑,坟头的新土还没干,肉体和声名就会一并消失。臣听说千里马长声嘶鸣,伯乐就能够知晓它的能力;卢狗悲声号叫,韩国就能够知道它的才干。所以验证千里马要用从齐国到楚国的路程,来展现它是否能够日行千里;测试卢狗要用狡兔的敏捷,以此来检验它搏斗撕咬的能力。如今臣想要像狗马一样立下微功，但暗自思忖，始终没有伯乐、韩国之类的人来发现我，因此在封地暗自感伤。

“夫临博而企竦①，闻乐而窃抃者②，或有赏音而识道也。昔毛遂，赵之陪隶，犹假锥囊之喻，以寤主立功③，何况巍巍大魏多士之朝，而无慷慨死难之臣乎！夫自衒自媒者④，士女之丑行也。干时求进者，道家之明忌也。而臣敢陈闻于陛下者，诚与国分形同气，忧患共之者也。冀以尘雾之微补益山海，荧烛末光增辉日月，是以敢冒其丑而献其忠。”三年，徙封东阿。

〔注释〕

①博：古代一种棋戏；后泛指赌财物。企竦（qǐsǒng）：抬起脚跟而立，形容看得出神。企，抬起脚跟。竦，立。

②抃（biàn）：鼓掌。

③毛遂自荐：自我推荐。比喻自告奋勇，自己推荐自己担任某项工作。《史记·平原君列传》记载：秦军围攻赵国都城邯郸，赵国平原君去楚国求救，门下食客毛遂主动请求一同前去。平原君曰：“夫贤士之处世也，譬若锥之处囊中，其末立见。今先生处胜之门下三年于此矣，左右未有所称诵，胜未有所闻，是先生无所有也。先生不能，先生留。”毛遂曰：“臣乃今日请处囊中耳。使遂蚤得处囊中，乃颖脱而出，非特其末见而已。”到了楚国，毛遂挺身而出，陈述利害，楚王才派兵去救赵国。

④自衒（xuàn）：同“自炫”。自我夸耀、炫耀。

〔译文〕

“见人下棋就会抬起脚跟观看的人，听到音乐就会暗暗敲打节拍的人，其中或许有一些是会欣赏音乐而懂得棋道的。昔日的毛遂，只是赵国地位最低贱的奴隶，尚且能够凭借锥处囊中的比喻来打动主人平原君立下功劳，何况我巍巍大魏人才众多的朝廷，又怎会没有慷慨赴死扫除国难的臣子呢！自我炫耀自己做媒，是士人和女子的丑陋行为。干预时事谋求进取，是道家的大忌。而臣敢于把自己的所想说给陛下您听，实在是因为臣是与国家虽形体不同却气息相关、忧患相共的人。希望臣能以尘露般的微小补充山海，能以萤火和蜡烛微弱的光芒为日月增辉，因此才敢冒着丑行来贡献自己的忠心。”太和三年，转封东阿。

五年，复上疏求存问亲戚，因致其意曰：

〔译文〕

太和五年，又上疏请求问候亲戚，表达自己的心意说：

“臣闻天称其高者，以无不覆；地称其广者，以无不载；日月称其明者，以无不照；江海称其大者，以无不容。故孔子曰：‘大哉尧之为君！惟天为大，惟尧则之。’夫天德之于万物，可谓弘广矣。盖尧之为教，先亲后疏，自近及远。其《传》曰：‘克明峻德，以亲九族；九族既睦，平章百姓①。’及周之文王亦崇厥化，其《诗》曰：‘刑于寡妻②，至于兄弟，以御于家邦。’是以雍雍穆穆，风人咏之。昔周公吊管、蔡之不咸，广封懿亲以藩屏王室，《传》曰：‘周之宗盟，异姓为后。’诚骨肉之恩爽而不离，亲亲之义实在敦固，未有义而后其君，仁而遗其亲者也。

〔注释〕

①平章：平正彰明。“平章百姓”之“平”有辨别之义，“平”“便”“辨”三字互为通假，义为辨别；“章”通“彰”，有彰明、显著、鲜明的意思。

②寡妻：正妻，嫡妻。一说为寡德之妻，谦辞；一说为国君夫人。

〔译文〕

“臣听说天之所以说它高，是因为没有什么是它不能覆盖的；地之所以说它广，是因为没有什么是它不能承载的；日月之所以说它明，是因为没有什么是它不能照耀的；江海之所以说它大，是因为没有什么是它不能容纳的。所以孔子说：‘伟大啊，尧作为君主！只有天是最大的，也只有尧能效法它。’上天对于万物的恩德，可以说是无边广大了。尧施行教化，先亲后疏，自近及远。《尚书·尧典》中说：‘他能发扬大德，使九族亲密。九族和睦后，又辨明天下各族之事。’等到周文王时也崇尚教化，《诗经·大雅·思齐》说：‘为自己的妻子做榜样，推广到兄弟，再治理好家和国。’因此天下和睦安乐，诗人歌颂他。昔日周公伤感于管叔、蔡叔与周王不和，就广泛分封至亲来护卫王室，《左传》说：‘周代诸侯会盟，异姓诸侯要排在同姓诸侯的后面。’这实在是因为骨肉情义即使疏远也不分离，热爱亲人的道理就在于坚定不移，从来没有遵守道义而抛下自己的君主，心怀仁德而遗弃自己的亲人的。

“伏惟陛下资帝唐钦明之德[1]，体文王翼翼之仁[2]，惠洽椒房[③]，恩昭九族，群后百寮[④]，番休递上，执政不废于公朝，下情得展于私室，亲理之路通，庆吊之情展，诚可谓恕己治人，推惠施恩者矣。至于臣者，人道绝绪，禁锢明时，臣窃自伤也。不敢过望交气类，修人事，叙人伦。近且婚媾不通，兄弟乖绝，吉凶之问塞，庆吊之礼废，恩纪之违，甚于路人，隔阂之异，殊于胡越。今臣以一切之制[⑤]，永无朝觐之望，至于注心皇极，结情紫闼[⑥]，神明知之矣。然天实为之，谓之何哉！退唯诸王常有戚戚具尔之心，愿陛下沛然垂诏，使诸国庆问，四节得展，以叙骨肉之欢恩，全怡怡之笃义。妃妾之家，膏沐之遗[⑦]，岁得再通，齐义于贵宗，等惠于百司，如此，则古人之所叹，风雅之所咏，复存于圣世矣。

〔注释〕

①钦明：敬肃明察。古人认为“威仪表备谓之钦，照临四方谓之明”。后作为对君主的颂词。

②翼翼：谨慎，严肃。

③椒房：西汉未央宫皇后所居殿名，亦称椒室，因以椒和泥涂墙壁而得名。后亦用为后妃的代称。

④群后：四方诸侯及九州牧伯。泛指公卿。百寮（liáo）：亦作“百僚”。百官。

⑤一切：一例，一律。

⑥紫闼（tà）：宫廷。闼，宫中小门。

⑦膏沐：本义是古代妇女润发的油脂。借喻德政或恩泽。遗（wèi）：赠予，送给。

〔译文〕

“臣恭敬地想，陛下拥有唐尧一样敬肃明察的德行，能体会文王恭谨的仁爱之心，使后宫和洽，恩义昭于九族，公卿百官，轮番休息，在朝堂上执掌政事不荒废，在家中私人感情也能得到表达，亲情伦理的道路十分通达，庆贺吊唁的感情得以舒展，实在可以说陛下是推己及人，乐于推恩施惠了。至于臣下我，已经断绝和亲戚的交往，被禁锢在这圣明的时代，臣暗中自我感伤。不敢奢望结交意气相投的朋友，只希望能和亲戚往来，叙说一下血脉亲情。近来亲戚家有婚姻大事不告诉我，兄弟断绝音讯，吉凶的问候无法送达，庆贺吊唁的礼仪被废除，恩情背离，比路人还要过分，隔绝两处，比胡越之间还要信息难通。如今臣因为要遵循国家的一致规定，永远没有进京朝觐陛下的希望了，但是臣关心陛下，情系宫廷，此心神明是知道的。然而天意如此，我又能怎么办呢！退一步想，诸王之间常常都有彼此相亲相爱的思念之心，希望陛下您受到感动颁下诏书，让各国之间互相庆贺问候，四季节日共度，能够欢叙骨肉恩情，成全兄弟之间的和顺之义。妃妾的家人，能够得到恩泽，每年能见两次面，和高贵的宗族享有同样的恩遇，和百官享有相等的优待，如果能够这样，那么古人所赞叹的，风雅所咏唱的，就又出现在圣明的本朝了。

“臣伏自惟省，无锥刀之用。及观陛下之所拔授，若以臣为异姓，窃自料度，不后于朝士矣。若得辞远游，戴武弁，解朱组，佩青绂，驸马、奉车，趣得一号，安宅京室，执鞭珥笔[①]，出从华盖[②]，入侍辇毂，承答圣问，拾遗左右[③]，乃臣丹诚之至愿，不离于梦想者也。远慕鹿鸣君臣之宴，中咏常棣匪他之诫，下思伐木友生之义，终怀蓼莪罔极之哀[④]；每四节之会，块然独处[⑤]，左右惟仆隶，所对惟妻子，高谈无所与陈，发义无所与展，未尝不闻乐而拊心，临觞而叹息也。臣伏以为犬马之诚不能动人，譬人之诚不能动天。崩城、陨霜[⑥]，臣初信之，以臣心况，徒虚语耳。若葵藿之倾叶，太阳虽不为之回光，然向之者诚也[⑦]。窃自比[于]葵藿，若降天地之施，垂三光之明者，实在陛下。

〔注释〕

①珥(ěr)笔：古时近臣侍从或官吏、谏官入朝，把笔插在帽子上，以便随时记录、撰述。

②华盖：帝王车驾的伞形顶盖。

③拾遗：补充旁人所遗漏的事物；拾取旁人遗失的东西据为己有。唐代武则天时期设置左右拾遗之官职，为谏官。

④此处四首诗皆出于《诗经》。《鹿鸣》是周王宴会群臣宾客时所作的一首乐歌；《常棣(dì)》有“凡今之人，莫如兄弟”之句，《頍弁(kuǐbiàn)》有“岂伊异人，兄弟匪他”之句，后以“匪他”用为兄弟的代称；《伐木》以鸟鸣求友起兴，有“伐木丁丁，鸟鸣嘤嘤，出自幽谷，迁于乔木。嘤其鸣矣，求其友声，相彼鸟矣，犹求友声。矧(shěn)伊人矣，不求友生，神之听之，终和且平”之句；《蓼莪(liǎoé)》是孝子之诗，有“哀哀父母，生我劬(qú)劳”之句，暗写曹植之母卞太后于太和四年崩逝之事。

⑤块然：孤独貌；独处貌。

⑥崩城、陨霜：春秋时齐国大夫杞梁战死于莒城，其妻向城而哭，城为之崩。此故事为孟姜女哭长城传说之原型。战国时邹衍尽忠于君，但燕惠王听信谗言将其逮捕入狱，邹衍仰天大哭，因而六月降霜。

⑦葵：葵花。藿：豆类植物的叶子。葵花和豆类植物的叶子倾向太阳。比喻一心向往所仰慕的人或下级对上级的忠心。

〔译文〕

“臣暗自思考反省，自己连锥刀那样的小用处都没有。再看陛下提拔授官的那些人，如果把臣看作异姓之人，臣私下猜测，臣不比朝廷上的大臣差。如果能够让我放弃诸侯的身份摘下远游冠，戴上武官的帽子，解下诸侯王红色的绶带，佩上朝臣的青色绶带，在驸马都尉或奉车都尉中取得一个称号，在京城安家，手执马鞭帽上插笔，在出入之间侍奉车驾，回答您的问题，在您的左右为您补充缺漏，这是臣最赤诚的心愿，在梦中都不曾放弃。臣远处羡慕《鹿鸣》中的君臣宴会，中处吟咏《常棣》中兄弟不是外人的告诫，下处思考《伐木》中珍惜友情的道理，最终心怀《蓼莪》中无以报答父母的哀痛；每逢四季过节别人家亲人欢聚的日子，臣都是一个人孤单独处，左右只有仆从，面对的只有妻儿，想高谈阔论却没人听我陈说，要发表见解却没人听我谈论，没有听到音乐而不捶胸难过，面对酒杯而不叹息抑郁的。臣认为犬马的诚心不能打动人，就像人的诚心不能感动天。杞梁之妻哭倒城墙、邹衍入狱六月降霜，臣当初都是相信的，但是依臣当下的心境看，那些只是骗人的话罢了。就像葵藿的花叶朝向太阳，虽然太阳不对它们回报光照，但它们的朝向是诚心诚意的。臣暗地里把自己比作葵藿，是否能降下天地之恩，赐予日月星一样至高至明的光辉，实在就在于陛下您了。

“臣闻文子曰[①]：‘不为福始，不为祸先。’今之否隔，友于同忧，而臣独倡言者，窃不愿于圣世使有不蒙施之物。有不蒙施之物，必有惨毒之怀。故《柏舟》有‘天只’之怨，《谷风》有‘弃予’之叹[②]。故伊尹耻其君不为尧舜，孟子曰：‘不以舜之所以事尧事其君者，不敬其君者也。’臣之愚蔽，固非虞、伊。至于欲使陛下崇光被时雍之美[③]，宣缉熙章明之德者[④]，是臣慺慺之诚[⑤]，窃所独守，实怀鹤立企伫之心[⑥]。敢复陈闻者，冀陛下倘发天聪而垂神听也[⑦]。”

〔注释〕

①文子：《汉书·艺文志》道家类著录《文子》九篇，班固在其条文下注明：“老子弟子，与孔子同时。”

②《柏舟》《谷风》：均系《诗经》中的作品。《鄘风·柏舟》云：“母也天只！不谅人只！”《小雅·谷风》云：“将安将乐，女（汝）转弃予。”

③时雍（yōng）：亦作“时邕”，“时雝”。犹和熙。指天下太平的景象。

④缉熙：光明。

⑤慺慺（lóulóu）：勤恳貌；恭谨貌。意为恭敬勤恳，小心谨慎。

⑥鹤立：肃立状；企望貌，盼望貌。企伫：因景仰而久立；踮起脚来等待，表示急切盼望。

⑦天聪：对天子听闻的美称。

〔译文〕

“臣听说《文子》上说：‘不最先谋求福泽，不最先招致祸殃。'如今兄弟隔绝不通,大家都心怀忧愁,而臣独自首先提出这件事,是因为心中不愿在圣明之世还有不能蒙受恩泽的人。有不能蒙受恩泽的人,就一定会有怨恨狠毒的心思产生。所以《柏舟》有'我的天啊我的娘,为什么不肯相信我的心'的怨愤,《谷风》有'生活已经安乐,你却遗弃我'的感叹。所以伊尹为自己的君主不是尧舜而感到耻辱,孟子说:'不能像舜事奉尧那样事奉其君的人,是不敬重他的君主的人。'臣愚钝,本来就不如虞舜、伊尹。至于想要让陛下您广施恩惠以得天下太平之美誉,宣扬光明显著的德行,是臣出于恭谨的诚心,臣一个人所坚守的,实在是急切企盼的心。敢于再次上书陈说此事,是期望陛下您放低姿态听取我的建议。"

诏报曰:"盖教化所由,各有隆弊,非皆善始而恶终也,事使之然。故夫忠厚仁及草木,则《行苇》之诗作;恩泽衰薄,不亲九族,则《角弓》之章刺。今令诸国兄弟,情理简怠,妃妾之家,膏沐疏略,朕纵不能敦而睦之,王援古喻义备悉矣,何言精诚不足以感通哉?夫明贵贱,崇亲亲,礼贤良,顺少长,国之纲纪,本无禁固诸国通问之诏也,矫枉过正,下吏惧谴,以至于此耳。已敕有司,如王所诉。"

〔译文〕

明帝下诏书答复他说:"教化的经历,各有兴盛和衰退,不一定都是由善开始而由恶终结的,而是由事态的发展变化决定的。所以忠厚可以仁爱地施及草木，于是《行苇》之诗产生；恩泽衰减不能亲善九族，于是《角弓》之诗对此加以讽刺。如今让各国兄弟感到情理上的怠慢，妃妾之家感到恩泽被减少和忽略，朕纵然不能使亲人亲厚和睦，您援引古人的事例说明道理都已经很齐备了，但怎么能说精诚之心不足以感动人呢？分别贵贱，崇尚亲人相亲，礼遇贤良之人，使少长和顺，是国家的法律和制度，本来就没有禁止各国沟通信息互致问候的诏令，纠正错误超过了应有的限度，是因为下面的官吏害怕受到惩罚，才到了这个地步。朕已经下令给有关官员，就按您所说的那样办。”

植复上疏陈审举之义，曰：

〔译文〕

曹植又上疏陈述审察举荐官员的道理，说：

“臣闻天地协气而万物生，君臣合德而庶政成；五帝之世非皆智，三季之末非皆愚，用与不用，知与不知也。既时有举贤之名，而无得贤之实，必各援其类而进矣。谚曰：‘相门有相，将门有将。’夫相者，文德昭者也；将者，武功烈者也。文德昭，则可以匡国朝，致雍熙，稷、契、夔、龙是也[①]；武功烈，则所以征不庭，威四夷，南仲、方叔是矣[②]。昔伊尹之为媵臣[③]，至贱也，吕尚之处屠钓[④]，至陋也，及其见举于汤武、周文，诚道合志同，玄谟神通，岂复假近习之荐，因左右之介哉。《书》曰：‘有不世之君，必能用不世之臣；用不世之臣，必能立不世之功。'殷周二王是矣。若夫龌龊近步⑤，遵常守故，安足为陛下言哉？故阴阳不和，三光不畅，官旷无人⑥，庶政不整者，三司之责也。疆场骚动，方隅内侵⑦，没军丧众，干戈不息者，边将之忧也。岂可虚荷国宠而不称其任哉？故任益隆者负益重，位益高者责益深，《书》称'无旷庶官'，《诗》有'职思其忧'，此其义也。

〔注释〕

①稷、契、夔、龙：虞舜时的四位大臣。

②南仲、方叔：周宣王时武臣。

③媵（yìng）臣：陪嫁的奴隶。伊尹曾是有莘氏女的陪嫁奴隶。

④屠钓：指吕尚（即姜太公）曾在朝歌城做屠夫、在蟠溪垂钓之事。

⑤龌龊（wòchuò）：器量局促，狭小；肮脏；卑鄙，丑恶。

⑥旷：空也。官位有人，但非其人，则为空官。

⑦方隅（yú）：四方和四隅。借指边疆。

〔译文〕

"臣听说天地气息和谐才能万物生长，君臣同心同德国家的各项政务才能成功；五帝之世的人并非都是智者，夏、商、周三代的末年也并不都是愚人，只在于国君对贤才的任用与否，了解与否。现在众臣都有举荐贤才的名声，而朝廷却没有得到贤才的实惠，一定要分别按类引进啊！谚语说：'相门有相，将门有将。'丞相是文德昭著的人；将帅是武功强大的人。文德昭著，就可以匡助朝廷，使国家和乐升平，稷、契、夔、龙就是这样的人；

武功强大，就可以讨伐不肯臣服于朝廷的人，威慑四夷，南仲、方叔就是这样的人。当初伊尹还只是陪嫁的奴隶时，地位至为低贱，姜子牙在做屠夫和在河边钓鱼时，地位至为卑微，等到他们被成汤、周文王直接任用的时候，实在是志同道合，心意相通，难道还需要凭借帝王身边之人的推荐和介绍吗？《尚书》上说：'非凡的国君，必能任用非凡的臣子；任用非凡的臣子，一定能建立非凡的功业。'殷代的成汤、周代的文王就是啊！如果负责选拔官员的是那些气量格局十分狭小、因循守旧的人，哪里值得用他们向陛下进言举荐贤才呢？所以阴阳不能调和，日月星三光不够畅达，官位空缺没有合适的人选，各项政务都不能处理好，就是三公的责任。边疆骚乱，吴蜀内侵，损兵折将，战事不断，就是边疆将领的忧愁了。难道可以空受国恩而不称职吗？所以任务越多负担越重，地位越高责任越大，《尚书》说'不要在百官的位置上安排不恰当的人'，《诗经》有'掌事的人要考虑自己的责任'的句子，就是这个道理。

"陛下体天真之淑圣，登神机以继统，冀闻康哉之歌，偃武行文之美。而数年以来，水旱不时，民困衣食，师徒之发，岁岁增调，加东有覆败之军，西有殪没之将，至使蚌蛤浮翔于淮、泗，鼲鼬讙哗于林木[①]。臣每念之，未尝不辍食而挥餐，临觞而搤腕矣[②]。昔汉文发代，疑朝有变，宋昌曰：'内有朱虚、东牟之亲，外有齐、楚、淮南、琅邪，此则磐石之宗，愿王勿疑。'臣伏惟陛下远览姬文二虢之援[③]，中虑周成召、毕之辅，下存宋昌磐石之固。昔骐骥之于吴阪，可谓困矣，及其伯乐相之，孙邮御之[④]，形体不劳而坐取千里。盖伯乐善御马，明君善御臣；伯乐驰千里，明君致太平；诚任贤使能之明效也。若朝司惟良，万机内理，武将行师，方难克弭。陛下可得雍容都城，何事劳动銮驾，暴露于边境哉？

〔注释〕

①此处以“蚌蛤(bànggé)”“鼲鼬(húnyòu)”比喻吴国和蜀国。

②搤(è)腕：同“扼腕”。握住手腕。表示激动、振奋、悲愤、惋惜等感情的动作。

③姬文：周人姓“姬”，故称周文王为“姬文”。本句及以下两句都是在强调同姓宗亲的藩屏作用。

④孙邮：古时善驾马者。

〔译文〕

“陛下具备天生的圣明贤德，登上帝位继承大统，希望听到‘君明臣良，庶政安宁’的赞歌，停止战事修行文德的美誉。但是几年以来，水灾旱灾不时袭来，百姓缺衣少食，军队征发的相关开支一年比一年增多，加上东边有战败的军队，西边有阵亡的将领，以致吴国如蚌蛤在淮水、泗水中浮游，蜀国如鼲鼬在树林中喧哗。臣每当想起这些事，没有不停止进食而挥手让人把餐饭取走，面对酒杯而扼腕叹息的。昔日汉文帝从代国出发前去继承皇位，担心朝廷会有变乱，宋昌说：‘朝廷内有朱虚侯、东牟侯这样的亲族，外有齐王、楚王、淮南王、琅琊王，这些都是坚如磐石的同宗亲族，希望大王不要心存疑虑。’臣恭敬地希望陛下远观周文王时虢仲、虢叔的援助，再考虑周成王时召公、毕公的辅佐，最近处想想宋昌所说的同宗亲族如磐石一般坚固。当初骏马行进在吴地的坡道上，可以说是很艰难了，等到伯乐发现它，孙邮驾驭它，身体不受劳累就可以到达千里之外。大概应该是伯乐善于驾驭骏马，明君善于任用臣子；伯乐能够驰达千里，明君可以使天下实现太平；实在是任用贤能的明显效果。如果朝廷的大臣都是贤能的，国中的万事都可以得到治理，武将能够率军出征，边境的威胁都可以消除。陛下您就可以在京城从容理政，还有什么事需要劳动您的车驾，出现在边境之上呢？

“臣闻‘羊质虎皮，见草则悦，见豺则战，忘其皮之虎也’。今置将不良，有似于此。故语曰：‘患为之者不知，知之者不得为也。’昔乐毅奔赵[①]，心不忘燕；廉颇在楚[②]，思为赵将。臣生乎乱，长乎军，又数承教于武皇帝，伏见行师用兵之要，不必取孙、吴而暗与之合。窃揆之于心，常愿得一奉朝觐，排金门，蹈玉陛，列有职之臣，赐须臾之间，使臣得一散所怀，摅舒蕴积[③]，死不恨矣。

〔注释〕

①乐（yuè）毅：战国后期杰出的军事家，辅佐燕昭王振兴燕国，后因受燕惠王猜忌，投奔赵国。

②廉颇：战国末期赵国的名将，曾受任为相，与白起、王翦、李牧并称“战国四大名将”。至赵悼襄王时，由于不得志，先后投奔魏国与楚国，而后老死于楚。

③摅（shū）：表示，表达，发表。

〔译文〕

“臣听说‘羊披上虎皮，看见青草就高兴，看见豺狼就战栗，忘记了自己身上披的是老虎皮’。如今任用的将领不够优秀，与此类似。老话说：‘怕的就是做事的人不知道该怎么做，知道该怎么做的又没机会做。’当初乐毅逃奔到赵国，心中却不忘燕国；廉颇身在楚国，仍想做赵国的将军。臣生于乱世，在军营中长大，又多次从武皇帝那里直接接受教诲，优先看见行军用兵的要领，不必取法于孙武、吴起的兵书而能暗中与之相合。臣暗自在心中揣测，常常希望能够一朝奉诏朝觐陛下，推开金门，踏上玉阶，位列在有职务的朝臣之间，赐给臣短暂的时间，让臣能够在疆场上施展抱负，一舒心中郁积，即使是死了也没有遗憾了。

“被鸿胪所下发士息书[①]，期会甚急。又闻豹尾已建[②]，戎轩鹜驾，陛下将复劳玉躬，扰挂神思。臣诚竦息[③]，不遑宁处。愿得策马执鞭，首当尘露，撮风后之奇，接孙、吴之要，追慕卜商起予左右[④]，效命先驱，毕命轮毂，虽无大益，冀有小补。然天高听远，情不上通，徒独望青云而拊心，仰高天而叹息耳。屈平曰：‘国有骥而不知乘，焉皇皇而更索！’昔管、蔡放诛，周、召作弼；叔鱼陷刑，叔向匡国[⑤]。三监之衅[⑥]，臣自当之；二南之辅[⑦]，求必不远。华宗贵族，藩王之中，必有应斯举者。故《传》曰：‘无周公之亲，不得行周公之事。’唯陛下少留意焉。

〔注释〕

①鸿胪(lú):官名。主掌宾客接待之事,同时掌管诸侯及少数民族事务。秦及汉初本名典客,西汉沿设,为九卿之一。汉景帝中元六年改名大行令,武帝太初元年改名大鸿胪,王莽改为典乐,东汉称大鸿胪卿。

②豹尾:天子属车上的饰物,悬于最后一辆车。后亦借指天子属车,即豹尾车。

③竦息:恐惧不安的样子。

④卜商:字子夏,孔子弟子。《论语》中记载:"孔子曰:'起予者商也,始可与言《诗》已矣。'"起:启发。

⑤叔鱼、叔向:春秋时期晋国大夫。《左传·昭公十四年》记载,邢侯与雍子争夺田地,韩宣子命叔鱼审理,罪在雍子。雍子将女儿嫁给叔鱼,于是胜诉。邢侯怒杀叔鱼与雍子。叔向以为三人同罪,于是杀邢侯,将三人弃尸于市。

⑥三监:周武王灭商后,将商朝旧都封给纣王之子武庚。同时把殷都以东作为卫,由武王弟管叔监管;殷都以西为鄘,由武王弟蔡叔监管;殷都以北为邶,由武王弟霍叔监管,总称三监。

⑦二南:周成王分陕以东之地,命召公主之,陕以西之地,命周公主之,谓之二南。《诗经》中《周南》《召南》即指二地的民歌。

〔译文〕

"臣看到鸿胪所下发的征调士族子弟的公函,期限要求很急。又听说陛下的豹尾车已经备好,战车将要疾驰,陛下将要亲自率领军队,劳心费神地出征。臣实在是惊恐不安,无暇安居。臣希望能够跃马扬鞭,最先承当尘土风露,提取黄帝丞相风后的奇术,上接孙武、吴起的兵法要领,追慕卜商启发身边的人,为国效命驱驰在先，宁愿在战车之下牺牲自己的生命，虽然没有大的作用，也希望能有小的补益。然而陛下您离我十分遥远，我的声音无比微弱，我的赤诚之情不能向上通达，只能一个人遥望青云而捶胸，仰视高天而叹息。屈原说：'国内有骏马而不知道骑乘，何必忙忙碌碌地到别处寻找呢！'昔日管叔、蔡叔一个被流放、一个被诛杀，周公、召公做了辅佐的大臣；叔鱼陷于刑罚，叔向匡正国法。三监的争端，臣亲自承当；周公召公一样的辅佐之臣，如去寻求一定在不远的地方。皇亲贵族，诸侯王之中，一定会有适合承担这一责任的人。所以史传上说：'没有周公这样的亲族关系，就做不出周公那样的辅政之事。'希望陛下您能稍稍留意这件事。

"近者汉氏广建藩王，丰则连城数十，约则飧食祖祭而已，未若姬周之树国，五等之品制也。若扶苏之谏始皇①，淳于越之难周青臣②，可谓知时变矣。夫能使天下倾耳注目者，当权者是矣，故谋能移主，威能慑下。豪右执政，不在亲戚；权之所在，虽疏必重，势之所去，虽亲必轻，盖取齐者田族③，非吕宗也④。分晋者赵、魏⑤，非姬姓也⑥。唯陛下察之。苟吉专其位，凶离其患者，异姓之臣也。欲国之安，祈家之贵，存共其荣，没同其祸者，公族之臣也。今反公族疏而异姓亲，臣窃惑焉。

〔注释〕

①扶苏：秦始皇长子，"扶苏以数谏故，上（即秦始皇）使外将兵"。

②淳于越：秦博士。周青臣：秦仆射。周青臣力主实行郡县制，淳于越主张分封制，认为如不行分封，“卒有田常、六卿之臣，无辅拂，何以相救哉”。上事均见于《史记》。

③田族：春秋时齐国田氏家族。公元前481年田成子杀死齐简公，专政于齐国，史称“田氏代齐”。

④吕宗：齐国宗室。周代分封，齐是吕尚（姜子牙）的封国，因此齐国国君是姜姓吕氏，故称齐国王室为吕宗。

⑤赵、魏：晋国上卿，后不断扩充封地，终于与韩氏同分晋国，史称“三家分晋”。

⑥姬姓：周代分封，晋国君主是姬姓晋氏，故称晋国宗室为姬姓。

〔译文〕

“近世的汉朝广泛分封诸侯王，大的连接几十座城，小的只够祭祀祖先罢了，不像周代分封诸侯国，有公、侯、伯、子、男五种爵位制度。像扶苏规谏秦始皇，淳于越反驳周青臣，可以说是知道时势变化的。那些能让天下人认真倾听、目不转睛的，都是掌握权力的人，所以他们的谋略能改变君主的意志，威势能够震慑百姓。士族大家执掌政事，权力不在皇亲手中；权力在手，即使关系疏远、不是皇亲也一定会受到重视，权势离手，即使是皇亲也一定会被轻视，所以夺取齐国政权的是田氏家族，而不是国君所在的吕氏宗族。瓜分晋国的是赵氏、魏氏，而不是与国君同为姬姓的人。希望陛下能看清楚。如果国家太平时就占据其位，国家遭难时就远离祸患的，一定是异姓的大臣。想要国家安泰，祈求家族尊贵，活着的时候共享荣华，面对死亡的时候一同患难的，一定是皇族中的大臣。如今陛下反而与皇族疏远而与异姓亲近，臣私下感到困惑。

“臣闻孟子曰：‘君子穷则独善其身，达则兼善天下。’今臣与陛下践冰履炭，登山浮涧，寒温燥湿，高下共之，岂得离陛下哉？不胜愤懑[①]，拜表陈情。若有不合，乞且藏之书府[②]，不便灭弃，臣死之后，事或可思。若有豪厘少挂圣意者，乞出之朝堂，使夫博古之士，纠臣表之不合义者。如是，则臣愿足矣。”帝辄优文答报[③]。

〔注释〕

①愤懑（mèn）：气愤；抑郁不平。

②书府：收藏文书图籍的府库。

③优文：褒奖的文告。

〔译文〕

“臣听说孟子说：‘君子处于困境时要注重自身修养，居于高位时要为天下人谋取福利。’如今臣与陛下踏冰山踩炭火，登高山涉深涧，无论是寒是暖是干是湿，无论是高是下都要共同面对，难道还能离得开陛下您吗？我心中十分抑郁烦闷，拜上奏表陈说衷情。如果有什么不合陛下心意的地方，乞求陛下暂且收藏在府库之中，不要立刻把它毁掉丢弃，待臣死去之后，此事或许可以再考虑。如果有一点点稍微合乎圣意的地方，请求您在朝堂上公布出来，让那些通晓古代历史的人，纠正臣奏表之中不合道理的地方。如果这样，那么臣的心愿就满足了。”明帝就用褒奖的言辞答复他。

其年冬，诏诸王朝六年正月。其二月，以陈四县封植为陈王，邑三千五百户。植每欲求别见独谈，论及时政，幸冀试用，终不能得。既还，怅然绝望。时法制，待藩国既自峻迫，寮属皆贾竖下才，兵人给其残老，大数不过二百人。又植以前过，事事复减半，十一年中而三徙都，常汲汲无欢，遂发疾薨，时年四十一。遗令薄葬。以小子志，保家之主也，欲立之。初，植登鱼山，临东阿，喟然有终焉之心①，遂营为墓。子志嗣，徙封济北王。景初中诏曰："陈思王昔虽有过失，既克己慎行，以补前阙，且自少至终，篇籍不离于手，诚难能也。其收黄初中诸奏植罪状，公卿已下议尚书、秘书、中书三府、大鸿胪者皆削除之。撰录植前后所著赋颂诗铭杂论凡百余篇，副藏内外。"志累增邑，并前九百九十户。

〔注释〕

①喟(kuì)然：形容叹气的样子。

〔译文〕

这年冬天，明帝下诏让各个诸侯王在太和六年正月进京朝会。同年二月，用陈地的四个县封曹植为陈王，食邑三千五百户。曹植经常想请求另见明帝单独交谈，讨论当时的政事，希望能够被尝试任用，最终也没能如愿。回到陈地后，心中惆怅绝望。当时的宗法制度，对待藩国十分严苛，下属官吏都是一些平庸无能的人，下拨的士兵都是残疾年老没有战斗力的，总数不超过二百人。又因为曹植以前的过错，所有待遇又减去一半，十一年中三次迁移他的封国，曹植经常闷闷不乐，就生病去世了，当时年仅四十一岁。遗嘱要求薄葬。因为小儿子曹志，是能够保住家业的人，就想立他为继承人。当初，曹植登上鱼山，俯视东阿，心中叹息有在此处终老的意思，于是在这里营建坟墓。曹植的儿子曹志继承了他的爵位，被改封为济北王。景初年间明帝下诏说："陈思王昔日虽有过失，但之后能够约束自己谨慎行事，用来弥补之前的缺陷，况且从小时候直到去世，书籍不离于手，实在是难能可贵。命令收取黄初年间那些上奏曹植罪名的表章，公卿以下人员的奏议，保存在尚书、秘书、中书三府和大鸿胪的相关文件都要销毁。另外撰写收录曹植前后所著赋、颂、诗、铭、杂论一共一百余篇，抄录副本收藏在皇宫内外的各个藏书处所。"曹志多次增加食邑，加上此前的达到九百九十户。

萧怀王熊，早薨。黄初二年追封谥萧怀公。太和三年，又追封爵为王。青龙二年，子哀王炳嗣，食邑二千五百户。六年薨，无子，国除。

〔译文〕

萧怀王曹熊，早年去世。黄初二年追封谥号为萧怀公。太和三年，又追封爵位为王。青龙二年，他的儿子哀王曹炳继承爵位，食邑二千五百户。青龙六年曹炳去世，因为他没有儿子，封国被撤销。

评曰:任城武艺壮猛,有将领之气。陈思文才富艳,足以自通后叶,然不克让远防,终致携隙。《传》曰"楚则失之矣,而齐亦未为得也",其此之谓欤[①]!

〔注释〕

①前人认为,陈寿之意是说曹植的人生悲剧,身为父亲的曹操也有责任。

〔译文〕

评曰:任城王武艺高强,雄壮勇猛,有将领的气质。陈思王文才富丽繁艳,足以流传后世,但是不能含蓄谦让,提早防范,终于招致嫌隙。《左传》说"楚国是有过失,但齐国也不算正确",说的就是这个吧!

卷三十二　蜀书二

先主传第二

〔题解〕

刘备是汉景帝一脉中山靖王之后，少年时期家道贫寒，但为人宽厚、志向远大。势薄力单时数度辗转屈居陶谦、袁绍、曹操、刘表、刘璋等人之下，妻子儿女在战事之中也曾数度被敌人收为人质，但屡经坎坷，终成大业。刘备一生武有关羽、张飞等人相助，文有诸葛亮、法正、许靖等人扶持，皆因他“弘毅宽厚，知人待士”。此传因记刘备，故未以很大篇幅写关羽之忠、诸葛之智，但见事则见其人，白帝城托孤也让人动心动容。传中多处章表、祭文，义正辞言，行文典雅，堪可细读。虽然一书之中不宜魏、蜀、吴三国君主皆称“本纪”，但就全文而言，清人刘咸炘曰：“此等书法，皆本纪之制。”文体大义，不可不知。

先主姓刘，讳备，字玄德，涿郡涿县人，汉景帝子中山靖王胜之后也。胜子贞，元狩六年封涿县陆城亭侯，坐酎金失侯[1]，因家焉。先主祖雄，父弘，世仕州郡。雄举孝廉，官至东郡范令。

〔注释〕

①坐：因某事犯罪或触犯法律。酎(zhòu)金：汉代诸侯献给朝廷供祭祀之用的贡金。汉武帝时曾以诸侯王所献“酎金”成色不好或斤两不足为借口而夺爵百余人，刘贞即在其列。

〔译文〕

先主姓刘，名备，字玄德，涿郡涿县人，是汉景帝的儿子中山靖王刘胜的后代。刘胜的儿子刘贞，元狩六年被封为涿县陆城亭侯，因为犯了献给朝廷供祭祀之用的酎金不合格之罪而失去了侯位，于是就在涿县安了家。先主的祖父叫刘雄，父亲叫刘弘，世代在州郡做官。刘雄被推举为孝廉，官做到东郡范县的县令。

先主少孤，与母贩履织席为业。舍东南角篱上有桑树生高五丈余，遥望见童童如小车盖[①]，往来者皆怪此树非凡，或谓当出贵人。先主少时，与宗中诸小儿于树下戏，言：“吾必当乘此羽葆盖车[②]。”叔父子敬谓曰：“汝勿妄语，灭吾门也！”年十五，母使行学，与同宗刘德然、辽西公孙瓒俱事故九江太守同郡卢植。德然父元起常资给先主，与德然等。元起妻曰：“各自一家，何能常尔邪！”起曰：“吾宗中有此儿，非常人也。”而瓒深与先主相友。瓒年长，先主以兄事之。先主不甚乐读书，喜狗马、音乐、美衣服。身长七尺五寸，垂手下膝，顾自见其耳。少语言,善下人,喜怒不形于色。好交结豪侠,年少争附之。中山大商张世平、苏双等赀累千金[3],贩马周旋于涿郡[4],见而异之,乃多与之金财。先主由是得用合徒众。

〔注释〕

①童童:茂盛貌;重叠貌。车盖:古代车上遮雨蔽日的篷子,形圆如伞,下有柄。

②羽葆盖车:皇帝专用的车辆。

③赀(zī):财富,资产。此处用作动词,资助。

④周旋:交际应酬;打交道。

〔译文〕

先主幼年丧父,和母亲以贩卖草鞋和织席子为生。他家房屋东南角的篱笆墙边上长着一棵桑树有五丈多高,远远望去枝繁叶茂像小车盖一样,往来的人都觉得这棵树生得不凡,有人说这棵树下应当会出现身份尊贵的人。先主小时候,和同族之中的小孩子们在树下玩耍,说:“我将来一定会乘坐像这样的用羽毛装饰车盖的车子。”他的叔父刘子敬对他说:“你不要胡说,那会让我们被灭掉全族的!”先主十五岁的时候,母亲让他外出游历,他和同族的刘德然、辽西人公孙瓒一起事奉原来的九江太守同郡人卢植。刘德然的父亲刘元起经常资助先主,对先主和对自己的儿子刘德然一样。刘元起的妻子说:“各自是一家,怎么能经常这样呢!”刘元起说:“我们宗族中难得有这样的孩子,他可不是一般人。”公孙瓒与先主特别要好。公孙瓒年纪略长,先主按照对待兄长的礼仪事奉他。先主不是很喜欢读书，喜欢狗马、音乐、漂亮的衣服。先主身长七尺五寸，垂下双手能到达膝盖以下，眼睛向后能看到自己的耳朵。先主说话不多，待人谦恭有礼，喜怒都不表现在神色上。喜欢结交行侠仗义的人，年轻人争相归附他。中山国的大商人张世平、苏双等人家财累计千金，在涿郡一带往来贩马，见到先主认为他与众不同，必有作为，于是赠送给他很多钱财。先主因此能够用这些钱来聚合军队。

灵帝末，黄巾起，州郡各举义兵，先主率其属从校尉邹靖讨黄巾贼有功，除安喜尉。督邮以公事到县，先主求谒①，不通，直入缚督邮，杖二百，解绶系其颈着马枊②，弃官亡命。顷之，大将军何进遣都尉毌丘毅诣丹杨募兵，先主与俱行，至下邳遇贼，力战有功，除为下密丞。复去官。后为高唐尉，迁为令。为贼所破，往奔中郎将公孙瓒，瓒表为别部司马，使与青州刺史田楷以拒冀州牧袁绍。数有战功，试守平原令，后领平原相。郡民刘平素轻先主，耻为之下，使客刺之。客不忍刺，语之而去。其得人心如此。

〔注释〕

①谒(yè)：进见，拜见。一般指下对上。

②马枊(àng)：指拴马的柱子。

〔译文〕

汉灵帝末年，黄巾军起兵造反，各州郡都兴起镇压黄巾军的义兵,先主率领自己的属下跟从校尉邹靖讨伐黄巾军贼人有功,被任命为安喜尉。督邮因为公事来到安喜县,先主请求拜见,却不被接见,就一直闯进去用绳子绑了督邮,打了二百杖,解下官印绶带系住督邮的脖子又把督邮绑在拴马的柱子上,之后放弃官职逃命去了。过了一段时间,大将军何进派遣都尉毌(guàn)丘毅到丹杨招募士兵,先主应招与他同行,到下邳时遇到贼兵,先主奋力作战立了功,被任命为下密丞。再度弃官离职。后来做了高唐尉,又升任为县令。县城被贼兵攻破,先主就去投奔中郎将公孙瓒,公孙瓒上表请求任命先主为别部司马,让他与青州刺史田楷一起抵御冀州牧袁绍。先主多次取得战功,暂时代理平原令之职,后来兼任平原相。郡中人刘平素来轻视先主,把在他手下任职当作耻辱,派刺客刺杀先主。刺客不忍心行刺,把这件事告诉了先主就离开了。先主就是如此地得人心。

袁绍攻公孙瓒,先主与田楷东屯齐。曹公征徐州,徐州牧陶谦遣使告急于田楷[①],楷与先主俱救之。时先主自有兵千余人及幽州乌丸杂胡骑,又略得饥民数千人。既到,谦以丹杨兵四千益先主,先主遂去楷归谦。谦表先主为豫州刺史,屯小沛。谦病笃,谓别驾麋竺曰:“非刘备不能安此州也。”谦死,竺率州人迎先主,先主未敢当。下邳陈登谓先主曰:“今汉室陵迟[②],海内倾覆,立功立事,在于今日。彼州殷富,户口百万,欲屈使君抚临州事[③]。”先主曰:“袁公路近在寿春[④],此君四世五公,海内所归,君可以州与之。”登曰:“公路骄豪,非治乱之主。今欲为使君合步骑十万，上可以匡主济民，成五霸之业，下可以割地守境，书功于竹帛⑤。若使君不见听许，登亦未敢听使君也。”北海相孔融谓先主曰：“袁公路岂忧国忘家者邪？冢中枯骨，何足介意。今日之事，百姓与能，天与不取，悔不可追。”先主遂领徐州。袁术来攻先主，先主拒之于盱眙、淮阴。曹公表先主为镇东将军，封宜城亭侯，是岁建安元年也。先主与术相持经月，吕布乘虚袭下邳。下邳守将曹豹反，间迎布。布虏先主妻子，先主转军海西。杨奉、韩暹寇徐、扬间，先主邀击，尽斩之。先主求和于吕布，布还其妻子。先主遣关羽守下邳。

〔注释〕

①告急：指报告事情紧急，并请求援助。

②陵迟：衰败，败坏。

③使君：汉时称刺史为使君，也用于尊称州郡长官。

④袁公路：袁术（？—199），字公路，汝南郡汝阳县（今河南商水县）人。司空袁逢嫡次子，太仆袁基、冀州牧袁绍异母弟。

⑤竹帛：古时常将文字写于竹简、布帛之上，此处指史书。“书功于竹帛”意谓名留青史。

〔译文〕

袁绍攻打公孙瓒，先主与田楷向东驻扎在齐地。曹操征讨徐州，徐州牧陶谦派使者向田楷急求援助，田楷与先主一起去救援他。当时先主自己拥有兵士千余人以及幽州乌丸部落胡人的一些骑兵，又抓了数千名饥民充军。到了徐州，陶谦又把丹杨兵士四千人补充给先主，先主就离开田楷归附了陶谦。陶谦上表请求任命先主为豫州刺史，驻扎在小沛。陶谦病重，对别驾麋竺说："如果不是刘备就没有人能够安定这个州。"陶谦死后，麋竺率领徐州人迎请先主主持徐州，先主不敢承当。下邳人陈登对先主说："如今汉朝王室衰微，天下动荡，建功立业，就在今日。徐州殷实富足，人口百万，希望委屈刘使君您主持州中事务。"先主说："袁术就驻扎在与徐州邻近的寿春，此人家中四代出了五位公卿，天下人心所归，您可以把徐州托付给他。"陈登说："袁术骄横自负，不是能够治理乱世的人。如今我想为使君您汇集步兵骑兵十万人，上可以匡扶君主、救济人民，成就五霸一样的功业，下可以割据地方、守卫疆域，将功劳写在史册之上。如果使君您不听从我的意见，陈登我日后也不会再听从您的命令了。"北海相孔融对先主说："袁公路难道是那种忧心国事忘却小家的人吗？他不过就是坟墓之中枯朽的骨架，哪里值得在意。今天的事，百姓愿把徐州交给贤能之人，上天赐予良机却不接受，日后再后悔可就来不及了。"先主于是就在豫州之外又兼管了徐州。袁术来攻先主，先主在盱眙、淮阴一带抵御他。曹操上表请求任命先主为镇东将军，并封为宜城亭侯，这一年是建安元年。先主与袁术相持不下一个多月，吕布趁着下邳兵力空虚袭击下邳。下邳守将曹豹反叛，暗中迎接吕布。吕布俘获了先主的妻子儿女，先主率军转移到海西。杨奉、韩暹在徐州、扬州之间作乱，先主截击，把他们都杀了。先主向吕布求和，吕布归还了他的妻子儿女。先主派关羽驻守下邳。

先主还小沛，复合兵得万余人。吕布恶之，自出兵攻先主，先主败走归曹公。曹公厚遇之，以为豫州牧。将至沛收散卒，给其军粮，益与兵使东击布。布遣高顺攻之，曹公遣夏侯惇往，不能救，为顺所败，复虏先主妻子送布。曹公自出东征，助先主围布于下邳，生禽布。先主复得妻子，从曹公还许。表先主为左将军，礼之愈重，出则同舆，坐则同席。袁术欲经徐州北就袁绍，曹公遣先主督朱灵、路招要击术。未至，术病死。

〔译文〕

先主回到小沛，又聚集起一万多人的军队。吕布忌恨他，亲自率军攻打先主，先主战败逃走归附曹操。曹操给他很优厚的待遇，让他担任豫州牧。先主准备到小沛收罗失散的士卒，曹操就拨给他军粮，增补兵马，让他向东攻击吕布。吕布派高顺攻打先主，曹操派夏侯惇前往，没能解救先主，反被高顺打败，高顺又俘虏了先主的妻子儿女送给吕布。曹操亲自出兵东征，帮助先主在下邳围困吕布，活捉了吕布。先主再次接回了妻子儿女，跟着曹操回到许县。曹操上表请求任命先主为左将军，礼遇先主更加隆重，出行就和先主同乘一辆车，坐时就和先主同坐一张席。袁术想要经过徐州向北投靠袁绍，曹操派先主督率朱灵、路招截击袁术。他们还没有到达，袁术就病死了。

先主未出时，献帝舅车骑将军董承辞受帝衣带中密诏[1]，当诛曹公。先主未发。是时曹公从容谓先主曰[2]："今天下英雄，唯使君与操耳。本初之徒，不足数也。"先主方食，失匕箸。遂与承及长水校尉种辑、将军吴子兰、王子服等同谋。会见使，未发。事觉，承等皆伏诛。

〔注释〕

①董承（？—200）：汉灵帝母亲董太后之侄，汉献帝嫔妃董贵人之父，实为汉献帝岳父，故文中称"献帝舅"。辞：告诉，言说。受：接受。帝衣带中密诏：也称"衣带诏"，即藏于衣带之中的密诏，诏书内容为密令董承诛杀曹操。

②从容：指人处事不慌张，很镇定；舒缓悠闲的样子；充裕、不紧迫。

〔译文〕

先主还未出兵时，汉献帝的岳父车骑将军董承告诉先主说自己接到了皇帝衣带中所藏的秘密诏书，要诛杀曹操。先主没有马上行动。这时候曹公随意悠闲地对先主说："如今天下的英雄，只有你刘使君和我曹操两个人罢了。袁绍袁本初之类的人，是算不上数的。"先主正在吃饭，吓得惊掉了手中的勺子和筷子。于是和董承以及长水校尉种辑、将军吴子兰、王子服等人共同谋划诛杀曹操。恰好先主被派去截击袁术，就没有开始行动。事情被曹操发觉，董承等人都被诛杀。

先主据下邳。灵等还，先主乃杀徐州刺史车胄，留关羽守下邳，而身还小沛。东海昌霸反，郡县多叛曹公为先主，众数万人，遣孙乾与袁绍连和，曹公遣刘岱、王忠击之,不克。五年,曹公东征先主,先主败绩①。曹公尽收其众,虏先主妻子,并禽关羽以归。

〔注释〕

①败绩:指打了败仗;溃败;失败的记录等。

〔译文〕

先主占据下邳。朱灵等人返回曹操那里,先主于是杀了徐州刺史车胄,留下关羽镇守下邳,自己回到了小沛。东海昌霸反叛,很多郡县叛离曹操追随先主,军队达到几万人,先主派孙乾与袁绍联盟,曹操派刘岱、王忠攻击他,没有取得胜利。建安五年,曹操东征先主,先主溃败。曹操全面夺取了他的军队,俘虏了先主的妻子儿女,并且活捉了关羽,撤军回去了。

先主走青州。青州刺史袁谭,先主故茂才也①,将步骑迎先主。先主随谭到平原,谭驰使白绍。绍遣将道路奉迎,身去邺二百里,与先主相见。驻月余日,所失亡士卒稍稍来集。曹公与袁绍相拒于官渡,汝南黄巾刘辟等叛曹公应绍。绍遣先主将兵与辟等略许下。关羽亡归先主。曹公遣曹仁将兵击先主,先主还绍军,阴欲离绍,乃说绍南连荆州牧刘表。绍遣先主将本兵复至汝南,与贼龚都等合,众数千人。曹公遣蔡阳击之,为先主所杀。

〔注释〕

①茂才:原称秀才,是汉代察举的常科。原指才之秀者,即优秀人才。

到东汉时因避光武帝刘秀的讳而改为茂才。“秀才”一词后代曾作为学校生员的专称，现代也用来称知识丰富的人。

〔译文〕

先主逃到青州。青州刺史袁谭，是先主从前担任豫州牧时举荐的茂才，袁谭率领步兵骑兵迎接先主。先主跟随袁谭到达平原，袁谭派使者快马报告父亲袁绍。袁绍派部将在道路之上恭迎先主，自己也亲自出城远迎，在距离邺城二百里的地方与先主相见。在袁绍那里住了一个多月，当初流散的士兵逐渐前来会集。曹操与袁绍在官渡对峙，汝南原来的黄巾军将领刘辟等人背叛曹操响应袁绍。袁绍派先主率军与刘辟等人攻打许县。关羽趁机从曹操那里逃回到先主麾下。曹操派曹仁率领军队攻击先主，先主退回到袁绍军中，暗地里想要离开袁绍，于是劝说袁绍向南联合荆州牧刘表。袁绍派先主率领本部人马再回汝南，与原来的黄巾贼人龚都等人会合，军队有几千人。曹操派蔡阳攻打他们，被先主杀死。

曹公既破绍，自南击先主。先主遣麋竺、孙乾与刘表相闻，表自郊迎，以上宾礼待之，益其兵，使屯新野。荆州豪杰归先主者日益多，表疑其心，阴御之。使拒夏侯惇、于禁等于博望。久之，先主设伏兵，一旦自烧屯伪遁，惇等追之，为伏兵所破。

〔译文〕

曹公打败袁绍之后，亲自南下攻打先主。先主派麋竺、孙乾去给刘表通传消息，刘表亲自到郊外迎接，以上宾的礼仪招待他们，为他们增补军队，让他们驻扎在新野。荆州的能人才士归附先主的人一天比一天多，刘表怀疑先主的用心，暗地里开始防备他。刘表派先主在博望抵御夏侯惇、于禁等人。过了一段时间，先主设下伏兵，在一个早上自己烧掉了驻地假装逃跑，夏侯惇等人中计追击他，结果被伏兵打败。

十二年，曹公北征乌丸，先主说表袭许，表不能用。曹公南征表，会表卒，子琮代立，遣使请降。先主屯樊，不知曹公卒至，至宛乃闻之，遂将其众去。过襄阳，诸葛亮说先主攻琮，荆州可有。先主曰："吾不忍也。"乃驻马呼琮，琮惧不能起。琮左右及荆州人多归先主。比到当阳，众十余万，辎重数千两，日行十余里，别遣关羽乘船数百艘，使会江陵。或谓先主曰："宜速行保江陵，今虽拥大众，被甲者少，若曹公兵至，何以拒之？"先主曰："夫济大事必以人为本，今人归吾，吾何忍弃去！"

〔译文〕

建安十二年，曹操向北征讨乌丸，先主劝说刘表攻打许县，刘表不肯采纳。曹操向南征讨刘表，恰好刘表去世，其子刘琮继位，派使者向曹操请求投降。先主驻扎在樊城，不知曹操突然来到，曹军已经到了宛城，先主才听说这件事，于是率领军队撤离。路过襄阳时，诸葛亮劝先主攻打刘琮，可以就此占据荆州。先主说："我不忍心啊！"就停下马招呼刘琮，刘琮吓得站不起来。刘琮身边和荆州的人很多都就此归附了先主。等到了当阳，军队已经有十几万人，军需物资装了几千辆车，每天只能行进十几里，就另派关羽乘几百艘船，让他和自己在江陵会合。有人对先主说："应该抢在曹军之前快速前行保住江陵，如今虽然有很多人，但是能身披铠甲作战的很少，如果曹操的军队赶到，我们靠什么来抵御他们呢？"先主说："成就大事一定要以人为根本，现在百姓归附于我，我怎么忍心弃他们而去呢！"

曹公以江陵有军实，恐先主据之，乃释辎重，轻军到襄阳。闻先主已过，曹公将精骑五千急追之，一日一夜行三百余里，及于当阳之长坂。先主弃妻子，与诸葛亮、张飞、赵云等数十骑走，曹公大获其人众辎重。先主斜趋汉津[①]，适与羽船会，得济沔，遇表长子江夏太守琦众万余人，与俱到夏口。先主遣诸葛亮自结于孙权，权遣周瑜、程普等水军数万，与先主并力，与曹公战于赤壁，大破之，焚其舟船。先主与吴军水陆并进，追到南郡，时又疾疫[②]，北军多死，曹公引归。

〔注释〕

①斜趣：同"斜趋"。抄小路，抄近路。

②疾疫：疫病；瘟疫。亦指发生疫病。

〔译文〕

曹操因为江陵有不少粮食、器械之类的军用物资，担心先主占领这里，于是丢下物资车辆，轻装赶到襄阳。听说先主已经从这里过去了，曹操率领五千精锐骑兵紧急追赶他，一日一夜就行进了三百多里路，在当阳的长坂坡追上了先主。先主抛下妻子儿女，与诸葛亮、张飞、赵云等几十人骑马逃走，曹操获得了他的大批人马和物资。先主抄近路赶往汉津，恰好与关羽的战船会合，得以渡过沔(miǎn)水，遇到刘表长子江夏太守刘琦的军队一万余人，和他们一起来到夏口。先主派诸葛亮主动去和孙权结盟，孙权派周瑜、程普等率水军数万人，与先主合力，与曹操在赤壁交战，大败曹军，焚烧了他的战船。先主与东吴的军队从水上、陆上同时进军，追击曹军到达南郡，当时又暴发了瘟疫，北方军队死了很多人，曹操就率军回去了。

先主表琦为荆州刺史，又南征四郡。武陵太守金旋、长沙太守韩玄、桂阳太守赵范、零陵太守刘度皆降。庐江雷绪率部曲数万口稽颡①。琦病死，群下推先主为荆州牧，治公安。权稍畏之，进妹固好②。先主至京见权③，绸缪恩纪④。权遣使云欲共取蜀，或以为宜报听许，吴终不能越荆有蜀，蜀地可为己有。荆州主簿殷观进曰："若为吴先驱，进未能克蜀，退为吴所乘，即事去矣。今但可然赞其伐蜀，而自说新据诸郡，未可兴动，吴必不敢越我而独取蜀。如此进退之计，可以收吴、蜀之利。"先主从之，权果辍计。迁观为别驾从事。

〔注释〕

①部曲(bùqǔ)：本为军队编制及地方豪强的私人军队之称，后又为

家仆之称。稽颡(qǐsǎng):古代的一种礼节,屈膝下跪,双手朝前,以额触地,表示极度的虔诚,后世称为“五体投地”。

②进妹固好:指孙权将自己的妹妹嫁给刘备为妻,以巩固孙刘两家的友好关系。

③京:指扬州吴郡丹徒。建安十三年,孙权自吴徙治丹徒,号曰京城。十六年迁建业,复于此置京口镇。

④绸缪(chóumóu):情意殷切。恩纪:恩情。

〔译文〕

先主上表请求任命刘琦为荆州刺史,又向南征讨四郡。武陵太守金旋、长沙太守韩玄、桂阳太守赵范、零陵太守刘度全部投降。庐江的雷绪也率领自己的私人军队几万人拜降先主。刘琦病死,手下众人推举先主为荆州牧,官衙治所设在公安县。孙权渐渐畏惧先主的势力,进献自己的妹妹与刘备结为夫妇以巩固两家的友好关系。先主到京城丹徒会见孙权,相处十分融洽。孙权派遣使者说想要一起攻取蜀郡,有人认为应该回复答应孙权,因为吴终究不能越过荆州取得蜀郡,这样蜀郡就可以为自己所有了。荆州主簿殷观进言说:“如果做吴的先锋,向前进兵却未能攻克蜀郡,后退就会被吴趁机制约,那大事就无法成就了。如今只可以同意攻打蜀郡,但要说我们刚刚占据了几个郡,不可轻易兴师动众,吴一定不敢越过我们单独去攻打蜀郡。像这样进退两宜的计策,可以让我们收取吴、蜀两边的利益。”先主听从了他的建议,孙权果然放弃了这个计划。先主升任殷观为别驾从事。

十六年，益州牧刘璋遥闻曹公将遣钟繇等向汉中讨张鲁，内怀恐惧。别驾从事蜀郡张松说璋曰："曹公兵强无敌于天下，若因张鲁之资以取蜀土，谁能御之者乎？"璋曰："吾固忧之而未有计。"松曰："刘豫州，使君之宗室而曹公之深仇也，善用兵，若使之讨鲁，鲁必破。鲁破，则益州强，曹公虽来，无能为也。"璋然之，遣法正将四千人迎先主，前后赂遗以巨亿计①。正因陈益州可取之策。先主留诸葛亮、关羽等据荆州，将步卒数万人入益州。至涪，璋自出迎，相见甚欢。张松令法正白先主，及谋臣庞统进说，便可于会所袭璋。先主曰："此大事也，不可仓卒。"璋推先主行大司马，领司隶校尉；先主亦推璋行镇西大将军，领益州牧。璋增先主兵，使击张鲁，又令督白水军。先主并军三万余人，车甲器械资货甚盛。是岁，璋还成都。先主北到葭萌，未即讨鲁，厚树恩德，以收众心。

〔注释〕

①赂遗（lùwèi）：以财物赠送或买通他人；赠送或买通他人的财物。

〔译文〕

建安十六年，益州牧刘璋远远听说曹操将要派钟繇等人进军汉中讨伐张鲁，心里很害怕。别驾从事蜀郡人张松劝刘璋说："曹操兵马强大天下无敌，如果他利用张鲁的物资来攻取蜀地，谁是能抵御他的人呢？"刘璋说："我当然很担忧这件事但是没有办法啊！”张松说：“刘豫州，是使君您的同族亲戚也是与曹操有深仇大恨的人，他善于用兵，如果让他去讨伐张鲁，张鲁一定会被打败。张鲁败了，那么益州就强大了，曹操即使来攻打我们，也不能怎么样了。”刘璋认为他说得对，就派法正率领四千人去迎请先主，前后赠送给先主的财物有数以亿计之多。法正乘机向先主陈说了可以夺取益州的计策。先主留诸葛亮、关羽等人据守荆州，率领步兵数万人进入益州。到了涪县，刘璋亲自出城迎接，二人相见非常高兴。张松让法正禀告先主，还有谋臣庞统也献计，说可以在相会的地方袭击刘璋。先主说：“这是大事啊，不可以仓促行事。”刘璋推举先主代理大司马，兼任司隶校尉；先主也推举刘璋代理镇西大将军，兼任益州牧。刘璋增加了先主的兵力，让他去攻击张鲁，又让他督率白水关的驻军。先主合并各类军队三万余人，车辆盔甲武器兵械等物资都很充足。这一年，刘璋回到成都。先主向北到了葭萌，没有立刻讨伐张鲁，而是广施恩德树立威望，用来收服人心。

明年，曹公征孙权，权呼先主自救。先主遣使告璋曰：“曹公征吴，吴忧危急。孙氏与孤本为唇齿，又乐进在青泥与关羽相拒，今不往救羽，进必大克，转侵州界，其忧有甚于鲁。鲁自守之贼，不足虑也。”乃从璋求万兵及资实，欲以东行，璋但许兵四千，其余皆给半。张松书与先主及法正曰：“今大事垂可立，如何释此去乎！”松兄广汉太守肃，惧祸逮己，白璋发其谋。于是璋收斩松，嫌隙始构矣[①]。璋敕关戍诸将文书勿复关通先主。

先主大怒，召璋白水军督杨怀，责以无礼，斩之。乃使黄忠、卓膺勒兵向璋。先主径至关中，质诸将并士卒妻子，引兵与忠、膺等进到涪，据其城。璋遣刘璝、冷苞、张任、邓贤等拒先主于涪，皆破败，退保绵竹。璋复遣李严督绵竹诸军，严率众降先主。先主军益强，分遣诸将平下属县，诸葛亮、张飞、赵云等将兵泝流定白帝、江州、江阳[②]，惟关羽留镇荆州。先主进军围雒；时璋子循守城，被攻且一年。

〔注释〕

①嫌隙：因猜疑或不满而产生的隔阂；仇怨。

②泝(sù)流：逆着水流方向。亦作“溯流”。

〔译文〕

第二年，曹操征讨孙权，孙权请求先主救援自己。先主派使者告诉刘璋说：“曹操征讨东吴，东吴情势危急。孙氏和我本来就是唇齿相依的关系，并且乐进在青泥和关羽对峙，如今若是不去救援关羽，乐进一定会大胜，转而入侵益州地界，比张鲁更让人忧心。张鲁只是盘踞一方的贼寇，不会主动出击，不值得忧虑。”于是向刘璋请求一万军队以及所需军用物资，想要向东救援，刘璋只答应给他四千军队，其他物资都只给一半。张松写信给先主以及法正说：“如今大事垂手即可成立，怎么能放弃这里离开呢！”张松的哥哥广汉太守张肃，害怕祸事殃及自己，就向刘璋告发了他们谋划的事情。于是刘璋就抓住并处斩了张松，刘璋与先主之间的隔阂开始产生。刘璋命令守卫关口的诸将不要再把文书传送给先主。先主大怒,召见刘璋白水军督军杨怀,责备他没有礼节,杀了他。接着派黄忠、卓膺率军进攻刘璋。先主径直来到白水关内,把诸将和士卒的妻子儿女当作人质,率军与黄忠、卓膺等人进军到涪(fú)县,占据了县城。刘璋派刘璝(guī)、冷苞、张任、邓贤等人在涪县抵御先主,都被先主打败,退守绵竹。刘璋又派李严督率绵竹各支军队,李严率领众人投降了先主。先主的军队更加强大,分派诸将平定了下属的各县,诸葛亮、张飞、赵云等人率军逆江流而上平定了白帝、江州、江阳,只有关羽留下镇守荆州。先主进军围攻雒(luò)县;当时刘璋的儿子刘循守卫雒城,受到围攻将近一年。

十九年夏,雒城破,进围成都数十日,璋出降。蜀中殷盛丰乐,先主置酒大飨士卒,取蜀城中金银分赐将士,还其谷帛。先主复领益州牧,诸葛亮为股肱,法正为谋主,关羽、张飞、马超为爪牙①,许靖、麋竺、简雍为宾友②。及董和、黄权、李严等本璋之所授用也,吴壹、费观等又璋之婚亲也③,彭羕又璋之所排摈也,刘巴者宿昔之所忌恨也,皆处之显任,尽其器能。有志之士,无不竞劝。

〔注释〕

①爪牙(zhǎoyá):原指动物的尖爪和利牙。古代是得力帮手的意思,属于褒义。现多比喻为坏人效力的人,即他们的党羽、帮凶,是贬义词。

②宾友：宾客朋友。亦指以宾客与友人之礼相待。

③婚亲：也称“姻亲”，有婚姻关系的亲戚。即指本身没有血缘关系，通过缔结婚姻而形成的亲戚。

〔译文〕

建安十九年夏天，雒城被攻破，先主进军包围成都数十天，刘璋出城投降。蜀地殷实富足，物产丰富，百姓安乐，先主设置酒宴犒劳士卒，拿出蜀城中的所有金银分赐给将军和士兵，缴获的谷物和布帛则还给原来的主人。先主又兼任了益州牧，诸葛亮是重要的辅佐大臣，法正是出谋划策的主要人物，关羽、张飞、马超是武将，许靖、麋竺、简雍是宾客和朋友。至于董和、黄权、李严等人本来是刘璋所任用的官员，吴壹、费观等人又是刘璋的姻亲，彭羕（yàng）又是刘璋所排斥的人，刘巴是刘璋从前所忌恨的人，这些人全部都担任了重要职位，充分发挥各自的才能。有志之士，无不争相勉励。

二十年，孙权以先主已得益州，使使报欲得荆州。先主言：“须得凉州，当以荆州相与。”权忿之，乃遣吕蒙袭夺长沙、零陵、桂阳三郡。先主引兵五万下公安，令关羽入益阳。是岁，曹公定汉中，张鲁遁走巴西。先主闻之，与权连和，分荆州、江夏、长沙、桂阳东属；南郡、零陵、武陵西属，引军还江州。遣黄权将兵迎张鲁，张鲁已降曹公。曹公使夏侯渊、张郃屯汉中，数数犯暴巴界。先主令张飞进兵宕渠，与郃等战于瓦口，破郃等，〔郃〕

收兵还南郑。先主亦还成都。

〔译文〕

建安二十年，孙权因为先主已经取得益州，派使者告知先主想要收回荆州。先主说："等我得到凉州，就把荆州还给你。"孙权对此感到气愤，就派吕蒙攻夺长沙、零陵、桂阳三郡。先主率领军队五万人顺江而下来到公安，让关羽进入益阳。这一年，曹操平定汉中，张鲁逃到巴郡西部。先主听到这个消息，就与孙权联盟和好，将荆州一分为二，江夏、长沙、桂阳东属于吴，南郡、零陵、武陵西属于蜀，率军回到江州。派黄权率军去迎张鲁，可是张鲁已经投降了曹操。曹操派夏侯渊、张郃驻扎在汉中，屡次以武力侵袭巴郡地界。先主命令张飞进兵宕(dàng)渠，与张郃等人在瓦口交战，打败张郃等人，张郃收兵回到南郑。先主也回到成都。

二十三年，先主率诸将进兵汉中。分遣将军吴兰、雷铜等入武都，皆为曹公所没。先主次于阳平关，与渊、郃等相拒。

〔译文〕

建安二十三年，先主率诸将进兵汉中。分派将军吴兰、雷铜等进入武都，都被曹操消灭。先主驻扎在阳平关，与夏侯渊、张郃等人对峙。

二十四年春，自阳平南渡沔水，缘山稍前，于定军兴势作营①。渊将兵来争其地。先主命黄忠乘高鼓噪攻之，大破渊军，斩渊及曹公所署益州刺史赵颙等。曹公自长安举众南征。先主遥策之曰："曹公虽来，无能为也，我必有汉川矣。"及曹公至，先主敛众拒险，终不交锋，积月不拔，亡者日多。夏，曹公果引军还，先主遂有汉中。遣刘封、孟达、李平等攻申耽于上庸。

〔注释〕

①于定军兴势作营：一作"于定军山势作营"。

〔译文〕

建安二十四年春，先主从阳平向南渡过沔水，部队沿山势逐渐向前推进，依着定军山的山势修筑营盘。夏侯渊率军来争夺这块地方。先主命令黄忠登上高地擂鼓呐喊攻打夏侯渊，大败夏侯渊的军队，杀了夏侯渊和曹操所任命的益州刺史赵颙(yóng)等人。曹操从长安率领大批部队南征。先主预测说："曹操虽然前来攻打我们，但却无能为力，我一定能占有汉川了。"等到曹操到来，先主收拢军队借助险要地势固守城池，始终不与曹军交战，曹操几个月也没有攻克，逃亡的士兵一天比一天多。夏天，曹操果然率军回去，先主于是占有了汉中。派刘封、孟达、李平等到上庸攻打申耽。

秋，群下上先主为汉中王，表于汉帝曰："平西将军都亭侯臣马超、左将军长史[领]镇军将军臣许靖、营司马臣庞羲、议曹从事中郎军议中郎将臣射援、军师将军臣诸葛亮、荡寇将军汉寿亭侯臣关羽、征虏将军新亭侯臣张飞、征西将军臣黄忠、镇远将军臣赖恭、扬武将军臣法正、兴业将军臣李严等一百二十人上言曰：昔唐尧至圣而四凶在朝①，周成仁贤而四国作难②，高后称制而诸吕窃命③，孝昭幼冲而上官逆谋④，皆冯世宠⑤，藉履国权，穷凶极乱，社稷几危。非大舜、周公、朱虚、博陆，则不能流放禽讨⑥，安危定倾。伏惟陛下诞姿圣德⑦，统理万邦，而遭厄运不造之艰。董卓首难，荡覆京畿，曹操阶祸，窃执天衡；皇后太子，鸩杀见害⑧，剥乱天下，残毁民物。久令陛下蒙尘忧厄，幽处虚邑。人神无主，遏绝王命，厌昧皇极，欲盗神器。左将军领司隶校尉豫、荆、益三州牧宜城亭侯备，受朝爵秩，念在输力，以殉国难⑨。睹其机兆，赫然愤发，与车骑将军董承同谋诛操，将安国家，克宁旧都。会承机事不密，令操游魂得遂长恶，残泯海内。臣等每惧王室大有阎乐之祸⑩，小有定安之变⑪，夙夜惴惴，战慄累息。昔在《虞书》，敦序九族，周监二代，封建同姓，《诗》著其义，历载长久。汉兴之初，割裂疆土，尊王子弟，是以卒折诸吕之难，而成太宗之基⑫。臣等以备肺腑枝叶，宗子藩翰⑬，心存国家，念在弭乱⑭。自操破于汉中，海内英雄望风蚁附，而爵号不显，九锡未加，非所以镇卫社稷，光昭万世也。奉辞在外，礼命断绝。昔河西太守梁统等值汉中兴，限于山河，位同权均，不能相率，咸推窦融以为元帅，卒立效绩，摧破隗嚣[15]。今社稷之难，急于陇、蜀[16]。操外吞天下，内残群寮，朝廷有萧墙之危[17]，而御侮未建，可为寒心。臣等辄依旧典，封备汉中王，拜大司马，董齐六军，纠合同盟，扫灭凶逆。以汉中、巴、蜀、广汉、犍为为国，所署置依汉初诸侯王故典。夫权宜之制[18]，苟利社稷，专之可也。然后功成事立，臣等退伏矫罪，虽死无恨。”遂于沔阳设坛场，陈兵列众，群臣陪位，读奏讫，御王冠于先主。

〔注释〕

①四凶：中国神话传说中由舜流放到四方的四个凶神。《左传》中说："舜臣尧，宾于四门，流四凶族混沌、穷奇、梼杌、饕餮，投诸四裔，以御魑魅。"《史记·五帝本纪》则称帝鸿氏之不才子"混沌"、少皞氏之不才子"穷奇"、颛顼氏之不才子"梼杌"为"三凶"，再加上缙云氏之不才子"饕餮"，合称"四凶"。

②四国作难：指周成王年少，周公摄政当国，管叔、蔡叔、霍叔与殷武庚作乱。后周公东征，杀武庚、管叔，流放蔡叔、霍叔。

③《汉书》记载："吕后以周吕侯子台为吕王，台弟产为梁王、相国，建成侯释之子禄为赵王、上将军，各领南北军。吕后崩，禄、产因谋作乱，太尉勃与朱虚侯章等共诛之，遂灭吕氏，立文帝。"

④幼冲：指年龄幼小。孝昭帝即汉武帝刘彻少子汉昭帝刘弗陵，即位时年仅八岁。《汉书》记载："孝昭上官皇后，上官安之女也。安父桀为左将军，与霍光皆受遗诏辅少主。昭帝立安女为皇后，以安为车骑将军，桀、安遂与燕王旦谋杀霍光，因废帝立桀。事觉，皆伏诛。"

⑤冯(píng):同“凭”。凭借,依靠,倚仗。

⑥禽讨:捕捉诛戮。

⑦伏惟:伏在地上想,下对上陈述时的表敬之辞。

⑧鸩(zhèn)杀:用鸩酒毒杀。鸩,传说中的一种毒鸟。鸩酒,用鸩的羽毛泡成的可以致人死亡的毒酒。

⑨殉难:(为国家或正义事业)遇难,牺牲生命。

⑩阎乐(? —前207),秦朝时人。赵高婿。秦二世时,赵高专权,阎乐被任为成阳令。赵高谋杀秦二世,阎乐率兵入宫,逼秦二世自杀,与赵高立子婴为秦王。

⑪定安:西汉末年王莽篡位,废当时的皇帝刘婴为定安公。

⑫宗法社会以嫡系长房为“大宗”,其余诸子为“小宗”。故皇帝为大宗,诸侯为小宗。

⑬藩翰:犹“藩篱”。比喻界域。喻指藩国或捍卫王室的重臣。意为王当用公卿诸侯及宗室之贵者,为藩屏,为辅弼。

⑭弭乱(mǐluàn):平息战乱。

⑮隗嚣(wěiáo):字季孟,天水成纪(今甘肃秦安县)人。王莽新朝末年割据陇西。

⑯公孙述(? —36):字子阳,扶风茂陵(今陕西兴平)人,新莽末年、东汉初年割据益州。建武元年(25),公孙述称帝于蜀,十二年后被灭。

⑰萧墙之危:因内部问题而引起的危机。萧墙指古代宫室内作为屏障的矮墙。

⑱权宜之制:亦称“权制”,指为统治的权力制订的措施或临时制订的措施。权,姑且。宜,适宜。

〔译文〕

秋天,群臣向汉献帝建议立先主为汉中王,上表给汉献帝说："平西将军都亭侯臣马超、左将军兼长史镇军将军臣许靖、营司马臣庞羲、议曹从事中郎军议中郎将臣射援、军师将军臣诸葛亮、荡寇将军汉寿亭侯臣关羽、征虏将军新亭侯臣张飞、征西将军臣黄忠、镇远将军臣赖恭、扬武将军臣法正、兴业将军臣李严等一百二十人上奏言说：当年唐尧圣明至极而朝堂之上仍有四个凶徒，周成王仁爱贤德但仍有四国作难，高祖吕皇后执掌朝政吕氏族人窃取君命，孝昭帝年幼而上官桀叛逆谋反，这些人都是倚仗着世代的荣宠，践踏国家的威权，极端凶狠任意作乱，致使国家濒于危亡。如果没有大舜、周公、朱虚侯刘章、博陆侯霍光，就不可能驱逐、诛杀恶人，使国家免于危难、倾覆。陛下您有雄奇之才能圣明之德行，统治天下，却遭逢厄运不幸之艰难。董卓首先发难，使京城一带陷于混乱，曹操继其为祸，窃夺天子权柄；皇后太子，被害毒死，扰乱天下，残害百姓。很长时间以来都令陛下奔波劳累忧心困厄，被幽禁于空城。百姓不见君主，太庙无人祭祀，王命传达被阻隔，奸臣觊觎皇帝大位，想要窃取皇权。左将军兼司隶校尉豫、荆、益三州牧宜城亭侯刘备，接受朝廷的爵位和俸禄，常思全力为国，即使为国牺牲也在所不惜。看到他们谋篡的先兆，愤然行动，与车骑将军董承一同谋划诛杀曹操，将要安定国家，恢复旧都。只因董承泄露机密，才令曹操得以苟延残喘长久作恶，残害天下。我们这些人经常担心王室大则会有阎乐杀死秦二世那样的祸患，小则会有王莽废皇帝为定安公那样的政变，每天早晚惴惴不安，恐惧发抖不敢喘息。从前《虞书》上记载，以敦厚的态度按顺序对待九族亲眷，周朝的礼仪制度是借鉴夏、商二代演变而来的，分封建立同姓诸侯国，《诗经》表明了它的意义，周朝也因此历时长久。汉朝兴起之初，分割国土，尊奉王室子弟建立诸侯国，因此最终挫败了吕氏族人发起的祸难，而成就了刘姓大宗的基业。我们这些人认为刘备是皇家后裔，宗室之子，国之藩屏，心心念念都是保全国家、消除战乱。自从曹操在汉中战败，天下英雄想望刘备的风采像蚂蚁一样趋集缘附，但刘备爵位名号都不够显赫，也没有得到九锡的赏赐，这不是让他保卫国家、光耀万世的举动。领奉诏命任职在外，皇帝封赏任命的礼书不能传达。当初河西太守梁统等人在汉室中兴之时，受限于山河阻隔，这些人职位相同权力均等，不能互相统率，就一同推举窦融为元帅，最终建立了卓越的功绩，摧毁战败了隗嚣。如今国家所受的祸难，比当初隗嚣割据陇西、公孙述在蜀称帝更加紧迫。曹操在外吞并天下，在内残害百官，朝廷内部有重大危机，但防范机制却没有建立起来，让人寒心。我们这些人就依照从前的典章，封刘备为汉中王，官拜大司马，统率六军，纠集联合同盟，清扫消灭凶残叛逆。以汉中、巴、蜀、广汉、犍为作为封国，官署设置、官员任命都按照汉初诸侯王的旧例。这是临时制订的措施，如果是对国家有利的，专断施行也是可以的。此后待大功告成大事成立，我们这些人退守伏法承担假托圣意的罪名，即使身死也没有遗憾。”于是在沔阳设立了册封大典的场所，军队整齐陈列，群臣按位陪同，读完奏章，为先主戴上诸侯王的远游冠。

先主上言汉帝曰："臣以具臣之才[①]，荷上将之任，董督三军，奉辞于外，不得扫除寇难，靖匡王室，久使陛下圣教陵迟，六合之内[②]，否而未泰[③]，惟忧反侧，疢如疾首[4]。曩者董卓造为乱阶，自是之后，群凶纵横，残剥海内。赖陛下圣德威灵，人神同应，或忠义奋讨，或上天降罚，暴逆并殪[5]，以渐冰消。惟独曹操，久未枭除，侵擅国权，恣心极乱。臣昔与车骑将军董承图谋讨操，机事不密，承见陷害，臣播越失据，忠义不果。遂得使操穷凶极逆，主后戮杀，皇子鸩害。虽纠合同盟，念在奋力，懦弱不武，历年未效。常恐殒没，孤负国恩，寤寐永叹，夕惕若厉[6]。今臣群寮以为在昔《虞书》敦叙九族，庶明励翼，五帝损益，此道不废。周监二代，并建诸姬，实赖晋、郑夹辅之福。高祖龙兴，尊王子弟，大启九国，卒斩诸吕，以安大宗。今操恶直丑正，实繁有徒，包藏祸心，篡盗已显。既宗室微弱，帝族无位，斟酌古式，依假权宜，上臣大司马汉中王。臣伏自三省，受国厚恩，荷任一方，陈力未效，所获已过，不宜复忝高位以重罪谤[7]。群寮见逼，迫臣以义。臣退惟寇贼不枭，国难未已，宗庙倾危，社稷将坠，成臣忧责碎首之负。若应权通变，以宁靖圣朝，虽赴水火，所不得辞，敢虑常宜，以防后悔。辄顺众议，拜受印玺，以崇国威。仰惟爵号，位高宠厚，俯思报效，忧深责重，惊怖累息，如临于谷。尽力输诚，奖厉六师，率齐群义，应天顺时，扑讨凶逆，以宁社稷，以报万分。谨拜章因驿上还所假左将军[8]、宜城亭侯印绶。”于是还治成都。拔魏延为都督，镇汉中。时关羽攻曹公将曹仁，禽于禁于樊。俄而孙权袭杀羽，取荆州。

〔注释〕

①具臣：指备位充数之臣或泛称为人臣者。常用为谦辞。

②六合：常用于指上下和四方，泛指天地或宇宙。

③否（pǐ）：不好的情况，逆境。泰：好的情况，顺境。二字本义出自《周易·否卦》和《周易·泰卦》。

④疢（chèn）如疾首：烦热得如患有头痛之疾。比喻忧伤到极点。

⑤暴逆并殪（yì）：凶暴叛乱，导致死亡。暴，凶暴，暴虐。逆，违背，叛乱。殪，死，致之于死，跌倒。

⑥夕惕（tì）若厉：一天到晚警惕戒惧，如同涉水过河。形容做事情谨慎小心，不敢怠慢。惕，小心谨慎。厉，危险。出自《周易·乾卦》。

⑦忝（tiǎn）：辱，有愧于，常用作谦辞。

⑧谨拜：表示非常恭敬虔诚。

〔译文〕

先主给汉献帝上书说："我以滥竽充数的才能，担任上将的职位，督率三军，奉诏命在外，没能扫除贼寇祸难，安定扶持王室，长期以来让陛下的圣明教化陷于衰微，天地上下四方，兵荒马乱而未能国泰民安，我每日忧虑无眠，痛心疾首。当初董卓开始作乱，从那以后，一群凶残的人肆意横行，残害天下。仰仗陛下圣明的德行和威赫的声名，人神共同响应，有的是忠义之士奋起讨贼，有的是上天降下惩罚，残暴和叛逆的人都被消除，如同冰雪渐渐消融。只有曹操，很久都没有被除掉，他侵夺控制国家的权力，恣意作乱。我当年与车骑将军董承谋划讨伐曹操，机密泄露，董承被害，我流离失所，忠义之事没有结果。于是使得曹操穷凶极恶，皇后被杀害，太子被毒死。虽然我集合同盟之人，想要尽力报君,奈何秉性懦弱不善武力,多年也未能奏效。我经常担心自己突然死去,辜负了国家的恩德,日日夜夜总在长叹,一天到晚警惕戒惧。如今我下属的群臣认为从前的《虞书》上记载,要以敦厚的态度按顺序对待九族亲眷,使他们明于才德辅助治理国家,五帝治天下之法虽有增删,但这个道理从没有被废除。周朝的礼仪制度借鉴夏、商二代演变而来,分封建立同姓诸侯国,实在是依赖晋、郑两国的辅佐之福。高祖创立汉朝,尊奉王室子弟,分封燕、代、齐、赵、梁、楚、吴、淮南、淮阳九个诸侯国,因此最终挫败了吕氏族人发起的祸难,而成就了刘姓大宗的基业。如今曹操厌恶正直之士,实在还有很多人追随他,包藏险恶的用心,篡夺皇权的意图已经十分明显。王室已经微弱,皇族之中无人有位有权,反复思量古代的官制样式,按照从前的权宜之计,部下拥戴我为大司马汉中王。我自己再三反省,蒙受国之厚恩,担当一方重任,所花力气未见成效,所获恩德却已过于此,不应该再愧居高位以加重罪过和指责。我被属下群臣逼迫,他们以国家大义强迫我。我退一步考虑如果寇贼不能诛灭,国难不能消除,宗庙就有倾覆的危险,国家也将毁坠,这些都是我应该忧虑的职责和宁死也要完成的任务。如果顺应世事接受变通,能让国家得以安宁,即使赴汤蹈火,我也在所不辞,哪里还敢想是否宜于常规,以防日后心生悔意。于是顺从了大家的建议,下拜接受了印玺,来提高国家的声威。我仰头考虑您赐我爵位名号,地位升高宠爱深厚,低头思索报效国家,忧思深切责任重大,心中惊恐呼吸急促,如同面临深谷。我会竭尽全力奉献真诚,奖惩六军,统率天下义士,顺应天时,讨伐叛逆,来安定国家,以报答陛下对我的万分恩赏。恭敬地呈上我的奏章并由驿使奉还原来所授的左将军、宜城亭侯的官印和绶带。”于是回到治所成都。提拔魏延为都督,镇守汉中。当时关羽攻打曹操的部将曹仁,在樊城活捉了于禁。不久,孙权攻打并袭杀关羽,夺取了荆州。

二十五年,魏文帝称尊号[①],改年曰黄初。或传闻汉帝见害,先主乃发丧制服,追谥曰孝愍皇帝[②]。是后在所并言众瑞,日月相属,故议郎阳泉侯刘豹、青衣侯向举、偏将军张裔、黄权、大司马属殷纯、益州别驾从事赵莋、治中从事杨洪、从事祭酒何宗、议曹从事杜琼、劝学从事张爽、尹默、谯周等上言:“臣闻《河图》《洛书》[③],五经谶、纬[④],孔子所甄,验应自远。谨案《洛书甄曜度》曰:‘赤三日德昌[⑤],九世会备,合为帝际。’《洛书宝号命》曰:‘天度帝道备称皇,以统握契,百成不败。’《洛书录运期》曰:‘九侯七杰争命民炊骸,道路籍籍履人头,谁使主者玄且来。’《孝经钩命决录》曰:‘帝三建九会备。’臣父群未亡时,言西南数有黄气,直立数丈,见来积年,时时有景云祥风,从璿玑下来应之[⑥],此为异瑞。又二十二年中,数有气如旗,从西竟东,中天而行,《图》《书》曰‘必有天子出其方’。加是年太白、荧惑、填星,常从岁星相追。近汉初兴,五星从岁星谋;岁星主义,汉位在西,义之上方,故汉法常以岁星候人主。当有圣主起于此州,以致中兴。时许帝尚存,故群下不敢漏言。

顷者荧惑复追岁星，见在胃昴毕；昴毕为天纲，《经》曰‘帝星处之，众邪消亡’。圣讳豫睹，推揆期验⑦，符合数至，若此非一。臣闻圣王先天而天不违，后天而奉天时，故应际而生，与神合契。愿大王应天顺民，速即洪业，以宁海内。”

〔注释〕

①尊号：指古代尊崇皇帝、皇后的称号。此处指曹丕登基为帝。

②愍（mǐn）：本意是指忧患、痛心的事，引申义是爱抚，抚养。

③《河图》《洛书》：中华文化、阴阳五行术数之源，汉代儒士认为，河图就是八卦，而洛书就是《尚书》中的《洪范九畴》。《易·系辞上》有“河出图，洛出书，圣人则之”之说。2014 年 12 月河图、洛书传说正式入选国家级非物质文化遗产名录。

④谶纬（chènwěi）：中国古代汉族民间的神学预言谶书和纬书的合称。

⑤赤三日：古人认为，“赤家有三日”系指汉高祖刘邦、光武帝刘秀、昭烈帝刘备。昔王莽嫌三日见于谶，改“疊”为“疉”，至是卒合三日之谶。关于汉人尚赤，先有《史记》所载刘邦“赤帝子斩白帝子”之梦兆，又有“汉尚火德”之五行关联。

⑥璿玑（xuánjī）：同“璇玑”。指古代测天文的仪器或古代称北斗星的第一星至第四星。

⑦揆（kuí）：本意是指测量方位。

〔译文〕

建安二十五年，魏文帝曹丕称帝，改年号为黄初。有传闻说汉献帝被害，先主于是发布讣告定制丧服，追赠谥号为孝愍皇帝。此后先主所在的地方许多人都说见到了祥瑞之象，每日每月连续不断，所以议郎阳泉侯刘豹、青衣侯向举、偏将军张裔、黄权、大司马属殷纯、益州别驾从事赵莋(zuó)、治中从事杨洪、从事祭酒何宗、议曹从事杜琼、劝学从事张爽、尹默、谯周等上奏说："我们听说《河图》《洛书》《五经》与谶书、纬书，是经孔子鉴定的，很久以来都有应验的典籍。谨据《洛书甄曜度》所说：'崇尚赤色的第三位人主圣德昌隆，经历九世恰逢一个名字叫"备"的人出现，就应当是称帝的时候。'《洛书宝号命》说：'上天执掌帝王之道的"备"应该称帝，以正统身份掌握符契，百战不败。'《洛书录运期》说：'九侯七杰争夺王命使百姓以骸骨作柴为炊，道路之上随处可见被践踏的人头，谁让名"玄"的人主赶紧到来啊！'《孝经钩命决录》说：'帝王三人建九世遇到"备"。'臣父群还没去世时，说西南多次升起黄气，高达数丈，已经出现很多年了，时时有祥瑞的云和风，从北斗璿玑的方向下来与之相应，这是奇异祥瑞之兆。建安二十二年时，多次有形如旌旗的云气，从西向东，在天空飞过，《河图》《洛书》说'一定有天子出现在那个地方'。再加上这年太白、荧惑、填星，经常与岁星相互追随。东汉刚刚兴起时，五星也与岁星相会；岁星星相主示正义，汉兴起的方位在西，正是义的方位，所以汉朝的法典经常用岁星的出没来占验人主的出现。依据天相，应当有圣明的君主从我州兴起，来成就中兴大业。当时许都的汉献帝尚且在位，所以我们不敢泄露此言。近来，荧惑又在追随岁星，出现在胃、昴、毕三个星宿之间；昴、毕二星是天体的中枢，《星经》说'帝星处在这个位置上，一切邪恶都将消亡'。圣上的名讳已经在典籍中预先见到了，各种推测都得到验证，符命与天数相合，像这样的征兆不是一个。我们听说圣明的君王先于天意处事而天意不违逆他，后于天意处事就应该尊奉天时，所以能应时而生，与神意契合。愿大王顺应天意顺应民心，速速登上帝位，以使天下得到安宁。”

太傅许靖、安汉将军麋竺、军师将军诸葛亮、太常赖恭、光禄勋黄柱、少府王谋等上言：“曹丕篡弑，湮灭汉室，窃据神器，劫迫忠良，酷烈无道。人鬼忿毒，咸思刘氏。今上无天子，海内惶惶，靡所式仰。群下前后上书者八百余人，咸称述符瑞，图、谶明征。间黄龙见武阳赤水，九日乃去。《孝经援神契》曰‘德至渊泉则黄龙见’，龙者，君之象也。《易》乾九五‘飞龙在天’，大王当龙升，登帝位也。又前关羽围樊、襄阳，襄阳男子张嘉、王休献玉玺，玺潜汉水，伏于渊泉，晖景烛耀，灵光彻天。夫汉者，高祖本所起定天下之国号也，大王袭先帝轨迹，亦兴于汉中也。今天子玉玺神光先见，玺出襄阳，汉水之末，明大王承其下流，授与大王以天子之位，瑞命符应，非人力所致。昔周有乌鱼之瑞[①]，咸曰休哉。二祖受命，《图》《书》先著，以为征验。今上天告祥，群儒英俊，并进《河》《洛》[②]，孔子谶、记，咸悉具至。伏惟大王出自孝景皇帝中山靖王之胄，本支百世，乾祇降祚，圣姿硕茂，神武在躬，仁覆积德，爱人好士，是以四方归心焉。考省灵图，启发谶、纬，神明之表，名讳昭著。宜即帝位，以纂二祖，绍嗣昭穆[3]，天下幸甚。臣等谨与博士许慈、议郎孟光，建立礼仪，择令辰，上尊号。"即皇帝位于成都武担之南。为文曰："惟建安二十六年四月丙午，皇帝备敢用玄牡，昭告皇天上帝后土神祇：汉有天下，历数无疆。曩(nǎng)者王莽篡盗，光武皇帝震怒致诛，社稷复存。今曹操阻兵安忍，戮杀主后，滔天泯夏，罔顾天显。操子丕，载其凶逆，窃居神器。群臣将士以为社稷堕废，备宜修之，嗣武二祖，龚行天罚。备虽否德[4]，惧忝帝位。询于庶民，外及蛮夷君长，佥曰'天命不可以不答，祖业不可以久替，四海不可以无主'。率土式望，在备一人。备畏天明命，又惧汉阼将湮于地，谨择元日，与百寮登坛，受皇帝玺绶。修燔瘗[5]，告类于天神，惟神飨祚于汉家，永绥四海！"

〔注释〕

①乌鱼之瑞：指祥瑞之兆。汉代王充《论衡·卜筮》篇言："周王伐纣，遇乌鱼之瑞。"即周武王伐纣途中，有白色鲤鱼跳到他所乘的船上，又有红颜色的乌鸦向他鸣叫，当时认为是胜利的预兆。

②进：有版本作"起"。

③昭穆：宗法制度对宗庙或墓地的辈次排列规则和次序。

④虽：有版本作"惟"。

⑤燔瘗(fányì)：祭祀天地；指祭品。燔，本义为焚烧，用火烧全兽作为献祭称"燔祭"。瘗，掩埋，埋葬。

〔译文〕

太傅许靖、安汉将军麋竺、军师将军诸葛亮、太常赖恭、光禄勋黄柱、少府王谋等上书说："曹丕篡汉弑君，灭绝汉室，窃取国家大权，劫持胁迫忠良，残暴无道。人与鬼都愤怒怨恨，都思念刘氏。如今上无天子，天下人心惶惶，没有可以仰赖的对象。群臣先后上书的有八百余人，都在称说天降的符命祥瑞，纬图、谶书都显示了明确的征兆。近来黄龙出现在武阳县的赤水河中，停留了九天才离去。《孝经援神契》说'圣德到达深泉就会有黄龙出现'，龙，是君王的象征。《周易》乾卦九五爻辞说'飞龙在天'，大王您应当像龙升中天一样，登上帝位。之前关羽围樊城、襄阳，襄阳男子张嘉、王休献上了玉玺，玉玺本来潜藏于汉水，沉伏于深泉，此时却光辉耀目，灵光照彻天际。汉，是高祖当初所起的平定天下的国号，大王您因袭先帝的轨迹，也在汉中兴起。如今天子玉玺的神光先已出现，玉玺出现在襄阳，那里是汉水的下游，表明大王您应当于下游承继先帝的基业，以天子之位授与大王，祥瑞征兆与天降符命相应，不是人力所能达到的。昔日周代有乌鸦、白鱼的祥瑞，天下人都认为是美好的征兆。高祖刘邦和世祖刘秀接受天命，《河图》《洛书》早已记录，结果都被验证了。如今上天显现吉祥，众多儒士俊杰，一同进献《河图》《洛书》，孔子的预言和记载，也都全部送到了您的面前。大王您是孝景皇帝之子中山靖王的后代，王室正宗百世相传，天神降下福祚，有圣明之姿奇伟之貌，神明英武集于一身，仁爱德行覆积天下，爱惜人才喜好贤士，所以四方之人都倾心归附。考察《灵图》，阐发谶、纬，神明的表征上，昭然写着您的名字。您就应该即皇帝位，来继承高祖和世祖的基业，排定宗庙的次序，这将是天下之大幸。臣等谨与博士许慈、议郎孟光，建立登基的礼仪，择定良辰吉日，向您奉上尊号。”先主于是在成都武担山之南即皇帝位。撰写祭文说：“建安二十六年四月丙午日，皇帝刘备谨用黑色的公牛作为祭品，昭告皇天上帝后土神灵：汉朝拥有天下，皇位传承无数。从前王莽篡位盗取皇权，光武皇帝极其愤怒以致诛灭了他，国家才得以再度保存。如今曹操阻断兵权异常残忍，杀死皇子皇后，罪恶滔天害我华夏，无视天理昭彰。曹操之子曹丕，继承了他的凶暴残逆，窃取皇权。群臣将士认为国家将要毁灭，刘备我应该整治皇权，继承高祖、世祖的基业，敬代上天施行责罚。刘备我没有盛大的德行，担心有辱帝位。对内征询国中百姓，对外也问到了外族首领，所有人都回答说‘上天的命令不可以不回应，祖先的基业不可以长期废置，天下不可以没有君主’。国土上所有人的仰望，都在刘备一人的身上。刘备我畏惧上天的命令，又担心汉家邦业将要湮灭于地上，谨选吉日，与百官登上祭坛，接受皇帝的玉玺和绶带。我准备好祭祀天地的礼仪和祭品，将继承大统之事告知天神，敬祈神明赐福祚于汉室，保佑天下永远平安！”

章武元年夏四月，大赦，改年。以诸葛亮为丞相，许靖为司徒。置百官，立宗庙，祫祭高皇帝以下①。五月，立皇后吴氏，子禅为皇太子。六月，以子永为鲁王，理为梁王。车骑将军张飞为其左右所害。初，先主忿孙权之袭关羽，将东征，秋七月，遂帅诸军伐吴。孙权遣书请和，先主盛怒不许，吴将陆议、李异、刘阿等屯巫、秭归；将军吴班、冯习自巫攻破异等，军次秭归，武陵五谿蛮夷遣使请兵。

〔注释〕

①祫（xiá）祭：古代天子诸侯所举行的集合远近祖先神主于太祖庙的大合祭。

〔译文〕

章武元年夏天四月，大赦天下，改换年号。任命诸葛亮为丞相，许靖为司徒。设置百官，建立宗庙，祭祀汉高祖以下的各位祖先。五月，立吴氏为皇后，立儿子刘禅为皇太子。六月，立儿子刘永为鲁王，刘理为梁王。车骑将军张飞被他身边的人杀害。当初，先主恨孙权袭杀关羽，将要东征，秋天七月，就率领诸军攻打东吴。孙权派人送信请求和好，先主非常愤怒没有答应，东吴将领陆议、李异、刘阿等人驻扎在巫县、秭归；将军吴班、冯习从巫县打败李异等人，军队驻扎在秭归，武陵五谿一带的少数民族派使者前来请求出兵支援。

二年春正月，先主军还秭归，将军吴班、陈式水军屯夷陵，夹江东西岸。二月，先主自秭归率诸将进军，缘山截岭，于夷道猇亭驻营①，自佷山通武陵②，遣侍中马良安慰五谿蛮夷，咸相率响应。镇北将军黄权督江北诸军，与吴军相拒于夷陵道。夏六月，黄气见自秭归十余里中[3]，广数十丈。后十余日，陆议大破先主军于猇亭，将军冯习、张南等皆没。先主自猇亭还秭归，收合离散兵，遂弃船舫，由步道还鱼复，改鱼复县曰永安。吴遣将军李异、刘阿等踵蹑先主军，屯驻南山。秋八月，收兵还巫。司徒许靖卒。冬十月，诏丞相亮营南北郊于成都。孙权闻先主住白帝，甚惧，遣使请和。先主许之，遣太中大夫宗玮报命[4]。冬十二月，汉嘉太守黄元闻先主疾不豫，举兵拒守[5]。

〔注释〕

①猇(xiāo)亭：地名。位于湖北省宜都县西，南临长江。

②佷(héng)山：县名，属湖广武陵郡。

③黄气：黄色云气。古代迷信以为系天子之气。

④报命：即“报聘”。指为答谢其他国家的来访而派使者前往该国访问。

⑤黄元与诸葛亮素来不睦，因担心刘备去世后于自己不利，所以抗命拒守，并于下年反叛攻临邛。

〔译文〕

章武二年春天正月，先主率军回到秭归，将军吴班、陈式的水军驻扎在夷陵，在长江东西两岸扎营。二月，先主从秭归率领众将进军，翻山越岭，在夷道猇亭扎营，从佷山打通去往武陵的道路，派侍中马良安抚慰问五谿的蛮夷部族，他们都相继响应先主。镇北将军黄权督率江北诸军，与吴军在夷陵道上对峙。夏天六月，在距离秭归十余里的地方出现了黄色的云气，宽度达到几十丈。十多天后，陆议在猇亭大败先主的军队，将军冯习、张南等都战死了。先主从猇亭回到秭归，收集离散的兵士，于是舍弃水军船只，从陆路回到鱼复，改鱼复县之名为永安县。东吴派将军李异、刘阿等追击先主的军队，驻扎在南山。秋天八月，先主收兵回到巫县。司徒许靖去世。冬天十月，先主下诏命令丞相诸葛亮在成都的南郊和北郊营造祭坛。孙权听说先主去了白帝城，非常害怕，就派使者来求和。先主答应了他，派太中大夫宗玮出使东吴。冬天十二月，汉嘉太守黄元听说先主患病不愈，就率军违抗命令举兵据守城池。

三年春二月，丞相亮自成都到永安。三月，黄元进兵攻临邛县。遣将军陈曶讨元，元军败，顺流下江，为其亲兵所缚①，生致成都，斩之。先主病笃，托孤于丞相亮②，尚书令李严为副。夏四月癸巳，先主殂于永安宫③，时年六十三。

〔注释〕

①亲兵：一般是跟将领同乡同族或者从有过出生入死经历中选拔出来的士兵，泛指受到将领本人信赖的部队。

②托孤：指把身后的孤儿相托给别人。

③殂（cú）：死亡。

〔译文〕

章武三年春天二月，丞相诸葛亮从成都到达永安。三月，黄元进兵攻打临邛县。先主派将军陈曶（hū）讨伐黄元，黄元兵败，顺江流而下逃走，被他信任的士兵绑了起来，活着送到成都，先主杀了他。先主病危，把太子刘禅托付给丞相诸葛亮，尚书令李严做他的副职。夏天四月癸巳日，先主在永安的行宫中去世，享年六十三岁。

亮上言于后主曰："伏惟大行皇帝迈仁树德，覆焘无疆[①]，昊天不吊[②]，寝疾弥留，今月二十四日奄忽升遐，臣妾号咷，若丧考妣[③]。乃顾遗诏，事惟大宗，动容损益；百寮发哀，满三日除服，到葬期复如礼；其郡国太守、相、都尉、县令长，三日便除服。臣亮亲受敕戒，震畏神灵，不敢有违。臣请宣下奉行。"五月，梓宫自永安还成都[④]，谥曰昭烈皇帝。秋八月，葬惠陵。

〔注释〕

①覆焘（fùtāo）：同"覆帱（dào）"。意为覆盖。无疆：无限；没有穷尽，没有终界。

②昊（hào）天不吊：指苍天不怜悯保佑。后以之为哀悼死者之辞。

③考妣（bǐ）：古代称已死的父母。父死后称"考"，母死后称"妣"。

④梓（zǐ）宫：指皇帝、皇后或重臣的棺材。

〔译文〕

诸葛亮上书给后主刘禅说："已故的皇帝施行仁义树立恩德，泽被无限，然而上天不佑，使他久病不愈，于本月二十四日溘然仙逝，群臣后妃哀恸大哭，如丧父母。顾视先主遗诏，国之大事唯有由大宗太子主持，服丧期间举动神情要适度；百官进行哀悼，满三天就要脱去孝服，到安葬的日期再按礼法行事；那些郡国太守、相、都尉、县令长，三日就可以脱去丧服。臣诸葛亮亲自接受了命令和告诫，畏惧先帝的在天之灵，不敢有所违背。臣请您宣布先帝遗令，让臣下执行。”五月，先主的灵柩从永安被护送到成都，谥号为昭烈皇帝。秋天八月，葬于惠陵。

评曰：先主之弘毅宽厚[①]，知人待士，盖有高祖之风，英雄之器焉。及其举国托孤于诸葛亮，而心神无贰，诚君臣之至公，古今之盛轨也。机权干略，不逮魏武，是以基宇亦狭。然折而不挠，终不为下者，抑揆彼之量必不容己，非唯竞利，且以避害云尔。

〔注释〕

①弘毅：宽宏坚毅；刚强，勇毅。谓抱负远大，意志坚强。

〔译文〕

评曰：先主的刚强坚毅、宽容厚道，善于发现人才且能够礼贤下士，很有汉高祖的风范，有英雄的气度。至于他把整个国家和太子都托付给诸葛亮，而能完全信任毫无疑心，确实是因为君臣都是最公正的人，是古今的美好典范啊！先主的机心权术才干谋略，都比不上魏武帝曹操，因此国家的疆域也比较狭小。然而他遇到挫折也不灰心，始终不肯处于曹操之下的地位，或者也是猜测以曹操的度量一定容不下自己，他的作为不只是为了争得利益，而是为了躲避迫害罢了。

卷三十五　蜀书五

诸葛亮传第五

〔**题解**〕

诸葛亮是三国时期重要的历史人物，素有“未出茅庐，三分天下”之誉。他一生的事迹几乎都与刘备相关，先是刘备三顾茅庐，称“孤之有孔明，犹鱼之有水也”，后有任其为相与白帝城托孤，并叮嘱刘禅“事之如父”。而诸葛亮也没有辜负刘备的信任，先有智取荆州、联吴抗曹，后有占据蜀中、辅佐幼主。为报刘备知遇之恩，诸葛亮倾尽一生才智与精力，面对刘备临终“如其不才，君可自取”的许诺，诸葛亮涕泣言曰：“臣敢竭股肱之力，效忠贞之节，继之以死！”他用自己的一生将《后出师表》中的“鞠躬尽瘁，死而后已”镌刻为为人牢记的墓志铭。忠心之外，诸葛亮还是一个仁德之人，一个治世能臣，一个优秀的发明家，他的事迹不但被百姓广为传颂，也影响了他身边的人，传中所附董厥、樊建莫不如此。诸葛亮一直心怀北伐之志，心系国家的统一大业，但虽有蜀中地利却未能与时势相合，无奈抱憾而终。唐代杜甫曾作《蜀相》诗慷慨缅怀诸葛亮说：“三顾频烦天下计，两朝开济老臣心。出师未捷身先死，长使英雄泪满襟。”

诸葛亮字孔明,琅邪阳都人也。汉司隶校尉诸葛丰后也。父珪,字君贡,汉末为太山郡丞。亮早孤,从父玄为袁术所署豫章太守,玄将亮及亮弟均之官。会汉朝更选朱皓代玄。玄素与荆州牧刘表有旧,往依之。玄卒,亮躬耕陇亩,好为《梁父吟》①。身长八尺,每自比于管仲、乐毅,时人莫之许也。惟博陵崔州平、颍川徐庶元直与亮友善,谓为信然。

〔注释〕

①《梁父吟》:古代用作葬歌的一支民间乐曲,音调悲切凄苦,古辞今已不传。

〔译文〕

诸葛亮字孔明,是琅琊郡阳都人。汉朝司隶校尉诸葛丰的后人。他的父亲诸葛珪,字君贡,汉朝末年曾任太山郡丞。诸葛亮早年丧父,他的叔父诸葛玄被袁术任命为豫章太守,诸葛玄带着诸葛亮及诸葛亮的弟弟诸葛均去上任。恰好汉朝另外选派朱皓去接替诸葛玄。诸葛玄一向和荆州牧刘表有交情,就前去投靠他。诸葛玄去世,诸葛亮就亲自耕种田地,喜欢吟诵《梁父吟》。诸葛亮身高八尺,常常自比为管仲、乐毅,当时的人不以为然。只有博陵崔州平、颍川徐庶徐元直与诸葛亮交好,认为确实如此。

时先主屯新野。徐庶见先主，先主器之，谓先主曰："诸葛孔明者，卧龙也，将军岂愿见之乎？"先主曰："君与俱来。"庶曰："此人可就见，不可屈致也。将军宜枉驾顾之。"由是先主遂诣亮，凡三往，乃见。因屏人曰："汉室倾颓，奸臣窃命，主上蒙尘。孤不度德量力，欲信大义于天下①，而智术短浅，遂用猖蹶，至于今日。然志犹未已，君谓计将安出？"亮答曰："自董卓已来，豪杰并起，跨州连郡者不可胜数。曹操比于袁绍，则名微而众寡，然操遂能克绍，以弱为强者，非惟天时，抑亦人谋也。今操已拥百万之众，挟天子而令诸侯，此诚不可与争锋。孙权据有江东，已历三世，国险而民附，贤能为之用，此可以为援而不可图也。荆州北据汉、沔，利尽南海，东连吴会，西通巴、蜀，此用武之国，而其主不能守，此殆天所以资将军，将军岂有意乎？益州险塞，沃野千里，天府之土②，高祖因之以成帝业。刘璋暗弱，张鲁在北，民殷国富而不知存恤，智能之士思得明君。将军既帝室之胄，信义著于四海，总揽英雄，思贤如渴，若跨有荆、益，保其岩阻，西和诸戎，南抚夷越，外结好孙权，内修政理；天下有变，则命一上将将荆州之军以向宛、洛，将军身率益州之众出于秦川，百姓孰敢不箪食壶浆以迎将军者乎③？诚如是，则霸业可成，汉室可兴矣。"先主曰："善！"于是与亮情好日密。关羽、张飞等不悦，先主解之曰："孤之有孔明，犹鱼之有水也。愿诸君勿复言。"羽、飞乃止。

〔注释〕

①信(shēn):通“伸”,伸张。

②天府:天子的府库,比喻某地区物产丰饶。常用来指代成都及周边地区。

③箪食壶浆(dānshíhújiāng):百姓用箪盛饭,用壶盛汤来欢迎他们爱戴的军队。形容军队受到群众热烈拥护和欢迎的情况。箪,古代盛饭的圆竹器。食,食物。浆,汤。

〔译文〕

当时先主刘备驻扎在新野。徐庶去拜见刘备,刘备很器重他。徐庶对刘备说:“诸葛孔明这个人,是卧龙,将军您可愿意见见他吗?”刘备说:“您和他一起来吧。”徐庶说:“这个人只可前去拜见,不可委屈他前来。将军应该屈尊去见他。”因此刘备就去拜访诸葛亮,一共去了三次,才见到他。于是刘备屏退旁边的人说:“汉室倾倒衰颓,奸臣篡权窃国,皇帝在外奔波流浪。我不估量自己的德行和力量,想要在天下伸张大义,但是智谋能力不够,于是愿望失败,到了今天这个地步。但是我的志向还没有中止,您说应该采取什么样的策略呢?”诸葛亮回答说:“自从董卓作乱以来,天下英雄全都起兵,势力强大跨越州郡的人不可胜数。曹操相比于袁绍,名望低微而兵力薄弱,但曹操却能打败袁绍,变弱为强,不只是占据天时,也是依靠了人的智谋。如今曹操已拥有百万军队,挟持天子号令诸侯,这的确是不可以和他争胜。孙权占据江东,已经历三代,地势险要而人民归附,贤能之人接受他的任用,这是能够作为外援而不能够图谋的。

荆州北面依傍汉水、沔水，向南可以获得南海的所有物产，东面连接吴地和会稽，西面通往巴郡、蜀郡，这是兵家必争之地，但是它的主人刘表不能守护它，这大概是上天用来资助将军您的吧，将军您可有占据此地的打算？益州地势险要，有千里肥沃的田野，是物产丰饶的地方，高祖凭借这里成就帝业。刘璋昏庸懦弱，张鲁在北方，人民殷实国家富裕却不知关怀体恤百姓，有智有能的士人都想得到贤明的君主。将军您是皇室的后代，信义闻名四海，广泛招纳英雄豪杰，思慕贤才如饥似渴，如果能够同时占据荆州、益州，保住它的险要之地，向西与诸戎民族交好，向南抚慰夷越民族，对外与孙权结盟交好，对内调整政理；如果天下形势有变化，就命令一位上将率领荆州的部队向宛、洛进军，将军亲自率领益州的军队出兵秦川，百姓谁敢不用箪盛饭、用壶盛汤来欢迎将军呢？如果真的是这样的话，那么称霸的大业就可以成就，汉王室就可以复兴了。”刘备说：“好主意啊！”从此和诸葛亮的情谊日益亲密。关羽、张飞等人很不高兴，刘备向他们解释说：“我有了孔明，就像鱼有了水一样。请你们不要再说反对的话了。”关羽、张飞就不再如此。

刘表长子琦，亦深器亮。表受后妻之言，爱少子琮，不悦于琦。琦每欲与亮谋自安之术，亮辄拒塞，未与处画。琦乃将亮游观后园，共上高楼，饮宴之间，令人去梯，因谓亮曰：“今日上不至天，下不至地，言出子口，入于吾耳，可以言未？”亮答曰：“君不见申生在内而危，重耳在外而安乎？”琦意感悟，阴规出计。会黄祖死，得出，遂为江夏太守。俄而表卒，琮闻曹公来征，遣使请降。先主在樊闻之，率其众南行，亮与徐庶并从，为曹公所追破，获庶母。庶辞先主而指其心曰："本欲与将军共图王霸之业者，以此方寸之地也。今已失老母，方寸乱矣，无益于事，请从此别。"遂诣曹公。

〔译文〕

刘表的长子刘琦，也十分器重诸葛亮。刘表听信后妻的话，偏爱小儿子刘琮，不喜欢刘琦。刘琦每次想要向诸葛亮谋求自我保全的办法，诸葛亮总是拒绝搪塞，从来没有为他谋划。刘琦于是带着诸葛亮游览后园，一同登上高楼，在宴席之上饮酒的时候，命人撤去梯子，就对诸葛亮说："今日上不着天，下不着地，话从你嘴里说出来，只能进入我的耳朵里，可以说了吗？"诸葛亮回答说："您没有看见申生留在国都中就很危险，重耳在国都之外就很安全吗？"刘琦听明白了他的意思，就暗中规划出外任职之事。恰好黄祖去世，刘琦就如愿外出，接替他做了江夏太守。不久之后刘表去世，刘琮听说曹操前来征讨，就派使者请求投降。刘备在樊城听说这件事，就率领自己的军队向南而去，诸葛亮和徐庶一起跟从他，被曹操追击打败，曹操抓获了徐庶的母亲。徐庶辞别刘备，指着自己的心说："本来我想与将军一起图谋称霸天下的大业，靠的就是这方寸之地。如今我已经失去了年迈的母亲，这方寸之地已经乱了，对您的大事没有什么帮助了，请允许我从此跟您告别。"于是就去了曹操那里。

先主至于夏口，亮曰："事急矣，请奉命求救于孙将军。"时权拥军在柴桑，观望成败。亮说权曰："海内大乱，将军起兵据有江东，刘豫州亦收众汉南，与曹操并争天下。今操芟夷大难[①]，略已平矣，遂破荆州，威震四海。英雄无所用武，故豫州遁逃至此。将军量力而处之：若能以吴、越之众与中国抗衡，不如早与之绝；若不能当，何不案兵束甲，北面而事之[②]！今将军外托服从之名，而内怀犹豫之计，事急而不断，祸至无日矣！"权曰："苟如君言，刘豫州何不遂事之乎？"亮曰："田横[③]，齐之壮士耳，犹守义不辱，况刘豫州王室之胄，英才盖世，众士慕仰，若水之归海。若事之不济，此乃天也，安能复为之下乎！"权勃然曰："吾不能举全吴之地，十万之众，受制于人。吾计决矣！非刘豫州莫可以当曹操者，然豫州新败之后，安能抗此难乎？"亮曰："豫州军虽败于长坂，今战士还者及关羽水军精甲万人，刘琦合江夏战士亦不下万人。曹操之众，远来疲弊[④]，闻追豫州，轻骑一日一夜行三百余里，此所谓'强弩之末，势不能穿鲁缟'者也。故兵法忌之，曰'必蹶上将军'。且北方之人，不习水战；又荆州之民附操者，逼兵势耳，非心服也。今将军诚能命猛将统兵数万，与豫州协规同力，破操军必矣。操军破，必北还，如此则荆、吴之势强，鼎足之形成矣。成败之机，在于今日。"权大悦，即遣周瑜、程普、鲁肃等水军三万，随亮诣先主，并力拒曹公。曹公败于赤壁，引军归邺。先主遂收江南，以亮为军师中郎将，使督零陵、桂阳、长沙三郡，调其赋税，以充军实。

〔注释〕

①芟夷大难（shānyídànàn）：削平大乱。芟，铲除杂草；芟夷，削平；难，灾难。

②古代君王在朝堂上面南背北，臣子面北背南。北面而事之，即是面北称臣。

③田横：秦末起义首领。汉高祖刘邦统一天下后，田横不肯称臣于汉自杀身亡，其五百部属也全部自杀。

④疲弊：人力、物力受到消耗而困乏不足。

〔译文〕

先主到了夏口，诸葛亮说：“事情紧急了，请让我奉您的命令去向孙权将军请求救援。”当时孙权率军驻扎在柴桑，观望曹操和刘备的胜败。诸葛亮劝孙权说：“天下大乱，将军起兵占据江东，刘豫州也在汉南招兵买马，与曹操一起争夺天下。如今曹操削平大乱，天下大致已经平定，于是攻破荆州，威名震动四海。英雄没有用武之地，所以刘豫州逃到此处。将军您估量自己的力量来处置眼前的局面吧：如果能以吴、越的军队与曹操抗衡，不如早点儿和他断绝关系；如果不能抵挡，为什么不早点儿放下兵器捆束铠甲，向曹操称臣事奉他呢！如今将军您对外假托服从曹操的名义，而心怀犹豫不决的打算，事情紧急而不做决断，离大祸临头没有几天了！”孙权说：“如果像您说的那样，刘豫州为何不马上投降曹操呢？”诸葛亮说：“田横，只是齐国的一个壮士罢了，尚且能够坚守节操不受屈辱，况且刘豫州是皇室的后裔，超凡的才能举世无双，众多士人爱慕敬仰他，就像河水流向大海，如果大事不能成功，这就是天意，怎么能再成为曹操的臣下呢！”孙权勃然大怒说：“我不能奉献东吴的土地和十万将士，去受别人的控制。我的主意已定！除了刘豫州没有人可以与曹操抗衡，但是刘豫州刚刚战败，怎么能抵挡如此强敌呢？”诸葛亮说：“刘豫州的军队虽然在长坂坡战败，但如今回来的战士以及关羽的水军还有精兵万人，刘琦集合江夏的战士也不少于一万人。曹操的军队，从远方而来人困马乏，听说为了追赶刘豫州，轻骑兵一日一夜要行进三百余里，这就是所说的‘即使是强弓射出的利箭，到了极远的地方力量已尽时，就连鲁地产的薄绢也无法射穿’。所以兵法上忌讳这样做，说‘一定会使上将军受到挫败’。况且北方的人，不习惯水上作战；而荆州归附曹操的人民，都是迫于武力，不是真心服从他。现在将军如果能命令勇猛的将领率领数万人马，与刘豫州同心协力，一定会打败曹操的军队。曹操战败，一定会退回北方，这样荆州、吴地的势力就会强大，像鼎足一样三分天下的局面就形成了。成败的关键，就在今天。”孙权十分高兴，就派周瑜、程普、鲁肃等人率领三万水军，跟随诸葛亮到了刘备那里，合力抵抗曹操。曹操在赤壁战败，率领军队回到邺城。刘备于是收复了长江以南的地区，任命诸葛亮为军师中郎将，让他督率零陵、桂阳、长沙三郡，征调三郡的赋税，来充实军用。

建安十六年，益州牧刘璋遣法正迎先主，使击张鲁。亮与关羽镇荆州。先主自葭萌还攻璋，亮与张飞、赵云等率众溯江，分定郡县，与先主共围成都。成都平，以亮为军师将军，署左将军府事。先主外出，亮常镇守成都，足食足兵。二十六年，群下劝先主称尊号，先主未许，亮说曰："昔吴汉、耿弇等初劝世祖即帝位，世祖辞让，前后数四，耿纯进言曰：'天下英雄喁喁①，冀有所望。如不从议者，士大夫各归求主，无为从公也。'世祖感纯言深至，遂然诺之。今曹氏篡汉，天下无主，大王刘氏苗族，绍世而起，今即帝位，乃其宜也。士大夫随大王久勤苦者，亦欲望尺寸之功如纯言耳。"先主于是即帝位，策亮为丞相曰："朕遭家不造，奉承大统，兢兢业业，不敢康宁，思靖百姓，惧未能绥。於戏！丞相亮其悉朕意，无怠辅朕之阙，助宣重光，以照明天下，君其勖哉！"亮以丞相录尚书事，假节。张飞卒后，领司隶校尉。

〔注释〕

①喁喁（yóng）：比喻众人敬仰归向的样子。又有 yú 音，指随声附和或形容小声说话的声音。

〔译文〕

建安十六年，益州牧刘璋派法正迎请刘备，让他去攻打张鲁。诸葛亮和关羽镇守荆州。刘备从葭萌回军攻打刘璋，诸葛亮与张飞、赵云等人率军逆长江而上，分头平定了各郡县，和刘备一起围攻成都。成都平定后，刘备任命诸葛亮为军师将军，代理左将军府事务。刘备外出时，诸葛亮经常镇守成都，在他的经营下粮食和兵力都很充足。建安二十六年，一众部下劝刘备称帝，刘备不肯答应，诸葛亮劝他说："当初吴汉、耿弇等人开始劝世祖刘秀即皇帝位，世祖推辞，前后推辞了很多次，耿纯进言说：'天下英雄仰望归附您，都有成就大业的期望。如果您不肯听从大家的建议，士大夫们就会各自寻求新的主公，没必要再跟着您了。'世祖感到耿纯的话说得很对，于是答应了大家的请求。现在曹氏篡夺汉室江山，天下没有真正的君主，大王您是刘氏的根苗后裔，继承家世而兴起，如今登上帝位，是应该的。士大夫跟随大王您长期以来辛勤劳苦，也希望像耿纯所说的那样凭借微薄的功勋得到封赏。"刘备于是登上帝位，任命诸葛亮为丞相说："朕遭遇家国不幸，奉天命承继汉室帝业，小心谨慎踏实做事，不为谋取个人的康宁，而是一心安定百姓，担心他们不能安好。啊！丞相诸葛亮希望你尽知朕的心意，不要懈怠地辅佐，指出朕的缺失，协助我重新宣明汉室光辉，来让这光辉普照天下，您要勤勉啊！"诸葛亮以丞相的身份兼理尚书的事务，并授予他符节。张飞去世后，又兼任司隶校尉。

章武三年春，先主于永安病笃，召亮于成都，属以后事，谓亮曰："君才十倍曹丕，必能安国，终定大事。若嗣子可辅，辅之；如其不才，君可自取。"亮涕泣曰："臣敢竭股肱之力，效忠贞之节，继之以死！"先主又为诏敕后主曰："汝与丞相从事，事之如父。"建兴元年，封亮武乡侯，开府治事。顷之，又领益州牧。政事无巨细，咸决于亮。南中诸郡，并皆叛乱，亮以新遭大丧，故未便加兵，且遣使聘吴，因结和亲，遂为与国。

〔译文〕

章武三年春天，刘备在永安病危，把诸葛亮从成都召回，将后事嘱托给他，刘备对诸葛亮说："您的才干比曹丕强十倍，一定能安定国家，最终完成统一天下的大事。如果继位的嗣子刘禅值得辅佐，您就辅佐他；如果他的才能不够，您就可以自行取代他。"诸葛亮流着眼泪说："臣怎敢不竭尽辅佐之力，效尽忠贞的节操，一直到死！"刘备又拟好诏书告诫后主刘禅说："你与丞相共同处理国事，要像对待父亲一样侍奉他。"建兴元年，刘禅封诸葛亮为武乡侯，建立丞相府并自选僚属处理公务。不久，又兼任益州牧。国政之事不论大小，都由诸葛亮决断。南中地区的各郡，都发生了叛乱，诸葛亮因为刚刚遭遇刘备去世的国丧，所以没有马上派兵平乱，并且派使臣去吴国下聘，缔结姻亲关系，于是两国成为盟国。

三年春，亮率众南征，其秋悉平。军资所出，国以富饶，乃治戎讲武，以俟大举。五年，率诸军北驻汉中，临发，上疏曰：

〔译文〕

建兴三年春天，诸葛亮率领军队南征，这年秋天全部平定了各郡的叛乱。军队的物资都由各郡提供，国家因此富饶起来，于是整治军队讲习军事，以等待时机举行大规模的军事行动。建兴五年，诸葛亮率领各路大军北上进驻汉中，即将出发的时候，向刘禅上奏疏说：

“先帝创业未半而中道崩殂[①]，今天下三分，益州疲弊，此诚危急存亡之秋也。然侍卫之臣不懈于内，忠志之士忘身于外者，盖追先帝之殊遇，欲报之于陛下也。诚宜开张圣听，以光先帝遗德，恢弘志士之气，不宜妄自菲薄[②]，引喻失义[③]，以塞忠谏之路也。宫中府中俱为一体，陟罚臧否[④]，不宜异同。若有作奸犯科及为忠善者[⑤]，宜付有司论其刑赏，以昭陛下平明之理，不宜偏私，使内外异法也。侍中、侍郎郭攸之、费祎、董允等，此皆良实，志虑忠纯，是以先帝简拔以遗陛下。愚以为宫中之事[⑥]，事无大小，悉以咨之，然后施行，必能裨补阙漏，有所广益。将军向宠，性行淑均，晓畅军事，试用于昔日，先帝称之曰能，是以众议举宠为督。愚以为营中之事，悉以咨之，必能使行陈和睦，优劣得所。亲贤臣，远小人，此先汉所以兴隆也；亲小人，远贤臣，此后汉所以倾颓也。先帝在时，每与臣论此事，未尝不叹息痛恨于桓、灵也。侍中、尚书、长史、参军，此悉贞良死节之臣，愿陛下亲之信之，则汉室之隆，可计日而待也。

〔注释〕

①崩殂（cú）：死。古时指皇帝的死亡。

②妄自菲薄(wàngzìfěibó):形容过分看轻自己的自卑心理,指对自己的能力等没有信心,不相信自己可以完成。

③引喻失义:指说话不恰当,不合道理。引喻,引用类似的例证来说明事理;义,公正合宜的道理。

④陟罚臧否(zhìfázāngpǐ):赏罚褒贬。

⑤作奸犯科:为非作歹,触犯法令。奸,坏事。科,法律条文。

⑥愚:谦辞,我。

〔译文〕

“先帝开创的事业还没有完成一半就中途去世了,现在天下分为三个区域,咱们益州人力、物力困乏不足,这实在是危急存亡的关键时刻。然而侍卫皇帝的大臣在朝中毫不懈怠,忠心志诚的将士在外奋不顾身,这都是追念先帝的厚恩,想要报答在陛下身上。您确实应该虚心听取大家的意见,来光大先帝遗留下来的美德,振作有志之士的精神,不应该看轻自己,言行举止失当,阻塞了臣子忠心进谏的道路。皇宫中和丞相府是一个整体,赏罚褒贬,不应该有所不同。如果有作恶犯法以及尽忠行善的人,应该交给有关人员论罪处罚或论功行赏,用来昭示陛下公平严明的理念,不应该偏袒徇私,使宫内宫外的赏罚有所不同。侍中、侍郎郭攸之、费祎、董允等,这都是优秀诚实的人,心思忠诚纯粹,因此先帝选拔他们留给陛下。我认为皇宫中的事,无论大事小事都要向他们咨询,然后再做,一定能弥补缺失和漏洞,有很大的益处。将军向宠,性情品德善良公正,精通军事,从前被尝试任用,先帝称赞他是个能臣,因此大家建议推举向宠为都督。我认为军营中的事情,都要向他咨询,一定能使军队融洽和睦，能力高低的人都被安排在合适的位置。亲近贤臣，远离小人，这是西汉兴隆的原因；亲近小人，远离贤臣，这是东汉衰败的原因。先帝在世时，每每与我讨论这些事，没有一次不叹息痛恨桓帝、灵帝的。侍中、尚书、长史、参军，这些都是忠贞贤良能够以死殉节的臣子，希望陛下您亲近他们、信任他们，那么我们汉王朝的兴隆就指日可待了。

“臣本布衣，躬耕于南阳[①]，苟全性命于乱世，不求闻达于诸侯。先帝不以臣卑鄙，猥自枉屈，三顾臣于草庐之中，谘臣以当世之事，由是感激，遂许先帝以驱驰。后值倾覆，受任于败军之际，奉命于危难之间，尔来二十有一年矣。先帝知臣谨慎，故临崩寄臣以大事也。受命以来，夙夜忧叹[②]，恐托付不效，以伤先帝之明，故五月渡泸，深入不毛[③]。今南方已定，兵甲已足，当奖率三军，北定中原，庶竭驽钝，攘除奸凶[④]，兴复汉室，还于旧都。此臣所以报先帝，而忠陛下之职分也。

〔注释〕

①躬耕：亲自耕种田地，进行农业劳作。

②夙（sù）夜：朝夕，日夜，意为时时刻刻。

③不毛：不生植物。指荒瘠或人烟稀少的地方。

④攘（rǎng）除：驱除，铲除。

〔译文〕

“我本来是一个平民，在南阳亲自种田为生，只求在乱世之中苟且保全性命，不求在诸侯的手下做官扬名。先帝不嫌弃我地位低微见识鄙陋，亲身屈尊前来，三次到草庐之中看望我，向我征询当世的大事，我因此十分感动而有奋发之志，于是答应先帝愿意为他奔走效劳。后来正赶上天下大乱，在兵败之时接受他的任命，在危难之时领受他的重托，从那时以来已经有二十一年了。先帝知道我行事严谨慎重，因此在临终时把辅佐您振兴汉室的大事托付给我。自从接受他的命令以来，我日夜忧心叹息，唯恐先帝托付我的事情不能见到成效，而有损先帝知人善任的英明，所以我在五月渡过泸水，率军深入蛮荒之地。如今南方地区的叛乱已经平定，战争所需物资也已经准备充足，应当鼓舞并率领三军向北进军平定中原，或许竭尽我平庸愚钝的才智，能够铲除奸恶的凶徒，振兴恢复汉室江山，把政权迁回到从前的都城。这是我报答先帝、效忠于陛下应尽的职责。

“至于斟酌损益[①]，进尽忠言，则攸之、祎、允之任也。愿陛下托臣以讨贼兴复之效；不效，则治臣之罪，以告先帝之灵。若无兴德之言，则责攸之、祎、允等之慢，以彰其咎。陛下亦宜自谋，以谘诹善道[②]，察纳雅言，深追先帝遗诏。臣不胜受恩感激，今当远离，临表涕零，不知所言。”遂行，屯于沔阳。

〔注释〕

①斟酌（zhēnzhuó）：反复考虑以后决定取舍。

②谘诹（zīzōu）：征询，访问。善：好。

〔译文〕

“至于政事的是否可行和增删调整,向陛下进献忠言,就是郭攸之、费祎、许允的责任了。希望陛下把讨伐贼人兴复汉室的任务交给我;如果不能取得成效,就治我的罪,以告慰先帝的在天之灵。如果没有听到劝勉陛下发扬德政的忠言,就责备郭攸之、费祎、许允等人的怠慢,用来昭示他们的过错。陛下您自己也应该有所思考和谋划,来询问治国良策,分辨着采纳正确的意见,深切追念先帝遗诏的嘱托。我蒙受先帝和您的恩惠内心不胜感动激荡,如今将要远离陛下,一边写奏表一边哭泣流泪,都不知道自己说了些什么。”于是就率军出发,驻扎在沔阳。

六年春,扬声由斜谷道取郿[①],使赵云、邓芝为疑军,据箕谷,魏大将军曹真举众拒之。亮身率诸军攻祁山,戎陈整齐,赏罚肃而号令明,南安、天水、安定三郡叛魏应亮,关中响震。魏明帝西镇长安,命张郃拒亮,亮使马谡督诸军在前,与郃战于街亭。谡违亮节度,举动失宜,大为张郃所破。亮拔西县千余家,还于汉中,戮谡以谢众。上疏曰:“臣以弱才,叨窃非据[②],亲秉旄钺以厉三军,不能训章明法,临事而惧,至有街亭违命之阙,箕谷不戒之失,咎皆在臣授任无方。臣明不知人,恤事多暗,《春秋》责帅,臣职是当。请自贬三等,以督厥咎。”于是以亮为右将军,行丞相事,所总统如前。

〔注释〕

①扬声:扬言。此处指主动制造舆论,迷惑敌人。

②叨(tāo)窃:谓不当得而得,或自谦无才而据有其位。

〔译文〕

建兴六年春天,诸葛亮制造舆论说要从斜谷道攻取郿地,并派赵云、邓芝为疑兵,占据箕谷,魏国大将军曹真率军抵抗他们。诸葛亮亲自率领各路大军进攻祁山,队伍整齐,赏罚清楚而号令明晰,南安、天水、安定三郡反叛魏国响应诸葛亮,关中为之震动。魏明帝向西镇守长安,命令张郃抵御诸葛亮,诸葛亮派马谡做前锋督率各军,和张郃在街亭交战。马谡违背了诸葛亮的命令,行动失当,被张郃打得大败。诸葛亮迁移西县一千余户人家,回到汉中,杀掉马谡来向众人谢罪。诸葛亮给后主刘禅上奏疏说:"我以低劣的才能,占据了不该属于我的职位,亲自执掌军权率兵出征用来激励三军,却不能训示章法严明法纪,遇到大事而心存戒惧,这才至于有马谡街亭违命和箕谷戒备不严的过失,错都在我用人不当。我明白自己缺乏知人之能,处理事务十分愚钝,《春秋》说战事失败要责罚主帅,我的职位使我应当接受这样的处罚。请允许我自己降职三等,来惩罚我的那些过错。"于是刘禅任命诸葛亮为右将军,代理丞相职务,所总管的事务和先前一样。

冬,亮复出散关,围陈仓,曹真拒之,亮粮尽而还。魏将军王双率骑追亮,亮与战,破之,斩双。

〔译文〕

冬天,诸葛亮再度出兵散关,围攻陈仓,曹真抵御他,诸葛亮粮草用尽退兵回来。魏国将军王双率领骑兵追击诸葛亮,诸葛亮与他作战,打败并杀死了王双。

七年,亮遣陈式攻武都、阴平。魏雍州刺史郭淮率众欲击式,亮自出至建威,淮退还,遂平二郡。诏策亮曰:“街亭之役,咎由马谡,而君引愆①,深自贬抑,重违君意,听顺所守。前年耀师,馘斩王双;今岁爰征,郭淮遁走;降集氐、羌,兴复二郡,威镇凶暴,功勋显然。方今天下骚扰,元恶未枭,君受大任,干国之重,而久自挹损②,非所以光扬洪烈矣。今复君丞相,君其勿辞。”

〔注释〕

①引愆(qiān):承担罪过。愆:罪过,过失。

②挹损(yìsǔn):贬抑。“挹”同“抑”,抑制、谦退。

〔译文〕

建兴七年,诸葛亮派陈式攻打武都、阴平。魏国雍州刺史郭淮率领军队想要攻打陈式,诸葛亮亲自出兵到建威,郭淮退兵回去,于是平定了这两个郡。刘禅下诏给诸葛亮说:“街亭一战,罪在马谡,而您主动承担罪过,深深地自我贬抑,我不想违背您的心意,所以听从了您的意见降低您的职位。前年您打了胜仗,杀死了王双；今年您出征，打得郭淮只能逃走；您让氐人、羌人都投降，收复了武都、阴平二郡，您的声威震慑了凶残暴虐的人，功勋卓著。现在天下动荡不安，罪恶的元凶还没有被诛杀，您身负重任，主持国家大事，长时间地自我贬损，就不能光大弘扬先帝的伟大功业了。如今我恢复您丞相的职务，请您不要推辞。”

九年，亮复出祁山，以木牛运，粮尽退军，与魏将张郃交战，射杀郃。十二年春，亮悉大众由斜谷出，以流马运[①]，据武功五丈原，与司马宣王对于渭南。亮每患粮不继，使己志不申，是以分兵屯田，为久驻之基。耕者杂于渭滨居民之间，而百姓安堵，军无私焉。相持百余日。其年八月，亮疾病，卒于军，时年五十四。及军退，宣王案行其营垒处所，曰：“天下奇才也！”

〔注释〕

①木牛流马都是诸葛亮发明的运输工具，据传能负重物行走蜀地山路，且速度可观。

〔译文〕

建兴九年，诸葛亮再度出兵祁山，用木牛运输物资，粮草用尽只好撤回军队，同魏国将领张郃交战，射死了张郃。建兴十二年春天，诸葛亮率领全部大队人马由斜谷出兵，用流马运输物资，占据了武功的五丈原，和司马懿在渭水之南对峙。诸葛亮常常担心粮草供应不上，使自己统一中原的志向不得实现，于是分派军队耕种屯田，建立长期驻军的基础。耕田的士兵混杂在渭水旁的居民中间，而百姓的生活安宁平静，军队从不袭扰百姓谋取私利。蜀军和魏军相持一百余日。这年八月，诸葛亮生病，死在军中，当年五十四岁。等到蜀军退兵，司马懿巡视当初蜀军所修的营垒，说："诸葛亮真是天下奇才啊！"

亮遗命葬汉中定军山，因山为坟，冢足容棺，敛以时服，不须器物。诏策曰："惟君体资文武，明睿笃诚，受遗托孤，匡辅朕躬，继绝兴微，志存靖乱；爰整六师，无岁不征，神武赫然，威震八荒，将建殊功于季汉，参伊、周之巨勋。如何不吊，事临垂克，遘疾陨丧！朕用伤悼，肝心若裂。夫崇德序功，纪行命谥，所以光昭将来，刊载不朽。今使使持节左中郎将杜琼，赠君丞相武乡侯印绶，谥君为忠武侯。魂而有灵，嘉兹宠荣。呜呼哀哉！呜呼哀哉！"

〔**译文**〕

诸葛亮临终遗言要求把自己安葬在汉中定军山，依照山势建坟，坟墓足够容下棺材就可以，入殓时只穿平时的衣服，不需要器物陪葬。刘禅下诏书说："您秉受文武天赋，聪明睿智忠厚诚恳，接受先帝托孤的遗命，匡正辅佐我，使快要绝灭的国家复兴，使已经衰微的王朝兴盛，立志平定祸乱；整顿国中军队，没有一年不出征，神明威武引人注目，威名震动天下，在汉朝末年建立特殊的功业，足以和伊尹、周公的巨大功勋相媲美。奈何天公不肯庇佑，大事接近成功之时，您却患病离世！我因此悲伤哀悼，心肝都像被撕裂一样。尊崇您的美德，评定您的功勋，按照您生前的事迹为您赐封谥号，是为了让您的光辉照耀未来，把您的名字记录于史册使之不朽。如今我派使臣左中郎将杜琼持符节，追赠丞相您武乡侯的印玺和绶带，赐您的谥号为忠武侯。如果您忠魂有灵，恐怕也会为有这样的荣宠而感到安慰。唉，真是悲痛啊！唉，真是悲痛啊！”

初，亮自表后主曰：“成都有桑八百株，薄田十五顷，子弟衣食，自有余饶。至于臣在外任，无别调度，随身衣食，悉仰于官，不别治生，以长尺寸。若臣死之日，不使内有余帛，外有赢财，以负陛下。”及卒，如其所言。

〔译文〕

当初，诸葛亮亲自上表给后主刘禅说：“我在成都有桑树八百株，薄田十五顷，家人的衣食，自然足够丰饶。至于我在外任职，没有其他需要，随身的吃穿用度，全都仰仗国家供给，不需要另外修治产业，来增加一点点家产。到了我死的那天，不会让家中内有多余的丝帛、外有富余的钱财，而辜负了陛下的恩宠。”等到他死的时候，果然是像他所说的那样。

亮性长于巧思，损益连弩，木牛流马，皆出其意；推演兵法，作八陈图[①]，咸得其要云。亮言教书奏多可观，别为一集。

〔注释〕

①八陈图：即八阵图。陈，通“阵”。八阵图是由诸葛亮创设的一种步兵御敌阵法，相传阵有八门，变化万端，可挡十万精兵。《魏书》卷五十四记载北魏为抵抗柔然骑兵“采诸葛亮八阵之法，为平地御寇之方”，唐代杜甫亦有诗说诸葛亮：“功盖三分国，名成八阵图。”

〔译文〕

诸葛亮生性擅长巧思妙想，去掉和增加零件改造能够连续射箭的弓弩，制造木牛流马，都是出于他的想法；推论演绎作战方法，制作八阵图，都深得军事要领。诸葛亮的言论、教令、书信、章奏大多都值得一看，另外编成一部作品集。

景耀六年春，诏为亮立庙于沔阳。秋，魏镇西将军钟会征蜀，至汉川，祭亮之庙，令军士不得于亮墓所左右刍牧樵采。亮弟均，官至长水校尉。亮子瞻，嗣爵。

〔译文〕

景耀六年春天，刘禅下诏在沔阳为诸葛亮建立祠庙。秋天，魏国镇西将军钟会征讨蜀国，到达汉川时，祭祀诸葛亮的祠庙，命令军士不得在诸葛亮墓地附近放牧砍柴。诸葛亮的弟弟诸葛均，官做到长水校尉。诸葛亮的儿子诸葛瞻，继承了他的爵位。

诸葛氏集目录：开府作牧第一　权制第二　南征第三　北出第四　计算第五　训厉第六　综核上第七

综核下第八　杂言上第九　杂言下第十　贵和第十一　兵要第十二　传运第十三　与孙权书第十四　与诸葛瑾书第十五　与孟达书第十六　废李平第十七　法检上第十八　法检下第十九　科令上第二十　科令下第二十一　军令上第二十二　军令中第二十三　军令下第二十四　右二十四篇[1],凡十万四千一百一十二字。

〔注释〕

①右:古人写字系从右侧向左侧书写,文字竖排。故“右”相当于今天所说的“上述”。

〔译文〕

诸葛氏集目录:开府作牧第一　权制第二　南征第三　北出第四　计算第五　训厉第六　综核上第七　综核下第八　杂言上第九　杂言下第十　贵和第十一　兵要第十二　传运第十三　与孙权书第十四　与诸葛瑾书第十五　与孟达书第十六　废李平第十七　法检上第十八　法检下第十九　科令上第二十　科令下第二十一　军令上第二十二　军令中第二十三　军令下第二十四　右侧所录二十四篇,一共十万四千一百一十二字。

臣寿等言[1]:臣前在著作郎,侍中领中书监济北侯臣荀勖、中书令关内侯臣和峤奏,使臣定故蜀丞相诸葛亮故事。亮毗佐危国[2],负阻不宾,然犹存录其言,耻善有遗,诚是大晋光明至德,泽被无疆[3],自古以来,未之有伦也。辄删除复重，随类相从，凡为二十四篇。篇名如右。

〔注释〕

①臣：著《三国志》时陈寿为晋臣，整理诸葛亮文集是受朝廷之命，故陈寿自称为“臣”。以下称荀勖、和峤为“臣”亦是同理。

②毗佐（pízuǒ）：辅佐，辅助。

③泽被（pī）：意为恩泽施及某事物。“被”同“披”。

〔译文〕

臣陈寿等上奏言说：我从前担任著作郎时，侍中兼中书监济北侯荀勖、中书令关内侯和峤上奏，让我编定整理已故蜀国丞相诸葛亮的旧事。诸葛亮辅佐垂危的国家，依仗险要的地势而不肯臣服，但是我们还能收录他的言论，耻于善言有所遗漏，这实在是我大晋王朝的光辉明耀至上大德，恩泽覆盖无边无际，自古以来，没有能够与此相比的。我们就删除重复的内容，按类编排，一共有二十四篇，篇名如上。

亮少有群逸之才，英霸之器，身长八尺，容貌甚伟，时人异焉。遭汉末扰乱，随叔父玄避难荆州，躬耕于野，不求闻达。时左将军刘备以亮有殊量，乃三顾亮于草庐之中；亮深谓备雄姿杰出，遂解带写诚[1]，厚相结纳。及魏武帝南征荆州，刘琮举州委质，而备失势众寡，无立锥之地[2]。亮时年二十七，乃建奇策，身使孙权，求援吴会。权既宿服仰备，又睹亮奇雅，甚敬重之，即遣兵三万人以助备。备得用与武帝交战，大破其军，乘胜克捷，江南悉平。后备又西取益州。益州既定，以亮为军师将军。备称尊号，拜亮为丞相，录尚书事。及备殂没，嗣子幼弱，事无巨细，亮皆专之。于是外连东吴，内平南越，立法施度，整理戎旅，工械技巧，物究其极，科教严明，赏罚必信，无恶不惩，无善不显，至于吏不容奸，人怀自厉，道不拾遗③，强不侵弱，风化肃然也。

〔注释〕

①解带：秦汉时不同身份的人束有不同质地的衣带，平民所佩由熟牛皮所做的韦带没有装饰和花纹，有官爵之人则以生牛皮为带饰以金玉，故而"韦带"亦有平民之意。"解带"即指诸葛亮解下平民所束的韦带跟随刘备出仕。

②立锥之地：插锥尖的一点地方。形容极小的一块地方，也指极小的安身之处。

③道不拾遗：意思是路上没有人把别人丢失的东西拾走。形容社会风气好。

〔译文〕

诸葛亮年少时就有出众的才华，宏伟的气度，他身高八尺，容貌伟岸，当时的人都认为他异于常人。时逢汉朝末年战乱四起，他跟随叔父诸葛玄来到荆州避难，亲自在田间耕作，不求做官扬名。当时左将军刘备认为诸葛亮有特殊的才能，于是三次到草庐之中看望诸葛亮；诸葛亮深感刘备具有雄伟之姿与杰出之才，于是解下衣带表达愿意出仕的诚意，与刘备结下了深厚的情意。等到魏武帝南征荆州时，刘琮献上荆州委身为人质，而刘备失势人马很少，没有安身之处。诸葛亮当时二十七岁，就进建奇计，亲自出使东吴，向孙权请求救援。孙权早就佩服仰慕刘备，又亲眼看到诸葛亮儒雅非凡，十分敬重他，就派出三万军队来帮助刘备。刘备得以与魏武帝交战，大败魏军，又乘胜出击打了不少胜仗，平定了长江以南荆州境内的全部地区。后来刘备又向西攻取了益州。益州平定以后，任命诸葛亮为军师将军。刘备称帝，任命诸葛亮为丞相，兼理尚书事务。到刘备去世后，继位的儿子刘禅年幼懦弱，事情无论大小，都由诸葛亮决断。于是对外联结东吴，对内平定南越，制定法令实施制度，整顿军队，器械制造必须精妙，事物的原理都要探究到极致，法令严厉鲜明，赏罚一定公正，恶事无不受到惩处，善行无不受到表彰，达到了官吏不营私舞弊，人人心怀自勉之志，路上遗失物品都没有人会捡拾，强者不欺压弱小的程度，社会风气井然有序。

当此之时，亮之素志，进欲龙骧虎视，苞括四海，退欲跨陵边疆，震荡宇内。又自以为无身之日，则未有能蹈涉中原、抗衡上国者，是以用兵不戢，屡耀其武。然亮才，于治戎为长，奇谋为短，理民之干，优于将略。而所与对敌，或值人杰，加众寡不侔，攻守异体，故虽连年动众，未能有克。昔萧何荐韩信，管仲举王子城父，皆忖己之长，未能兼有故也。亮之器能政理，抑亦管、萧之亚匹也，而时之名将无城父、韩信，故使功业陵迟，大义不及邪？盖天命有归，不可以智力争也。

〔译文〕

在这个时候，诸葛亮的夙愿，是进就要如龙虎一般大展雄才，统一天下，退也要开疆拓土，震动天下。又自认为自己去世之后，蜀国就没有能够进军中原、对抗大国的人了，所以不停地出兵作战，多次显耀他的武力。但是诸葛亮的才能，在整治军队方面是长处，在奇计谋划方面是短处，治理百姓的才干，超过他指挥军队的谋略。而与他对战的敌人，有的正好是人中豪杰，再加上双方兵力多少并不相等，进攻和防守的情况也有所不同，所以虽然连年出兵，但都没能取得胜利。当年萧何举荐韩信，管仲举荐王子城父，都是忖度自己的长处，不能兼顾政治军事两个方面的缘故。诸葛亮的才干能够很好地进行政治治理，或许也可以和管仲、萧何相媲美，但是其时的名将没有王子城父和韩信那样的人，所以才使得功业走向衰微，统一天下的大志向不能实现吧？这大概是天命注定，是不能够用才智和能力与之一争高下的。

青龙二年春，亮帅众出武功，分兵屯田，为久驻之基。其秋病卒，黎庶追思，以为口实。至今梁、益之民，咨述亮者，言犹在耳，虽《甘棠》之咏召公，郑人之歌子产，无以远譬也。孟轲有云："以逸道使民，虽劳不怨；以生道杀人，虽死不忿。"信矣！论者或怪亮文彩①不艳，而过于丁宁周至。臣愚以为咎繇大贤也，周公圣人也，考之《尚书》，咎繇之谟略而雅②，周公之诰烦而悉。

何则？咎繇与舜、禹共谈，周公与群下矢誓故也。亮所与言，尽众人凡士，故其文指不得及远也。然其声教遗言，皆经事综物，公诚之心，形于文墨，足以知其人之意理，而有补于当世。

〔注释〕

①文彩：即“文采”。

②咎繇：即皋陶(gāoyáo)，舜之贤臣，是上古时期伟大的政治家、思想家、教育家，被认为是中国司法鼻祖。是与尧、舜、大禹齐名的“上古四圣”之一。谟(mó)、诰(gào)都是《尚书》所记载的公文体制，臣下为君主就国家大事进行谋划称之为“谟”，帝王对臣子的命令称之为“诰”。

〔译文〕

青龙二年春天，诸葛亮率领军队出兵武功，分派士兵开荒种田，建立长久驻军的基地。这年秋天诸葛亮生病去世，百姓追怀思念他，把他的事迹作为交谈的内容。直到现在梁州、益州的百姓，称赞追述诸葛亮的话语仍旧随处可以听到，即使是《甘棠》赞美召公，郑人歌颂子产，也无法与这种情形相比。孟轲曾说：“用使百姓安乐的方式来役使民众，即使劳苦民众也不生怨恨；用使百姓生存的办法诛杀罪人，即使死去百姓也不愤恨。”确实如此啊！有些评论者指责诸葛亮的文章不够华美，而叮嘱告诫过于周到。臣的愚见认为，咎繇是大贤，周公是圣人，从《尚书》的记载中去考察，咎繇所作的谟简略而典雅，周公所作的诰烦琐而详尽。为什么呢？这是因为咎繇是和舜、禹一起交谈，周公是和众位手下立誓的缘故啊！与诸葛亮交流的人，都是平常的人，所以他的文章意思不能含蓄深远。但是他遗留下来的教令，都是治理事务得出的经验，他将公正诚挚之心，表现在文墨之中，让人完全可以了解他的思想见识，对现在也是有所补益的。

伏惟陛下迈踪古圣，荡然无忌，故虽敌国诽谤之言[①]，咸肆其辞而无所革讳，所以明大通之道也。谨录写上诣著作。臣寿诚惶诚恐[②]，顿首顿首[③]，死罪死罪[④]。泰始十年二月一日癸巳，平阳侯相臣陈寿上。

〔注释〕

①诽谤（fěibàng）：以不实之词诋毁他人。诽，背地议论。谤，公开指责。

②诚惶诚恐：非常小心谨慎以至达到害怕不安的程度。诚，实在，的确。惶，害怕。恐，畏惧。

③顿首：指磕头。古代的跪拜礼之一，以头叩地即举而不停留。书面语中常用于书简表奏结尾，表示致敬。

④因为陈寿虽身负王命，但所录皆是“敌国诽谤之言”，故有此说。

〔译文〕

陛下效法古代圣贤，胸怀坦荡无所顾忌，所以即使是敌对国家无中生有的指责性言论，都放任其文辞保存而不进行删改，是以此来昭明宽宏通达的道理。臣恭谨地抄写了诸葛亮的著作上交给有关部门。臣陈寿万分不安，再三叩首，我这是死罪啊死罪。泰始十年二月一日癸巳，平阳侯相臣陈寿拜上。

乔字伯松，亮兄瑾之第二子也，本字仲慎。与兄元逊俱有名于时，论者以为乔才不及兄，而性业过之。初，亮未有子，求乔为嗣①，瑾启孙权遣乔来西，亮以乔为己適子，故易其字焉。拜为驸马都尉，随亮至汉中。年二十五，建兴六年卒。子攀，官至行护军翊武将军，亦早卒。诸葛恪见诛于吴，子孙皆尽，而亮自有胄裔，故攀还复为瑾后。

〔注释〕

①求乔为嗣：嗣（sì）有接续、继承、子孙等意思，“求乔为嗣”就是让诸葛乔做自己的继承人，其实就是过继嗣子。过继是指自己没有儿子，收养同宗之子为后嗣，形成礼法上的亲子关系。按照当时礼法，过继的诸葛乔是诸葛亮的嫡长子，亲生的诸葛瞻只能是嫡次子，诸葛亮的家业应由诸葛乔继承。只是由于诸葛瑾、诸葛恪一脉断绝无人，后来才又如书中所记把诸葛乔之子诸葛攀还回去的。

〔译文〕

诸葛乔字伯松，是诸葛亮的哥哥诸葛瑾的第二个儿子，本来字仲慎。诸葛乔和他字元逊的哥哥诸葛恪在当时都很有名气，评论的人认为诸葛乔的才能不如他的哥哥，但是性情处世却超过他。当初，诸葛亮没有儿子，就向诸葛瑾请求过继诸葛乔为继承人，诸葛瑾禀报了孙权后派诸葛乔西行来到蜀国，诸葛亮把诸葛乔当作自己的嫡子，所以改了他的字。诸葛乔被任命为驸马都尉，跟随诸葛亮到了汉中。二十五岁那年，就是建兴六年去世了。诸葛乔的儿子诸葛攀，官做到行护军翊武将军，也很早就去世了。诸葛恪在吴国被杀，子孙全部死光，而诸葛亮自己也有了后代，所以诸葛攀就被还回去又成为诸葛瑾的后人。

瞻字思远。建兴十二年，亮出武功，与兄瑾书曰："瞻今已八岁，聪慧可爱，嫌其早成，恐不为重器耳。"年十七，尚公主，拜骑都尉。其明年为羽林中郎将，屡迁射声校尉、侍中、尚书仆射，加军师将军。瞻工书画，强识念，蜀人追思亮，咸爱其才敏。每朝廷有一善政佳事，虽非瞻所建倡，百姓皆传相告曰："葛侯之所为也。"是以美声溢誉，有过其实。景耀四年，为行都护卫将军，与辅国大将军南乡侯董厥并平尚书事。六年冬，魏征西将军邓艾伐蜀，自阴平由景谷道旁入。瞻督诸军至涪停住，前锋破，退还，住绵竹。艾遣书诱瞻曰："若降者必表为琅邪王。"瞻怒，斩艾使。遂战，大败，临陈死，时年三十七。众皆离散，艾长驱至成都。瞻长子尚，与瞻俱没。次子京及攀子显等，咸熙元年内移河东。

〔译文〕

诸葛瞻字思远。建兴十二年，诸葛亮出兵武功，给哥哥诸葛瑾写信说："诸葛瞻今年已经八岁了，聪慧可爱，我担心他过早成熟，恐怕不能成为国之栋梁。"诸葛瞻十七岁时，娶公主为妻，被任命为骑都尉。第二年担任羽林中郎将，多次升迁相继担任射声校尉、侍中、尚书仆射，加授军师将军之职。诸葛瞻擅长书法绘画，记忆力强，蜀人怀念诸葛亮，都很喜爱诸葛瞻的才华和聪慧。每当朝廷有一项好的政令,虽然并非诸葛瞻所建言倡议的,百姓也都互相传告说:“这是葛侯所倡议的。”因此美好的名声和过分的赞誉,超过了他的实际所为。景耀四年,诸葛瞻担任行都护卫将军,与辅国大将军南乡侯董厥一同掌管尚书的事务。景耀六年冬天,魏国征西将军邓艾攻打蜀国,从阴平经由景谷道的侧面攻入。诸葛瞻督率各路人马到涪陵停下驻扎,前锋部队被打败,蜀军后退,驻扎在绵竹。邓艾派人送信劝诱诸葛瞻说:“如果你肯投降,我一定上表封你为琅琊王。”诸葛瞻大怒,杀了邓艾的使者。于是两军交战,蜀军大败,诸葛瞻死在战场上,当时年仅三十七岁。蜀军四散奔逃,邓艾长驱直入到达成都。诸葛瞻的长子诸葛尚,与诸葛瞻一起战死。次子诸葛京及诸葛攀的儿子诸葛显等人,在咸熙元年向关中内部迁徙移居到河东。

董厥者,丞相亮时为府令史,亮称之曰:“董令史,良士也。吾每与之言,思慎宜适。”徙为主簿。亮卒后,稍迁至尚书仆射,代陈祗为尚书令,迁大将军,平台事,而义阳樊建代焉。延熙十四年,以校尉使吴,值孙权病笃,不自见建。权问诸葛恪曰:“樊建何如宗豫也?”恪对曰:“才识不及豫,而雅性过之。”后为侍中,守尚书令。自瞻、厥、建统事,姜维常征伐在外,宦人黄皓窃弄机柄,咸共将护,无能匡矫,然建特不与皓和好往来。蜀破之明年春,厥、建俱诣京都,同为相国参军,其秋并兼散骑常侍,使蜀慰劳。

〔译文〕

董厥在诸葛亮任丞相时担任丞相府令史，诸葛亮称赞他说："董令史，是个德才兼备的人。我每每和他交谈，都发现他思考问题谨慎而适宜。"后来调任他做主簿。诸葛亮去世后，董厥逐步升迁到尚书仆射，接替陈祗担任尚书令，又升任大将军，治理中台事务，而义阳人樊建接替他担任尚书令。延熙十四年，樊建以校尉的身份出使吴国，正值孙权病重，不能亲自接见樊建。后来孙权问诸葛恪说："樊建和之前出使我国的宗豫相比怎么样？"诸葛恪回答说："才能学识不如宗豫，但是儒雅之性超过他。"樊建后来任侍中，一直担任尚书令。自从诸葛瞻、董厥、樊建统领政事之后，姜维常年在外作战，宦官黄皓暗中玩弄权术，所有人都一起维护他，没有人能够矫正他，然而只有樊建不和黄皓结交往来。蜀国被攻破的第二年春天，董厥、樊建一起到了魏国的京城洛阳，同任相国参军，当年秋天一同兼任散骑常侍，魏文帝派他们出使蜀国慰劳民众。

评曰：诸葛亮之为相国也，抚百姓，示仪轨，约官职，从权制①，开诚心，布公道；尽忠益时者虽仇必赏，犯法怠慢者虽亲必罚，服罪输情者虽重必释，游辞巧饰者虽轻必戮②，善无微而不赏，恶无纤而不贬；庶事精练，物理其本，循名责实③，虚伪不齿④；终于邦域之内，咸畏而爱之，刑政虽峻而无怨者，以其用心平而劝戒明也。可谓识治之良才，管、萧之亚匹矣。然连年动众，未能成功，盖应变将略，非其所长欤！

〔注释〕

①从权制：指采取权宜的措施，变通办理。

②游辞巧饰：用没有根据的话多方掩饰。

③循名责实：按照名称来考察实际内容，要求名实相副。循，依照。责，要求。

④不齿：不愿意提到，表示极端鄙视。本义是指没有资格与他人序齿，即没有资格与他人并列。

〔译文〕

评曰：诸葛亮担任相国，爱抚百姓，昭示礼法，精简官职，事从权宜，坦露诚心，宣扬公道；他竭尽忠心，有益于当时的人，即使是自己的仇人也一定加以赏赐，违犯法令懈怠傲慢的人即使是自己的亲属也一定施以惩罚，认罪服法真心悔改的人即使罪过重大也一定从轻发落，犯了错却百般掩饰的人即使罪错较轻也一定会严惩，对行善的人不会因为其善微小而不奖赏，对作恶的人不会因为其恶微小而不处置；他处理所有的事务都精当练达，面对事物能够抓住它的根本，能够按照名称来考察实际内容使名实相副，极端鄙视虚伪的人；在整个国境之内，所有人都敬畏和爱戴他，刑法政令虽然很严峻却没有怨恨他的人，这是因为他用心公平而且劝诫分明。可以说他是有见识的治理国家的优秀人才，可以同管仲、萧何之类的人相匹敌。但是连年出兵北伐，却没能取得成功，大概是由于应对形势变化和率军打仗的才略不是他的长项吧！

卷三十六　蜀书六

关张马黄赵传第六

〔题解〕

《蜀书六》是关羽、张飞、马超、黄忠、赵云五人的合传，此五人在不同时期来到刘备身边助其成就大事，被人们合称为蜀中的“五虎上将”。传中记载了上述五人人生中最光辉的事迹和最辉煌的功业，如关羽在万马军中砍下名将颜良的首级，能报曹操知遇却不弃刘备厚恩，以及刮骨疗毒谈笑自若；张飞长坂对敌的威风凛凛，义释严颜的怒极而喜，大败张郃的战术精妙；马超的武艺高强、陇上声威天下皆知，识人之能使其不甘居于张鲁之下乃有投奔刘备之心，而兵临城下即能令刘璋稽首投降更可让人想见马超雄姿非凡；黄忠率先垂范、勇冠三军，定军山一战而斩夏侯渊堪称老当益壮；赵云于乱军之中单骑救出后主刘禅与其母甘夫人，足以成为蜀汉的功臣。《关张马黄赵传》不仅记述了五人一生之中的高光时刻，对传主的缺点和不足也毫不隐讳，参照文末的评点，可见陈寿卓越的史识。

关羽字云长，本字长生，河东解人也。亡命奔涿郡。先主于乡里合徒众，而羽与张飞为之御侮。先主为平原相，以羽、飞为别部司马，分统部曲。先主与二人寝则同床，恩若兄弟。而稠人广坐，侍立终日，随先主周旋，不避艰险。先主之袭杀徐州刺史车胄，使羽守下邳城，行太守事，而身还小沛。

〔译文〕

关羽字云长，本来字长生，河东郡解县人。逃亡到涿郡。先主刘备在乡间聚合人马，关羽与张飞为他护卫。先主担任平原相，让关羽、张飞担任别部司马，分别统率属下军队。先主和他们二人睡觉也在一张床上，恩义就像亲兄弟一样。而在大庭广众之下很多人在坐的时候，他们就整天侍立在先主左右，跟随先主征战四方，不回避艰难险阻。先主攻打徐州并杀死徐州刺史车胄后，让关羽镇守下邳城，兼任太守的事务，而自己回军驻守小沛。

建安五年，曹公东征，先主奔袁绍。曹公禽羽以归，拜为偏将军，礼之甚厚。绍遣大将颜良攻东郡太守刘延于白马，曹公使张辽及羽为先锋击之。羽望见良麾盖，策马刺良于万众之中，斩其首还，绍诸将莫能当者，遂解白马围。曹公即表封羽为汉寿亭侯。初，曹公壮羽为人，而察其心神无久留之意，谓张辽曰："卿试以情问之。"既而辽以问羽，羽叹曰："吾极知曹公待我厚，然吾受刘将军厚恩,誓以共死,不可背之。吾终不留,吾要当立效以报曹公乃去。”辽以羽言报曹公,曹公义之。及羽杀颜良,曹公知其必去,重加赏赐。羽尽封其所赐,拜书告辞,而奔先主于袁军。左右欲追之,曹公曰:“彼各为其主,勿追也。”

〔译文〕

建安五年,曹操东征,先主投奔袁绍。曹操生擒关羽而归,任命他为偏将军,给他的礼遇十分优厚。袁绍派大将军颜良在白马攻打东郡太守刘延,曹操派张辽和关羽为先锋迎击颜良。关羽看见颜良的帅旗车盖,就催马上前在千军万马之中斩杀了颜良,并砍下他的首级带了回去,袁绍的众位将领没有能够抵挡他的,于是解除了白马之围。曹操立即上表请求封关羽为汉寿亭侯。当初,曹操看重关羽的人品,但是观察他的心意似乎没有长期留下来的打算,就对张辽说:“你试着凭借你们的交情去问问他。”后来张辽就问了关羽,关羽叹息说:“我深知曹公待我恩遇深厚,但我受刘将军厚恩,曾发誓要生死与共,我不可以背弃他。我最终不会留在这里,但我要在立功报答曹公的恩情之后才会离开。”张辽把关羽的话回报了曹操,曹操认为关羽是个情深义重的人。等到关羽杀了颜良,曹操知道他一定会离去,就重重地赏赐他。关羽把曹操赐给他的财物全部封存起来,留下书信向曹操告辞,就赶往袁绍的军营去追寻先主了。曹操左右的人要去追赶他,曹操说:“各自都是为自己的主人效力,不要追了。”

从先主就刘表。表卒，曹公定荆州，先主自樊将南渡江，别遣羽乘船数百艘会江陵。曹公追至当阳长阪①，先主斜趣汉津，适与羽船相值，共至夏口。孙权遣兵佐先主拒曹公，曹公引军退归。先主收江南诸郡，乃封拜元勋，以羽为襄阳太守、荡寇将军，驻江北。先主西定益州，拜羽董督荆州事。羽闻马超来降，旧非故人，羽书与诸葛亮，问超人才可谁比类。亮知羽护前，乃答之曰："孟起兼资文武，雄烈过人，一世之杰，黥、彭之徒，当与益德并驱争先，犹未及髯之绝伦逸群也。"羽美须髯，故亮谓之髯。羽省书大悦，以示宾客。

〔注释〕

①长阪：今作长坂。属今湖北当阳东北。

〔译文〕

关羽跟着先主投奔了刘表。刘表去世后，曹操接受刘琮的投降平定了荆州，先主从樊城准备南渡长江，另外派关羽率领几百艘战船与自己在江陵会合。曹操追至当阳长坂坡，先主抄近路赶赴汉津，恰好与关羽的船队相会，就一起到了夏口。孙权派兵协助先主对抗曹操，曹操率军退回。先主收复占领了江南各郡，于是给立有大功的人员封官拜爵，任命关羽为襄阳太守、荡寇将军，驻扎在长江北岸。先主向西平定益州，任命关羽统领荆州事务。关羽听说马超前来投降，两个人从前并非故交，关羽就写信给诸葛亮问马超的人品才能可以与谁相比。诸葛亮知道关羽性情好胜，就回信说："马超马孟起文武双全，勇猛刚烈胜过常人，是当世的豪杰，是黥布、彭越一类的人物，应当可以和张飞张益德并驾齐驱争个先后，但还是赶不上美髯公您的超群绝伦。"关羽长着一副很美的胡须，所以诸葛亮称他为美髯公。关羽收到诸葛亮的信十分高兴，把它拿给宾客们传阅。

羽尝为流矢所中，贯其左臂，后创虽愈，每至阴雨，骨常疼痛，医曰："矢镞有毒，毒入于骨，当破臂作创，刮骨去毒，然后此患乃除耳。"羽便伸臂令医劈之。时羽适请诸将饮食相对，臂血流离，盈于盘器，而羽割炙引酒，言笑自若。

〔译文〕

关羽曾经被流箭射中，箭矢穿透他的左臂，后来伤口虽然愈合，但每到阴雨天，骨头经常疼痛，医生说："箭头有毒，毒渗入骨中，应当剖开手臂上的肉形成新的创口，刮去骨头上的余毒，然后这个病痛就会除掉了。"关羽便伸出左臂让医生割开医治。当时关羽正宴请诸将相对聚餐，手臂上鲜血淋漓，装满了下面承接的盘子，而关羽仍然用另一只手割取烤肉举酒畅饮，并且谈笑自如。

二十四年，先主为汉中王，拜羽为前将军，假节钺。是岁，羽率众攻曹仁于樊。曹公遣于禁助仁。秋，大霖雨，汉水泛溢，禁所督七军皆没。禁降羽，羽又斩将军庞悳。梁、郏、陆浑群盗或遥受羽印号，为之支党，羽威震华夏。曹公议徙许都以避其锐，司马宣王、蒋济以为关羽得志，孙权必不愿也。可遣人劝权蹑其后，许割江南以封权，则樊围自解。曹公从之。先是，权遣使为子索羽女，羽骂辱其使，不许婚，权大怒。又南郡太守麋芳在江陵，将军士仁屯公安，素皆嫌羽轻己。自羽之出军，芳、仁供给军资，不悉相救。羽言“还当治之”，芳、仁咸怀惧不安。于是权阴诱芳、仁，芳、仁使人迎权。而曹公遣徐晃救曹仁，羽不能克，引军退还。权已据江陵，尽虏羽士众妻子，羽军遂散。权遣将逆击羽，斩羽及子平于临沮。

〔译文〕

建安二十四年，先主做了汉中王，任命关羽为前将军，授予他符节和斧钺。这一年，关羽在樊城率军攻打曹仁。曹操派于禁去帮助曹仁。秋天，大雨连绵不断，汉水泛溢，于禁所督率的七军全部被淹。于禁投降了关羽，关羽又斩杀了将军庞悳（dé）。梁、郏、陆浑各县的盗贼有一些遥遥地接受了关羽授予的官印和封号，成为他的分支下属，关羽的威名震动中原。曹操与属下商议迁出许都来躲避他的锋芒，司马懿、蒋济认为关羽得志，孙权一定不愿意。可以派人劝孙权偷袭关羽的后方，答应割长江以南的地方来封赏孙权，那么樊城之围自然就解除了。曹操采纳了他们的意见。在这之前，孙权派使者为自己的儿子向关羽的女儿求亲，关羽责骂羞辱了孙权的使者，拒绝了婚事，孙权十分生气。另外南郡太守麋芳驻扎在江陵，将军士仁驻扎在公安，平时都怨恨关羽轻视自己。自从关羽出征，麋芳、士仁负责供应军用物资，却不尽全力去补给。关羽说“回军后一定惩治他们”，麋芳、士仁都心怀恐惧十分不安。因此孙权暗中引诱麋芳、士仁，麋芳、士仁就派人迎接孙权。而曹操派徐晃救援曹仁，关羽不能取胜，率军退回。孙权已经占据江陵，全数俘虏了关羽手下将士的妻子儿女，关羽的军队于是就溃散了。孙权派将领迎击关羽，在临沮杀死了关羽和他的儿子关平。

追谥羽曰壮缪侯。子兴嗣。兴字安国，少有令问，丞相诸葛亮深器异之。弱冠为侍中、中监军[①]，数岁卒。子统嗣，尚公主，官至虎贲中郎将。卒，无子，以兴庶子彝续封[②]。

〔注释〕

①弱冠：古时以男子二十岁为成人，初加冠，行冠礼，因体犹未壮，故称弱冠。后以“弱冠”指二十岁。

②庶子：古代正妻所生之子为嫡子，妾室所生之子为庶子。

〔译文〕

后主追赠关羽谥号为壮缪侯。关羽的儿子关兴继承了他的爵位。关兴字安国，年少时就有很好的名声，丞相诸葛亮十分器重他，并认为他与众不同。二十岁左右就做了侍中、中监军，几年后就死了。关兴的嫡子关统继承了他的爵位，娶了公主，官至虎贲中郎将。关统死后，没有儿子，由关兴庶出的儿子关彝继承封号。

张飞字益德，涿郡人也，少与关羽俱事先主。羽年长数岁，飞兄事之。先主从曹公破吕布，随还许，曹公拜飞为中郎将。先主背曹公依袁绍、刘表。表卒，曹公入荆州，先主奔江南。曹公追之，一日一夜，及于当阳之长阪。先主闻曹公卒至，弃妻子走，使飞将二十骑拒后。飞据水断桥，瞋目横矛曰[①]："身是张益德也，可来共决死！"敌皆无敢近者，故遂得免。先主既定江南，以飞为宜都太守、征虏将军，封新亭侯，后转在南郡。先主入益州，还攻刘璋，飞与诸葛亮等泝流而上，分定郡县。至江州，破璋将巴郡太守严颜，生获颜。飞呵颜曰："大军至，何以不降而敢拒战？"颜答曰："卿等无状[②]，侵夺我州，我州但有断头将军，无有降将军也。"飞怒，令左右牵去斫头，颜色不变，曰："斫头便斫头，何为怒邪！"飞壮而释之，引为宾客。飞所过战克，与先主会于成都。益州既平，赐诸葛亮、法正、飞及关羽金各五百斤，银千斤，钱五千万，锦千匹，其余颁赐各有差，以飞领巴西太守。

〔注释〕

①瞋（chēn）目：瞪大眼睛表示愤怒。

②无状：谓行为失检，没有礼貌。

〔译文〕

张飞字益德，是涿郡人，年轻时就和关羽一起事奉先主。关羽年长几岁，张飞像对待兄长一样对待他。先主跟从曹操打败吕布，又跟随曹操回到许都，曹操任命张飞为中郎将。先主背弃曹操依附袁绍、刘表。刘表死后，曹操进入荆州，先主逃奔长江之南。曹操追赶他一天一夜，一直追到当阳县的长坂坡。先主听说曹操突然来到，就丢下妻子儿女逃跑，派张飞带领二十名骑兵在后面抵挡追兵。张飞立于河边拆除桥梁，愤怒地瞪大眼睛，横握手中蛇矛说："我是张益德，你们可以前来共同一决生死！"敌军中没有一个敢于靠近的人，所以先主等人得以脱难。先主平定江南之后，让张飞担任宜都太守、征虏将军，封他为新亭侯，后来调往南郡。先主进入益州，回军攻打刘璋，张飞与诸葛亮等人溯流而上，分别平定了各个郡县。张飞来到江州，打败了刘璋的部将巴郡太守严颜，活捉了严颜。张飞呵斥严颜说："我们的大军来到这里，你为什么不投降而竟敢抵抗？"严颜回答说："你们不讲道理，侵袭夺取我们的州郡，我们州中只有断头的将军，没有投降的将军。"张飞很生气，命令左右牵他去砍头，严颜神色不变，说："砍头就砍头，为什么要发怒呢！"张飞被他的勇气打动就释放了他，并让他做了自己门下的宾客。张飞所过之处战无不胜，与先主在成都会合。益州平定后，先主赐诸葛亮、法正、张飞及关羽每人金五百斤、银千斤、钱五千万、锦千匹，其余将士的赏赐各有差别，任命张飞兼任巴西太守。

曹公破张鲁，留夏侯渊、张郃守汉川。郃别督诸军下巴西，欲徙其民于汉中，进军宕渠、蒙头、荡石，与飞相拒五十余日。飞率精卒万余人，从他道邀郃军交战，山道迮狭[①]，前后不得相救，飞遂破郃。郃弃马缘山，独与麾下十余人从间道退，引军还南郑，巴土获安。先主为汉中王，拜飞为右将军，假节。章武元年，迁车骑将军，领司隶校尉，进封西乡侯，策曰："朕承天序，嗣奉洪业，除残靖乱，未烛厥理。今寇虏作害，民被荼毒[②]，思汉之士，延颈鹤望。朕用怛然[③]，坐不安席，食不甘味，整军诰誓[④]，将行天罚。以君忠毅，侔踪召虎，名宣遐迩，故特显命，高墉进爵[⑤]，兼司于京。其诞将天威[⑥]，柔服以德，伐叛以刑，称朕意焉。《诗》不云乎，'匪疚匪棘，王国来极。肇敏戎功[⑦]，用锡尔祉'。可不勉欤！"

〔注释〕

①迮（zé）狭：狭小，狭窄。

②荼毒（túdú）：毒害；残害。

③怛（dá）然：忧伤。

④诰誓：此处指古代君王训诫勉励民众的文告。

⑤高墉：本义为高大的城墙。此处"高"为动词，"高墉"指升官。

⑥诞将：大力奉行。

⑦肇敏（zhàomǐn）：意思是指黾勉，尽心竭力。

〔译文〕

曹操打败张鲁，留下夏侯渊、张郃守卫汉川。张郃另外督率各个军队南下巴西，想要把巴西的人民迁移到汉中去，张郃进军宕渠、蒙头、荡石，与张飞相持五十余日。张飞率领精锐部卒一万余人，从其他道路截击张郃的军队与之交战，山道狭窄，张郃的军队不能前后互相救援，张飞就打败了张郃。张郃丢下战马攀缘山壁，只和手下十几个人从小道撤退，率军回到南郑，巴西境内得到安定。先主做了汉中王，任命张飞为右将军，授予符节。章武元年，升任车骑将军，兼任司隶校尉，进封为西乡侯，先主颁布的策命上说："朕承接天道秩序，继承祖先大业，铲除暴虐平定祸乱，尚未光大至理。如今贼寇为害，人民遭受残害，思念汉室的志士仁人，都伸长颈项，翘首以待。朕的心中十分忧伤，坐在席上不安稳，吃饭也不香，整顿军队宣读诰誓，准备禀承天意惩罚贼寇。因为您忠诚刚毅，堪比西周的召虎，远近闻名，所以特别颁布诏书，提高您的官职，进封您的爵位，兼管京城一带。希望您大力奉行上天的威严，用德行使人民温柔顺服，用武力攻打叛乱的贼寇，让朕称心如意。《诗经》上不是说吗，'不要扰民不要过急，要以王国规范为准则。尽心竭力建立大功，就是上天赐给你的福泽。'怎么能不勤勉呢！"

初，飞雄壮威猛，亚于关羽，魏谋臣程昱等咸称羽、飞万人之敌也。羽善待卒伍而骄于士大夫，飞爱敬君子而不恤小人。先主常戒之曰："卿刑杀既过差，又日鞭挝健儿，而令在左右，此取祸之道也。"飞犹不悛。先主伐吴，飞当率兵万人，自阆中会江州。临发，其帐下将张达、范彊杀之，持其首，顺流而奔孙权。飞营都督表报先主，先主闻飞都督之有表也，曰："噫！飞死矣。"追谥飞曰桓侯。长子苞，早夭。次子绍嗣，官至侍中、尚书仆射。苞子遵为尚书，随诸葛瞻于绵竹，与邓艾战，死。

〔译文〕

当初，张飞雄壮威猛，仅次于关羽，魏国的谋臣程昱等人都说关羽、张飞可以抵挡万人。关羽善待将士却对士大夫很傲慢，张飞喜爱和敬重有地位有名望的人却不体恤下层兵士和民众。先主经常劝诫他说："你用刑杀人已经过多，又经常鞭打士兵，却还让他们留在身边，这是会招来灾祸的做法啊！"张飞还是不肯改正。先主攻打吴国，张飞准备率领军队一万人，从阆中出发到江州与先主会合。将要出发时，他帐下的部将张达、范彊刺杀了他，带着他的首级，顺江而下投奔孙权去了。张飞营中的都督上表报告先主，先主听说张飞的都督有表上奏，就说："唉！张飞死了。"后主追赐张飞谥号为桓侯。张飞的长子张苞，还在少壮之时就去世了。次子张绍继承了爵位，官至侍中、尚书仆射。张苞的儿子张遵任尚书，跟随诸葛瞻在绵竹，与邓艾作战而死。

马超字孟起，扶风茂陵人也。父腾，灵帝末与边章、韩遂等俱起事于西州。初平三年，遂、腾率众诣长安。汉朝以遂为镇西将军，遣还金城，腾为征西将军，遣屯郿。后腾袭长安，败走，退还凉州。司隶校尉钟繇镇关中，移书遂、腾，为陈祸福。腾遣超随繇讨郭援、高幹于平阳，超将庞德亲斩援首。后腾与韩遂不和，求还京畿[①]。于是征为卫尉,以超为偏将军,封都亭侯,领腾部曲。

〔注释〕

①京畿(jī):指国都及其附近的地区。

〔译文〕

马超字孟起,是扶风茂陵人。他的父亲马腾,于汉灵帝末年在西州与边章、韩遂等人一起起兵造反。初平三年,韩遂、马腾率军来到长安。汉朝任命韩遂为镇西将军,派他回到金城驻守,任命马腾为征西将军,派他驻扎在郿县。后来马腾偷袭长安,失败逃走,退回到凉州。司隶校尉钟繇镇守关中,写信给韩遂、马腾,向他们陈说祸福利弊。马腾就派马超跟随钟繇到平阳征讨郭援、高幹,马超的部将庞德亲手砍下了郭援的首级。后来马腾与韩遂不和,要求回到京城一带。于是朝廷就征召马腾为卫尉,任命马超为偏将军,封都亭侯,统领马腾手下的军队。

超既统众,遂与韩遂合从,及杨秋、李堪、成宜等相结,进军至潼关。曹公与遂、超单马会语,超负其多力,阴欲突前捉曹公,曹公左右将许褚瞋目眄之[①],超乃不敢动。曹公用贾诩谋,离间超、遂,更相猜疑,军以大败。超走保诸戎,曹公追至安定,会北方有事,引军东还。杨阜说曹公曰:“超有信、布之勇,甚得羌、胡心。若大军还,不严为其备,陇上诸郡非国家之有也[②]。”超果率诸戎以击陇上郡县，陇上郡县皆应之，杀凉州刺史韦康，据冀城，有其众。超自称征西将军，领并州牧，督凉州军事。康故吏民杨阜、姜叙、梁宽、赵衢等，合谋击超。阜、叙起于卤城，超出攻之，不能下；宽、衢闭冀城门，超不得入。进退狼狈，乃奔汉中依张鲁。鲁不足与计事，内怀于邑③，闻先主围刘璋于成都，密书请降。

〔注释〕

①盻(xì)：仇视，怒视。

②陇上：泛指今陕北、甘肃及其以西一带地方。陇上诸郡包括陇西、南安、汉阳、永阳等大郡县，在汉末时期，陇上诸郡县相当于三分之二的凉州。

③于邑：亦作“于悒”。忧郁烦闷。

〔译文〕

马超统率军队之后，就与韩遂联合，并和杨秋、李堪、成宜等人互相结盟，进军到潼关。曹操与韩遂、马超单人匹马会面交谈，马超自视力大，想要暗中上前捉住曹操，曹操身边的将领许褚一直瞪眼怒视他，马超才没敢行动。曹操采纳贾诩的计策，离间马超、韩遂，两人互相猜疑，军队因此大败。马超逃到戎族的部落以求自保，曹操追到安定，正赶上北方发生战事，就率军向东返回。杨阜劝曹操说：“马超有韩信、英布的勇武，很得羌人、胡人的心。如果我们的大军东归，而不对他严加防备，陇上各郡就不会再为国家所有了。”马超果然率领戎族攻打陇上郡县，陇上郡县都响应他，杀了凉州刺史韦康，占据了冀城，夺取了他的人马。马超自称征西将军,兼任并州牧,督率凉州军事。韦康原来的下属杨阜、姜叙、梁宽、赵衢等人,合谋攻打马超。杨阜、姜叙在卤城起兵,马超出冀城攻打他们,没能攻下;梁宽、赵衢关闭了冀城的城门,马超返回又无法入城。马超进退两难,就奔向汉中依附张鲁。张鲁不足以共谋大事,马超心中十分忧郁,听说先主在成都围困了刘璋,就秘密写信给先主请求归降。

先主遣人迎超,超将兵径到城下。城中震怖,璋即稽首,以超为平西将军,督临沮,因为前都亭侯。先主为汉中王,拜超为左将军,假节。章武元年,迁骠骑将军,领凉州牧,进封斄乡侯①,策曰:“朕以不德,获继至尊,奉承宗庙。曹操父子,世载其罪,朕用惨怛,疢如疾首。海内怨愤,归正反本,暨于氐羌率服②,獯鬻慕义③。以君信著北土,威武并昭,是以委任授君,抗飏虓虎④,兼董万里,求民之瘼。其明宣朝化,怀保远迩,肃慎赏罚,以笃汉祜,以对于天下。”二年卒,时年四十七。临没上疏曰:“臣门宗二百余口,为孟德所诛略尽,惟有从弟岱,当为微宗血食之继⑤,深托陛下,余无复言。”追谥超曰威侯,子承嗣。岱位至平北将军,进爵陈仓侯。超女配安平王理。

〔注释〕

①斄:读作 lí,也通“犁”。

②氐羌(dīqiāng):我国古代少数民族,氐族与羌族的并称,居住在今

西北一带。

③獯鬻(xūnyù):亦作“獯粥”。泛指北方少数民族。

④抗飏(yáng):振扬。虓(xiāo)虎:咆哮的老虎。用于形容将领作战勇猛。虓,虎吼。

⑤血食:指用于祭祀的食品或受享祭品。古代杀牲取血以祭,故称“血食”。中国古代尤其是春秋战国时期,常常以“血食”“不血食”借以指代国家的延续和破灭,“不血食”指国家的祖先不能再得到祭祀,也就是这个国家灭亡了。

〔译文〕

先主派人迎接马超,马超率军径直来到成都城下。城中官兵都感到震惊恐惧,刘璋立即稽首投降,任命马超为平西将军,统管临沮,仍旧享受之前都亭侯的封号。先主做了汉中王,任命马超为左将军,授予符节。章武元年,升任为骠骑将军,兼任凉州牧,进封为斄乡侯,先主颁布策命说:“朕以无德无才之身,继承至尊帝位,奉上天之命承接祭祀汉朝刘氏宗庙之职。曹操父子,世间写满他们的罪恶,朕的内心无比惨痛,忧伤到极点。四海之内人民怨恨愤怒,都希望回归汉室本来的正统,以至于氐羌之族全部顺服,北方少数民族倾慕正义。因为您的信义著称于北方,威望与武力都很显赫,所以把重要的任务交托给您,希望您能振扬虎啸之威,管理万里疆土,关心百姓疾苦。希望您能大力宣扬朝廷教化,心怀保卫远近各地之志,严肃谨慎地施行赏罚,以巩固我汉朝的福运,以面对天下百姓。”章武二年马超去世,当年四十七岁。临死之时马超上奏疏给先主说:“臣宗族二百多口人,被曹操几乎杀光了,只有堂弟马岱,应当成为我们这个微弱的家族承接香火掌管祭祀的人，我恳切地把他托付给陛下，其他就没有什么可说的了。”后主刘禅追谥马超为威侯，马超的儿子马承继承爵位。马岱官做到平北将军，进封爵位为陈仓侯。马超的女儿嫁给了安平王刘理。

黄忠字汉升，南阳人也。荆州牧刘表以为中郎将，与表从子磐共守长沙攸县。及曹公克荆州，假行裨将军，仍就故任，统属长沙太守韩玄。先主南定诸郡，忠遂委质[①]，随从入蜀。自葭萌受任，还攻刘璋，忠常先登陷陈，勇毅冠三军。益州既定，拜为讨虏将军。建安二十四年，于汉中定军山击夏侯渊。渊众甚精，忠推锋必进[②]，劝率士卒，金鼓振天，欢声动谷，一战斩渊，渊军大败。迁征西将军。是岁，先主为汉中王，欲用忠为后将军，诸葛亮说先主曰："忠之名望，素非关、马之伦也，而今便令同列，马、张在近，亲见其功，尚可喻指[③]；关遥闻之，恐必不悦，得无不可乎！”先主曰："吾自当解之。"遂与羽等齐位，赐爵关内侯。明年卒，追谥刚侯。子叙，早没，无后。

〔注释〕

①委质：向君主献礼，表示献身，引申为臣服、归附。

②推锋：摧挫敌人的兵刃，意指冲锋。泛指用兵、进兵。推，通“摧”。

③喻指：同“喻旨”，指知晓旨意，喻示旨意。

〔译文〕

黄忠字汉升,是南阳人。荆州牧刘表任命他为中郎将,与刘表的侄子刘磐一起驻守长沙郡攸县。等到曹操攻克荆州,让他代理裨将军,仍然赴之前的职位就任,隶属于长沙太守韩玄。先主南下平定诸郡,黄忠就投降,跟随先主进入蜀地。在葭萌接受军令,回军攻打刘璋,黄忠常常率先登城冲锋陷阵,勇猛果敢名冠三军。益州平定之后,黄忠被任命为讨虏将军。建安二十四年,黄忠在汉中定军山攻打夏侯渊。夏侯渊的军队十分精良,黄忠进兵一心向前,劝导激励士卒,擂鼓之声声震天地,喊杀之声声动山谷,两军刚一交战就在阵前斩杀了夏侯渊,夏侯渊的军队大败。黄忠升任征西将军。这一年,先主做了汉中王,想要任用黄忠为后将军,诸葛亮劝先主说:“黄忠的声名威望,平素不能与关羽、马超相比,如今立刻就让他们居于同列,马超、张飞在跟前,亲自看见了他的功劳,还可以理解;关羽在远方听到这个消息,恐怕一定会不高兴,这样做不太好吧!”先主说:“我会亲自向关羽解释这件事的。”黄忠就和关羽等人地位相同,赐爵关内侯。第二年黄忠去世,追谥刚侯。黄忠的儿子黄叙,很早就死了,没有后人。

赵云字子龙,常山真定人也。本属公孙瓒,瓒遣先主为田楷拒袁绍,云遂随从,为先主主骑。及先主为曹公所追于当阳长阪,弃妻子南走,云身抱弱子,即后主也,保护甘夫人,即后主母也,皆得免难。迁为牙门将军。先主入蜀，云留荆州。

〔译文〕

赵云字子龙，是常山真定人。他本来属于公孙瓒的部队，公孙瓒派先主援助田楷抵御袁绍，赵云就跟随先主前往，担任为先主管理骑兵的武将。到了先主被曹操追击到当阳长坂坡时，先主丢弃妻子儿女向南逃走，赵云亲自抱着先主年幼的儿子刘禅，就是后主，保护甘夫人，就是后主的生母，他们都得以免于殉难。赵云升任牙门将军。先主进入蜀地，赵云留守荆州。

先主自葭萌还攻刘璋，召诸葛亮。亮率云与张飞等俱泝江西上，平定郡县。至江州，分遣云从外水上江阳，与亮会于成都。成都既定，以云为翊军将军。建兴元年，为中护军、征南将军，封永昌亭侯，迁镇东将军。五年，随诸葛亮驻汉中。明年，亮出军，扬声由斜谷道，曹真遣大众当之。亮令云与邓芝往拒，而身攻祁山。云、芝兵弱敌强，失利于箕谷，然敛众固守，不至大败。军退，贬为镇军将军。

〔译文〕

先主从葭萌回军攻打刘璋，召令诸葛亮率军前去。诸葛亮率领赵云与张飞等人一起沿江向西逆流而上，平定了周边郡县。到了江州，诸葛亮分派赵云沿长江的支流岷江上到江阳，后与诸葛亮在成都会师。成都平定以后，先主任命赵云为翊军将军。

建兴元年，赵云任中护军、征南将军，被封为永昌亭侯，又升任镇东将军。建兴五年，赵云随诸葛亮驻守汉中。第二年，诸葛亮出兵，扬言要从斜谷道进兵魏国，曹真派大军抵御他们。诸葛亮命令赵云与邓芝前去迎战，而自己亲自攻打祁山。赵云、邓芝兵力较差而敌军很是强大，就在箕谷打了败仗，但仍能聚集人马坚守阵地，不至于大败。军队退回来之后，赵云被贬为镇军将军。

七年卒，追谥顺平侯。

〔译文〕

建兴七年赵云去世，后主追赐谥号为顺平侯。

初，先主时，惟法正见谥。后主时，诸葛亮功德盖世，蒋琬、费祎荷国之重，亦见谥；陈祇宠待，特加殊奖，夏侯霸远来归国，故复得谥；于是关羽、张飞、马超、庞统、黄忠及云乃追谥，时论以为荣。云子统嗣，官至虎贲中郎，督行领军。次子广，牙门将，随姜维沓中，临陈战死。

〔译文〕

当初，先主当政时，只有法正被赐予谥号。后主当政时，诸葛亮的功业德行都高过世人，蒋琬、费祎担负国之重任，都被赐予谥号；陈祇深受宠爱，给予他加赐谥号的特别奖赏，夏侯霸从远方前来归降蜀国，所以也得到了谥号；因此关羽、张飞、马超、庞统、黄忠以及赵云就都被追赐谥号，当时的舆论都认为十分荣耀。赵云的儿子赵统继承爵位，官职做到了虎贲中郎，督率统领军队。赵云的次子赵广，任牙门将，跟随姜维到沓中，在战场上战死。

评曰："关羽、张飞皆称万人之敌，为世虎臣。羽报效曹公，飞义释严颜，并有国士之风①。然羽刚而自矜，飞暴而无恩，以短取败，理数之常也。马超阻戎负勇，以覆其族，惜哉！能因穷致泰，不犹愈乎！黄忠、赵云强挚壮猛，并作爪牙，其灌、滕之徒欤？

〔注释〕

①国士：指国中才能最优秀的人物。

〔译文〕

评曰："关羽、张飞都称得上以一人之力抵挡万人，是当世猛虎一样的武将。关羽报恩效力曹操，张飞大义释放严颜，都有国中异士的风范。但是关羽刚烈而骄傲，张飞暴躁而不能对人施以恩德，都因为自己的短处而遭遇死亡，这是理数的常态。马超依靠戎族自负勇力，导致家族覆灭，实在是可惜啊！但他能因陷于穷途转投先主而后半生平安康泰，不也可以弥补前半生的遗憾了吗！黄忠、赵云强壮勇猛，一起成为先主的帮手，就像是汉朝的开国名将灌婴和滕公夏侯婴这样的英雄吧？

卷四十六　吴书一

孙破虏讨逆传第一

〔题解〕

孙坚孙策父子都是三国时期的豪杰。孙坚出身低微却能年少成名，屡建战功，而且有胆有识，能谏张温杀董卓有理有据，亦能修缮汉室王陵成就忠烈之名。被《三国演义》移植到关羽身上的"斩华雄"，其实发生在孙坚身上，能斩杀曹军都督足见其勇力。孙策不但"美姿颜""性阔达"，而且能使袁术有"使术有子如孙郎，死复何恨"之叹，能得士民拥戴占据江东，能让曹操甘心施以礼遇、缔结婚姻，其过人之能可见一斑。只可惜这父子二人皆英年早逝，一为三十七岁，一为二十六岁。而二人遇袭的原因又无比相似，一为"单马"，一为"单骑"，所以陈寿说"皆轻佻果躁"。倘使二人于乱世之中能够多有慎重，三国形势或者亦能改写。孙策临终时对孙权所说的"举江东之众，决机于两陈之间，与天下争衡，卿不如我；举贤任能，各尽其心，以保江东，我不如卿"，也历来被视为孙策自知与知人的优秀例证。虽然篇末陈寿对孙权有所不满，但同代曹操"生子当如孙仲谋"之语与宋代苏轼"亲射虎，看孙郎"之句，都可以看出孙权亦不同凡响。

孙坚字文台，吴郡富春人，盖孙武之后也①。少为县吏。年十七，与父共载船至钱唐②，会海贼胡玉等从匏里上掠取贾人财物，方于岸上分之，行旅皆住，船不敢进。坚谓父曰："此贼可击，请讨之。"父曰："非尔所图也。"坚行操刀上岸，以手东西指麾，若分部人兵以罗遮贼状。贼望见，以为官兵捕之，即委财物散走。坚追，斩得一级以还；父大惊。由是显闻，府召署假尉。会稽妖贼许昌起于句章③，自称阳明皇帝，与其子韶扇动诸县，众以万数。坚以郡司马募召精勇，得千余人，与州郡合讨破之。是岁，熹平元年也。刺史臧旻列上功状，诏书除坚盐渎丞，数岁徙盱眙丞，又徙下邳丞。

〔注释〕

①孙武：春秋时著名军事家，著有《孙子兵法》。

②钱唐：即钱塘。在浙江杭州。

③妖贼：旧指以妖言惑众倡乱的人。

〔译文〕

孙坚字文台，吴郡富春人，可能是孙武的后代。他年少时就担任县吏之职。十七岁那年，孙坚和父亲一起乘船到钱塘，恰逢海盗胡玉等人从匏(páo)里上岸抢劫商人财物，正在岸上分赃，过路的行旅之人都停下来，船也不敢前行。孙坚对父亲说："这伙强盗应该予以打击，请让我去讨伐他们。"父亲说："这不是你能管的事。”孙坚将要执刀上岸之前，用手向东向西指挥，就像在分派人马来包抄海盗的样子。海盗远远看见，以为官兵要来抓捕他们，就丢下财物四散逃走了。孙坚上岸追赶，砍下一个海盗的首级回来；父亲十分惊奇。孙坚因此名声大显，郡府征召任命他为代理校尉。会稽郡人许昌妖言惑众在句章作乱，自称阳明皇帝，和他的儿子许韶煽动各县之人一同作乱，徒众达到一万多人。孙坚以郡司马的身份招募精兵勇士，召得一千余人，与州郡合力打败了他们。这一年是熹平元年。刺史臧旻(mín)向朝廷上报请功的文书，朝廷下诏书任命孙坚为盐渎丞，几年后调任盱眙丞，又调任下邳丞。

中平元年，黄巾贼帅张角起于魏郡，托有神灵，遣八使以善道教化天下，而潜相连结，自称黄天泰平①。三月甲子，三十六方一旦俱发，天下响应，燔烧郡县，杀害长吏。汉遣车骑将军皇甫嵩、中郎将朱儁将兵讨击之。儁表请坚为佐军司马，乡里少年随在下邳者皆愿从。坚又募诸商旅及淮、泗精兵，合千许人，与儁并力奋击，所向无前。汝、颍贼困迫，走保宛城。坚身当一面，登城先入，众乃蚁附，遂大破之。儁具以状闻上，拜坚别部司马。

〔注释〕

①黄天泰平："黄天泰平"即张角创立的"太平道"。张角自称"大贤良师"，把势力范围分为三十六区，称为"方"。一般认为"黄天"意为汉末

农民起义军的理想象形词,指的是类似夕阳落日般的天空,是一种用天象表达思想情感的词语;“泰”指事事顺心,万事如意;“平”指公平,人人大同。“黄天泰平”的意思是“高度希望天下人人皆泰”。

〔译文〕

中平元年,黄巾贼首领张角在魏郡起事,假托自己有神灵附体,派八个使者到天下各处传播他的“善道”,暗中互相勾结,自称“黄天泰平”。三月甲子日,三十六方在同一时间共同起兵,天下响应,焚烧郡县府衙,杀害地方长官。汉朝廷派遣车骑将军皇甫嵩、中郎将朱儁(jùn)率军讨伐攻打他们。朱儁上表奏请任命孙坚为左军司马,跟随孙坚在下邳的同乡年轻人都愿意追随他一同出征。孙坚又招募了很多商旅行人以及淮水、泗水一带的精壮兵士,总共有大概一千人,和朱儁合力奋勇杀敌,所到之处无不取胜。汝南郡、颍川郡的贼军走投无路,逃走固守宛城。孙坚亲自率军攻打一个方向,登上城墙最先进入宛城,兵士就像蚁群一样跟在他身后,于是大败贼军。朱儁把全部情况都写成文书上报,朝廷任命孙坚为别部司马。

边章、韩遂作乱凉州。中郎将董卓拒讨无功。中平三年,遣司空张温行车骑将军,西讨章等。温表请坚与参军事,屯长安。温以诏书召卓,卓良久乃诣温。温责让卓,卓应对不顺。坚时在坐,前耳语谓温曰:“卓不怖罪而鸱张大语①,宜以召不时至,陈军法斩之。”温曰:“卓素著威名于陇蜀之间,今日杀之,西行无依。”坚曰:

"明公亲率王兵[②],威震天下,何赖于卓?观卓所言,不假明公,轻上无礼,一罪也。章、遂跋扈经年[③],当以时进讨,而卓云未可,沮军疑众,二罪也。卓受任无功,应召稽留,而轩昂自高,三罪也。古之名将,仗钺临众[④],未有不断斩以示威者也,是以穰苴斩庄贾,魏绛戮杨干。今明公垂意于卓,不即加诛,亏损威刑,于是在矣。"温不忍发举,乃曰:"君且还,卓将疑人。"坚因起出。章、遂闻大兵向至,党众离散,皆乞降。军还,议者以军未临敌,不断功赏,然闻坚数卓三罪,劝温斩之,无不叹息。拜坚议郎。时长沙贼区星自称将军,众万余人,攻围城邑,乃以坚为长沙太守。到郡亲率将士,施设方略,旬月之间,克破星等。周朝、郭石亦帅徒众起于零、桂,与星相应。遂越境寻讨,三郡肃然。汉朝录前后功,封坚乌程侯。

〔注释〕

①鸱(chī)张:像猫头鹰张开翅膀一样,比喻嚣张、凶暴。

②明公:旧时对有名位者的尊称。

③跋扈(báhù):霸道、暴戾、蛮横、独断专行。

④仗钺:手持黄钺,表示将帅的权威。引申指统帅军队。

〔译文〕

边章、韩遂在凉州作乱。中郎将董卓抵御讨伐没有成功。中平三年,皇帝派司空张温兼任车骑将军,向西征讨边章等人。

张温上表奏请孙坚参与军事行动,驻扎在长安。张温凭借皇帝的诏书召见董卓,董卓过了很久才来拜见张温。张温责备董卓,董卓的回答很不恭顺。孙坚当时在座,上前在耳边对张温说:“董卓不惧罪责而嚣张凶暴出言不逊,应该按照召见却不按时抵达的罪名,宣明军法杀了他。”张温说:“董卓在陇蜀之间素来威名卓著,今天杀了他,向西进军就会没有依靠。”孙坚说:“明公您亲自率领天子的军队,威名震动天下,哪里还需要依赖董卓?看董卓所说的话,不把明公您放在眼里,轻慢上级不讲礼法,这是第一条罪状。边章、韩遂为祸一方已经有一年多了,应当及时进军讨伐,而董卓声称不可,使战事受到延误,军队心生疑惑,这是第二条罪状。董卓接受任命却没有取得战功,接受召见却拖延时间,并且骄傲自大,这是第三条罪状。古代的名将,手持黄钺统帅军队,没有不用斩首的方式来显示威严的,所以司马穰苴斩了庄贾,魏绛杀了杨干。如今明公您委屈自己对待董卓,不立即诛杀他,使军威刑法受损,就全在这件事上了。”张温不忍心采取行动,于是说:“您暂且回去吧,否则董卓将会怀疑我们。”孙坚就起身出去了。边章、韩遂听说朝廷大军将要抵达,党羽徒众四下逃散,都请求投降。大军返回,议政的官员认为军队没有与敌人作战,不应该记功行赏,然而听说孙坚历数董卓的三条罪状,劝张温杀掉董卓,没有人不感慨赞叹的。朝廷任命孙坚为议郎。当时长沙贼人区星自称为将军,军队有一万多人,攻打围困城邑,就任命孙坚为长沙太守。孙坚来到郡中亲自率领将士,制定计谋,一个月之间就打败了区星等人。周朝、郭石也率领徒众在零陵、桂阳起兵,与区星相呼应。于是孙坚越过长沙边界追寻讨伐他们,此后三郡秩序井然。汉朝记录孙坚前后的功劳，封孙坚为乌程侯。

灵帝崩，卓擅朝政，横恣京城。诸州郡并兴义兵，欲以讨卓。坚亦举兵。荆州刺史王叡素遇坚无礼，坚过杀之。比至南阳，众数万人。南阳太守张咨闻军至，晏然自若[①]。坚以牛酒礼咨，咨明日亦答诣坚。酒酣，长沙主簿入白坚："前移南阳，而道路不治，军资不具，请收主簿推问意故。"咨大惧欲去，兵陈四周不得出。有顷，主簿复入白坚："南阳太守稽停义兵，使贼不时讨，请收出案军法从事。"便牵咨于军门斩之。郡中震慄，无求不获。前到鲁阳，与袁术相见。术表坚行破虏将军，领豫州刺史。遂治兵于鲁阳城。当进军讨卓，遣长史公仇称将兵从事还州督促军粮。施帐幔于城东门外，祖道送称[②]，官属并会。卓遣步骑数万人逆坚，轻骑数十先到。坚方行酒谈笑，敕部曲整顿行阵，无得妄动。后骑渐益，坚徐罢坐，导引入城，乃谓左右曰："向坚所以不即起者，恐兵相蹈藉，诸君不得入耳。"卓兵见坚士众甚整，不敢攻城，乃引还。坚移屯梁东，大为卓军所攻，坚与数十骑溃围而出。坚常著赤罽帻[③]，乃脱帻令亲近将祖茂著之。卓骑争逐茂，故坚从间道得免。茂困迫，下马，以帻冠冢间烧柱，因伏草中。卓骑望见，围绕数重，定近觉是柱，乃去。坚复相收兵，合战于阳人，大破卓军，枭其都督华雄等。是时，或间坚于术，术怀疑，不运军粮。阳人去鲁阳百余里，坚夜驰见术，画地计校，曰："所以出身不顾，上为国家讨贼，下慰将军家门之私仇。坚与卓非有骨肉之怨也，而将军受谮润之言[4]，还相嫌疑！"术踧踖[5]，即调发军粮。坚还屯。卓惮坚猛壮，乃遣将军李傕等来求和亲，令坚列疏子弟任刺史、郡守者，许表用之。坚曰："卓逆天无道，荡覆王室，今不夷汝三族，縣[6]示四海，则吾死不瞑目，岂将与乃和亲邪？"复进军大谷，拒雒九十里。卓寻徙都西入关，焚烧雒邑。坚乃前入至雒，修诸陵，平塞卓所发掘。讫，引军还，住鲁阳。

〔注释〕

①晏然自若：平静安定的样子，不变常态，形容在紧张状态下沉静如常。晏然，平静安定的样子。自若，不变常态。

②祖道：古代为出行者祭祀路神和设宴送行的礼仪。

③赤罽（jì）帻（zé）：红色毛毡做的头巾。赤罽，指红色毛毡。

④谮润（zènrùn）：日积月累的谗言。

⑤踧踖（cùjí）：恭敬而局促不安的样子。

⑥縣（xuán）：古同"县"，悬挂，公开提示。

〔译文〕

汉灵帝去世，董卓独揽朝政，在京城横行恣意。各州郡一起建立义军，想要讨伐董卓。孙坚也组建军队。荆州刺史王叡平时对待孙坚很无礼，孙坚路过荆州的时候顺便杀了他。等孙坚到了南阳，军队已经集结了几万人。南阳太守张咨听说孙坚的军队到来，和平时一样没有任何作为。孙坚以牛、酒作为礼物送给张咨，张咨也在第二天来答谢孙坚。宴饮酣畅时，长沙主簿进来禀告孙坚说：“之前转移到南阳，而道路没有修整，军需物资也没有供给，请拘捕南阳主簿追究原因。”张咨十分害怕想要离去，但是兵士陈列四周无法出去。过了一会儿，长沙主簿再次进来对孙坚说：“南阳太守阻滞义军前进，使得贼人不能及时被讨伐，请拘捕他按照军法处置。”便将张咨拖到军营辕门斩杀了他。南阳郡里的人都震惊恐惧，无论孙坚要什么都会给他送来。之前孙坚到鲁阳的时候，和袁术见面。袁术上表奏请让孙坚担任破虏将军，兼任豫州刺史。孙坚于是在鲁阳训练军队。准备进军讨伐董卓时，孙坚派长史公仇称率领士兵回到本州督促筹备军粮。在鲁阳城东门外设置帐幔，举行仪式送别公仇称，官员下属都来参加。董卓派步兵骑兵数万人迎击孙坚，轻骑兵数十人最先到达。孙坚正在饮酒谈笑，命令手下部队排好对战军阵，不得随意乱动。后面到来的骑兵渐渐增多，孙坚缓缓离开座位，带领官员下属进入城中，才对身边的人说：“先前我之所以不立即起身，是担心士兵互相践踏，诸位就不能安然进城了。”董卓的士兵看见孙坚的军队列队严整，不敢攻打城池，就撤军回去了。孙坚转移驻扎在梁县东边，受到董卓军队的猛烈攻击，孙坚和几十名骑兵突破包围冲了出来。孙坚经常戴红色毛毡做的头巾，于是摘下头巾让亲信将领祖茂戴上。董卓的骑兵以头巾为目标争相追逐祖茂，所以孙坚从小道逃走了。祖茂被围困无路可走，下了马，把头巾戴到坟墓之间被烧过的柱子上，然后藏在草丛里。董卓的骑兵远远看见，将柱子重重围住，等到靠近才发觉是柱子，就离开了。孙坚重新寻找机会募集部队，在阳人与董卓作战，大败董卓的军队，把他的都督华雄等人的头砍了下来。

此时，有人向袁术挑拨他和孙坚的关系，袁术心怀疑虑，不给孙坚运送军粮。阳人距离鲁阳有一百余里，孙坚夜里骑马去见袁术，在地上画图分析形势，说："我之所以出生入死不顾个人安危，上是为国家讨伐贼人，下是为了替将军您报家门的私仇。我孙坚与董卓并没有杀害骨肉至亲的怨恨，而将军您听信谗言，反而对我猜忌怀疑！"袁术局促不安，立即调派军粮给孙坚。孙坚回到驻地。董卓忌惮孙坚勇猛强壮，就派将军李傕等人来请求联姻，并让孙坚列出子弟之中想要担任刺史、郡守之人的名单，许诺上表奏请任用他们。孙坚说："董卓悖逆天理，横行无道，倾覆王室，如今不灭你的三族，把你的罪恶昭示天下，我死不瞑目，怎么能和你联姻呢？"孙坚又向大谷进军，距离雒邑只有九十里。董卓不久就向西迁都进入函谷关，焚烧雒邑旧宫。孙坚于是前行进入雒邑，修缮汉朝各个帝王的陵墓，填塞修好了董卓所发掘的王陵。修缮之后率军返回，驻扎在鲁阳。

初平三年，术使坚征荆州，击刘表。表遣黄祖逆于樊、邓之间。坚击破之，追渡汉水，遂围襄阳，单马行岘山，为祖军士所射杀。兄子贲，帅将士众就术，术复表贲为豫州刺史。

〔译文〕

初平三年，袁术派孙坚征讨荆州，攻打刘表。刘表派黄祖在樊城、邓县之间迎战。孙坚打败了黄祖，追击他渡过了汉水，进而围困襄阳，孙坚单人骑马巡行岘(xiàn)山，被黄祖的士兵射死了。孙坚哥哥的儿子孙贲，率领将士军队投奔了袁术，袁术又上表奏请任命孙贲为豫州刺史。

坚四子：策、权、翊、匡。权既称尊号，谥坚曰武烈皇帝。

〔译文〕

孙坚有四个儿子：孙策、孙权、孙翊、孙匡。孙权称帝之后，追谥孙坚为武烈皇帝。

策字伯符。坚初兴义兵，策将母徙居舒，与周瑜相友，收合士大夫，江、淮间人咸向之。坚薨，还葬曲阿。已乃渡江居江都。

〔译文〕

孙策字伯符。孙坚兴建义军之初，孙策带着母亲吴氏移居舒县，和周瑜交情深厚，并广泛笼络结交士大夫，长江、淮水一带的人都很拥护他。孙坚去世，孙策送父亲的灵柩归葬曲阿县。不久渡过长江住在江都。

徐州牧陶谦深忌策。策舅吴景，时为丹杨太守，策乃载母徙曲阿，与吕范、孙河俱就景，因缘召募得数百人。兴平元年，从袁术。术甚奇之，以坚部曲还策。太傅马日磾杖节安集关东[①]，在寿春以礼辟策，表拜怀义校尉。术大将桥蕤、张勋皆倾心敬焉。术常叹曰:“使术有子如孙郎,死复何恨!”策骑士有罪,逃入术营,隐于内厩。策指使人就斩之,讫,诣术谢。术曰:“兵人好叛,当共疾之,何为谢也?”由是军中益畏惮之。术初许策为九江太守,已而更用丹杨陈纪。后术欲攻徐州,从庐江太守陆康求米三万斛。康不与,术大怒。策昔曾诣康,康不见,使主簿接之。策尝衔恨[2]。术遣策攻康,谓曰:“前错用陈纪,每恨本意不遂。今若得康,庐江真卿有也。”策攻康,拔之。术复用其故吏刘勋为太守,策益失望。先是,刘繇为扬州刺史,州旧治寿春。寿春,术已据之,繇乃渡江治曲阿。时吴景尚在丹杨,策从兄贲又为丹杨都尉,繇至,皆迫逐之。景、贲退舍历阳。繇遣樊能、于麋东屯横江津,张英屯当利口,以距术。术自用故吏琅邪惠衢为扬州刺史,更以景为督军中郎将,与贲共将兵击英等,连年不克。策乃说术,乞助景等平定江东。术表策为折冲校尉,行殄寇将军,兵财千余,骑数十匹,宾客愿从者数百人[3]。比至历阳,众五六千。策母先自曲阿徙于历阳,策又徙母阜陵,渡江转斗,所向皆破,莫敢当其锋,而军令整肃,百姓怀之。

〔注释〕

①杖节:执持旄(máo)节。古代帝王授予将帅兵权或遣使四方,给以毛制的符节以为凭信。磾:读作 dī,也写作“磾”。

②衔恨：心中悔恨、懊恼、怨恨。

③宾客：东汉以后对依附世家豪族的人口的称谓，有些类似于古代的门客。

〔译文〕

徐州牧陶谦十分忌恨孙策。孙策的舅舅吴景，当时是丹杨太守，孙策就用车载着母亲搬回到曲阿县，和吕范、孙河一起投靠吴景，因此招募到几百人。兴平元年，孙策追随袁术。袁术认为他是一个相当罕见的奇才，把当年孙坚的军队还给了他。太傅马日䃅持节符安抚关东地区，在寿春依礼征召孙策为官，上表奏请任命孙策为怀义校尉。袁术手下的大将桥蕤、张勋都倾慕敬仰他。袁术经常叹息说："假如我袁术有儿子能像孙策一样，就是死了又有什么遗憾的呢！"孙策的骑士犯了罪，逃到袁术的军营，藏在营地的马厩里。孙策派人到那里杀了他，之后，到袁术跟前赔罪。袁术说："士兵喜欢叛逃，应当共同憎恨，为什么要赔罪呢？"从此军中更加敬畏孙策。袁术当初答应任命孙策为九江太守，后来却改用了丹杨人陈纪。后来袁术想要攻打徐州，向庐江太守陆康要三万斛米作军粮。陆康不给，袁术十分生气。孙策当初曾经拜访陆康，陆康不肯见，只派主簿接见他。孙策怀恨在心。袁术派孙策攻打陆康，对他说："先前错用了陈纪，我常常悔恨自己本来的意图不能实现。如今如果能够抓获陆康，庐江就真的归您所有了。"孙策攻打陆康，攻克了庐江。袁术又任用了他原来的属下刘勋为庐江太守，孙策更加失望。在此之前，刘繇担任扬州刺史，州府原来的治所在寿春。袁术已经占据了寿春，刘繇就渡过长江把治所设置在曲阿。当时吴景还在丹杨，孙策的堂兄孙贲又担任丹杨都尉，刘繇到任后就逼迫并驱逐了他们。吴景、孙贲退走住在历阳。刘繇派樊能、于麋向东驻扎在横江津，张英驻扎在当利口，用来抵御袁术。袁术自己任用原来的属下琅琊人惠衢为扬州刺史，改任吴景为督军中郎将，和孙贲一起率军攻打张英等人，连续几年都没有攻克。孙策就劝说袁术，请求协助吴景等人平定江东。袁术上表奏请任命孙策为折冲校尉，兼任殄寇将军，兵士才有一千多人，战马只有几十匹，门下宾客愿意跟随他的有几百人。等到了历阳，军队就增加到五六千人。孙策的母亲之前从曲阿迁移到历阳，孙策又把母亲迁到阜陵，他来回渡过长江四处转战，所到之处全部攻克，没有人敢抵挡他的锋芒，而他的军纪统一严明，百姓都很爱戴他。

策为人，美姿颜，好笑语，性阔达听受，善于用人，是以士民见者，莫不尽心，乐为致死。刘繇弃军遁逃，诸郡守皆捐城郭奔走。吴人严白虎等众各万余人，处处屯聚。吴景等欲先击破虎等，乃至会稽。策曰："虎等群盗，非有大志，此成禽耳。"遂引兵渡浙江，据会稽，屠东冶，乃攻破虎等。尽更置长吏，策自领会稽太守，复以吴景为丹杨太守，以孙贲为豫章太守；分豫章为庐陵郡，以贲弟辅为庐陵太守，丹杨朱治为吴郡太守。彭城张昭、广陵张纮、秦松、陈端等为谋主。时袁术僭号①，策以书责而绝之。曹公表策为讨逆将军，封为吴侯。后术死，长史杨弘、大将张勋等将其众欲就策，庐江太守刘勋要击，悉虏之，收其珍宝以归。策闻之，伪与勋好盟。勋新得术众，时豫章上缭宗民万余家在江东，策劝勋攻取之。勋既行，策轻军晨夜袭拔庐江，勋众尽降，勋独与麾下数百人自归曹公。是时袁绍方强，而策并江东，曹公力未能逞②，且欲抚之。乃以弟女配策小弟匡，又为子章取贲女，皆礼辟策弟权、翊，又命扬州刺史严象举权茂才。

〔注释〕

①僭（jiàn）号：冒用帝王的称号，此处指袁术称帝。僭：超越本分。

②逞：意愿实现，称心。

〔译文〕

孙策为人，容貌仪态十分俊美，喜欢说笑，性情豁达能听取接受别人的意见，善于用人，因此士人百姓凡是见到他的人，没有不竭尽心力乐于为他献身的。听说孙策到来，刘繇放弃军队逃走，众郡守也都放弃城池逃走。吴人严白虎等各有军队万余人，在各处驻扎聚集。吴景等想要首先打败严白虎等人，就攻打会稽。孙策说："严白虎等这群盗贼，没有什么大的志向，这次一定能擒获他们。"于是率军渡过浙江，占据了会稽，屠杀了东冶全城的抵抗者，打败了严白虎等人。全部更换了地方长官，孙策亲自兼任会稽太守，再次任命吴景为丹杨太守，任命孙贲为豫章太守；从豫章郡中分出庐陵郡，任命孙贲的弟弟孙辅为庐陵太守，丹杨人朱治为吴郡太守。彭城张昭、广陵张纮、秦松、陈端等为谋士。当时袁术僭越称帝，孙策写信责备他与他绝交。曹操上表奏请任命孙策为讨逆将军，封为吴侯。后来袁术去世，他的长史杨弘、大将张勋等人率领自己的军队想要投奔孙策，庐江太守刘勋出兵劫击，全部俘虏了他们，夺取了他们的珍宝回去了。孙策听说这件事，假装与刘勋交好结盟。刘勋刚刚收编袁术的军队，当时豫章郡上缭同一宗族的人有一万多家在江东，孙策劝刘勋攻打夺取他们。刘勋出发后，孙策派轻装部队日夜兼程偷袭并攻下了庐江，刘勋的部队全部投降，只有刘勋和手下几百人归附了曹操。此时袁绍正势力强大，而孙策吞并了江东，曹操的力量不能控制孙策，就想要安抚他。于是把弟弟的女儿嫁给孙策的小弟弟孙匡，又为儿子曹章娶了孙贲的女儿，对孙策的弟弟孙权、孙翊都以礼征召，又命扬州刺史严象举荐孙权为茂才。

建安五年，曹公与袁绍相拒于官渡，策阴欲袭许，迎汉帝，密治兵，部署诸将。未发，会为故吴郡太守许贡客所杀。先是，策杀贡，贡小子与客亡匿江边。策单骑出，卒与客遇，客击伤策。创甚，请张昭等谓曰："中国方乱，夫以吴、越之众，三江之固，足以观成败。公等善相吾弟！"呼权佩以印绶，谓曰："举江东之众，决机于两陈之间，与天下争衡，卿不如我；举贤任能，各尽其心，以保江东，我不如卿。"至夜卒，时年二十六。

〔译文〕

建安五年，曹操和袁绍在官渡相持对峙，孙策暗中想要偷袭许都迎接汉献帝，他秘密训练部队，安排将领。还没有出发，恰巧被原来的吴郡太守许贡的门客杀害了。这之前，孙策杀了许贡，许贡的小儿子和宾客逃亡隐匿在长江边。孙策一个人骑马出去，意外与许贡的宾客相遇，宾客打伤了孙策。孙策伤势严重，请来张昭等人对他们说："中原地区正陷于战乱，凭借吴、越之地的人马和三江的险要牢固，完全可以坐观成败。诸位要好好地辅佐我的弟弟！"叫孙权上前把自己的印绶佩带在他身上，对他说："率领江东的人马，在两军阵前把握时机，和天下英雄争胜抗衡，你不如我；选拔贤才任用能人，使他们各自尽心效力，来保卫江东，我不如你。"到了夜里孙策就去世了，这一年他二十六岁。

权称尊号，追谥策曰长沙桓王，封子绍为吴侯，后改封上虞侯。绍卒，子奉嗣。孙晧时，讹言谓奉当立，诛死。

〔译文〕

孙权称帝后，追谥孙策为长沙桓王，封他的儿子孙绍为吴侯，后来改封为上虞侯。孙绍去世，他的儿子孙奉继承了爵位。孙权的孙子孙晧当政时，民间谣传说孙奉应当被立为皇帝，孙晧就处死了他。

评曰：孙坚勇挚刚毅，孤微发迹[①]，导温戮卓，山陵杜塞，有忠壮之烈。策英气杰济，猛锐冠世，览奇取异，志陵中夏。然皆轻佻果躁，陨身致败。且割据江东，策之基兆也，而权尊崇未至，子止侯爵，于义俭矣。

〔注释〕

①发迹：指人脱离困顿状况而得志兴起，一般指人立功扬名或是变得有钱有势。

〔译文〕

评曰：孙坚勇猛刚毅，出身低微贫贱却能立功扬名，劝导张温杀掉董卓，修缮被董卓破坏的汉室王陵，有忠诚壮烈的功业。孙策的英武气概超级旺盛，猛志锐气举世无双，富于奇思妙计，有统一华夏的志向。但是这父子二人都轻率、武断、急躁，早早丧命导致功业失败。并且割据江东，是孙策奠定的基础，而孙权对他的尊崇没有达到足够的高度，他的儿子只是被封为侯爵，从情理上说是很不够的。

卷五十四　吴书九

周瑜鲁肃吕蒙传第九(节选)

〔题解〕

《吴书九》为周瑜鲁肃吕蒙合传。清朝康熙年间状元韩菼(tǎn)曰:“吕蒙贪功喜事,无远略至计,其去周、鲁不可以道里计,合传似少史识。”光绪年间史学家刘咸炘则认为:“三人相继屯荆州,以权之论合之。”作为传主之一的周瑜是东吴政权的重要奠基人物,与孙策情同兄弟,共同创业,又被孙权“以兄奉之”,委以重任。难得的是周瑜对孙氏兄弟一直以礼相待,在孙权还只是位为将军时,便对他恭敬有加执行君臣之礼。更重要的是,周瑜是一位优秀的军事家和清醒的政治家,当曹操挥军南下时,周瑜力排众议果断地做出了迎击曹军的战略决策,并亲率军队运用火攻之计打败曹操取得了赤壁之战的胜利,巩固了东吴的势力。而孙权与其缔结姻亲之举也证明了君臣之间的互信。除此而外,高大俊美、精通音律且纳国色美女为妻,又让这个人物在世俗审美中多了些让人艳羡的烟火之气。只可惜周瑜英年早逝,子嗣凋零,其命运让人不得不心生叹息。孙权对陆逊所言“公瑾雄烈,胆略兼人,遂破孟德,开拓荆州,邈焉难继,君今继之”之语，也可以让我们想见陆逊为人。

周瑜字公瑾，庐江舒人也。从祖父景，景子忠，皆为汉太尉。父异，洛阳令。

〔译文〕

周瑜字公瑾，庐江郡舒县人。他的堂祖父周景，周景的儿子周忠，都担任过汉朝的太尉。他的父亲周异，做过洛阳令。

瑜长壮有姿貌。初，孙坚兴义兵讨董卓，徙家于舒。坚子策与瑜同年，独相友善，瑜推道南大宅以舍策，升堂拜母，有无通共。瑜从父尚为丹杨太守，瑜往省之。会策将东渡，到历阳，驰书报瑜，瑜将兵迎策。策大喜曰：“吾得卿，谐也。”遂从攻横江、当利，皆拔之。乃渡江击秣陵，破笮融、薛礼，转下湖孰、江乘，进入曲阿，刘繇奔走，而策之众已数万矣。因谓瑜曰：“吾以此众取吴会平山越已足。卿还镇丹杨。”瑜还。顷之，袁术遣从弟胤代尚为太守，而瑜与尚俱还寿春。术欲以瑜为将，瑜观术终无所成，故求为居巢长，欲假途东归，术听之。遂自居巢还吴。是岁，建安三年也。策亲自迎瑜，授建威中郎将，即与兵二千人，骑五十匹。瑜时年二十四，吴中皆呼为周郎。以瑜恩信著于庐江，出备牛渚，后领春穀长。顷之，策欲取荆州，以瑜为中护军，领江夏太守，从攻皖，拔之。时得桥公两女，皆国色也。策自纳大桥，瑜纳小桥。复进寻阳，破刘勋，讨江夏，还定豫章、庐陵，留镇巴丘。

〔译文〕

周瑜高大魁梧姿容俊美。起初，孙坚组建义军讨伐董卓，把家搬到舒县。孙坚的儿子孙策和周瑜同龄，众人之中唯独二人十分要好，周瑜让出路南的大宅院让孙策居住，登堂拜见他的母亲，在生活上二人互通有无。周瑜的叔父周尚任丹杨太守，周瑜前去探望他。恰好孙策准备东渡，到达历阳，派人骑快马送信给周瑜，周瑜率军迎接孙策。孙策十分高兴地说："我得到了你，就一切顺利了。"于是周瑜就跟着孙策一起攻打横江、当利，都攻克了。于是渡过长江攻打秣陵，打败笮（zé）融、薛礼，转而攻下湖孰、江乘，进入曲阿县，刘繇逃走，而孙策的人马已经增长到几万人。孙策就对周瑜说："我用这些人马攻取吴会、平定山越已经足够了。你回去镇守丹杨吧。"周瑜就回去了。不久，袁术派堂弟袁胤接替周尚为太守，周瑜和周尚就一起回到了寿春。袁术想任用周瑜做将领，周瑜看出袁术最终不会取得什么成就，所以请求担任居巢县长，其实是想要借路东归，袁术答应了他的要求。周瑜于是就从居巢回到了吴郡。这一年，是建安三年。孙策亲自迎接周瑜，授予他建威中郎将之职，立刻就给了他步兵两千人，骑兵五十人。周瑜当时二十四岁，吴郡人都称呼他为"周郎"。因为周瑜的恩德威信在庐江非常出名，孙策就派他去防卫牛渚，后来又兼任春穀县长。不久，孙策想要攻取荆州，任命周瑜为中护军，兼任江夏太守，跟着去攻打皖县，打了胜仗。

这时得到桥公的两个女儿，都是天姿国色的美女。孙策自己娶了大桥，周瑜娶了小桥。又进攻寻阳，打败刘勋，讨伐江夏，返回平定了豫章、庐陵，周瑜留下镇守巴丘。

五年，策薨，权统事。瑜将兵赴丧，遂留吴，以中护军与长史张昭共掌众事。十一年，督孙瑜等讨麻、保二屯，枭其渠帅，囚俘万余口，还备宫亭。江夏太守黄祖遣将邓龙将兵数千人入柴桑，瑜追讨击，生虏龙送吴。十三年春，权讨江夏，瑜为前部大督。

〔译文〕

建安五年，孙策去世，孙权执掌政事。周瑜率军奔丧，于是就留在了吴郡，以中护军的身份和长史张昭一起掌管诸项事务。建安十一年，周瑜督率孙瑜等人征讨麻、保二屯，砍下他们首领的头，俘虏了一万多口人，回军驻守宫亭。江夏太守黄祖派部将邓龙率领军队数千人进犯柴桑，周瑜追击攻打，活捉了邓龙送到吴郡。建安十三年春，孙权征讨江夏，周瑜任前部大督。

其年九月，曹公入荆州，刘琮举众降，曹公得其水军，船步兵数十万，将士闻之皆恐。权延见群下，问以计策。议者咸曰："曹公豺虎也，然托名汉相，挟天子以征四方，动以朝廷为辞，今日拒之，事更不顺。且将军大势可以拒操者，长江也。今操得荆州，奄有其地。刘表治水军，蒙冲斗舰①，乃以千数，操悉浮以沿江，兼有步兵，水陆俱下，此为长江之险，已与我共之矣。而势力众寡，又不可论。愚谓大计不如迎之[②]。”瑜曰：“不然。操虽托名汉相，其实汉贼也。将军以神武雄才，兼仗父兄之烈，割据江东，地方数千里，兵精足用，英雄乐业，尚当横行天下，为汉家除残去秽。况操自送死，而可迎之耶？请为将军筹之：今使北土已安，操无内忧，能旷日持久，来争疆埸[③]，又能与我校胜负于船楫间乎？今北土既未平安，加马超、韩遂尚在关西，为操后患。且舍鞍马，仗舟楫，与吴越争衡，本非中国所长。又今盛寒，马无藁草[④]，驱中国士众远涉江湖之间，不习水土，必生疾病。此数四者[⑤]，用兵之患也，而操皆冒行之。将军擒操，宜在今日。瑜请得精兵三万人，进住夏口，保为将军破之。”权曰：“老贼欲废汉自立久矣，徒忌二袁、吕布、刘表与孤耳。今数雄已灭，惟孤尚存，孤与老贼，势不两立[⑥]。君言当击，甚与孤合，此天以君授孤也。”

〔注释〕

①蒙冲：又作艨冲、艨艟，是中等规模的进攻性快艇，船体狭长，机动性强。斗舰：古代的大型战船。

②愚：谦辞，指自己，即我、我们。

③疆埸（yì）：边防，战场。

④藁（gǎo）草：草料。

⑤数四：为数不多。义犹三四。

⑥势不两立：指敌对的双方不能同时存在。比喻矛盾不可调和。两

立：双方并立。

〔译文〕

这年九月，曹操进入荆州，刘琮率众投降，曹操得到了他的水军，水兵步兵合计几十万人，吴军将士听说这件事都感到很惊恐。孙权召见众位属下，询问计策。议事的人都说：“曹操是豺狼虎豹一样的人，但是假借汉朝丞相之名，挟持天子来征讨四方，行动都以朝廷为说辞，今天如果抵抗他，事情就会更加不顺利。况且将军可以用来抵抗曹操的优势是长江。如今曹操得到了荆州，全部占有了这个地区。刘表训练水军，仅仅是大中型战船就要用千来计数，曹操将它们全部沿江排开，此外还有步兵，水军陆军一起沿江而下，这就是说长江之险，已经和我们共同拥有了。而双方势力的强弱，又不可以相提并论。我们认为上策不如迎接他们。”周瑜说：“不是这样的。曹操虽然假托汉朝丞相之名，其实是汉朝的奸贼。将军凭借神明勇武的雄才伟略，又依仗父兄的功业，占据江东，土地方圆几千里，军队精良，物资充足，英雄乐意效力，正应当纵横天下，替汉朝除去奸臣恶贼。况且曹操又是亲自前来送死，怎么可以迎接他呢？请让我为将军筹划此事：如今假使北方已经安定，曹操没有内忧，能够旷日持久地前来与我们战场相争，又能在水战中与我们一较胜负吗？如今北方还没有得到平定，加上马超、韩遂还在关西，是曹操的后患。况且舍弃自己擅长的陆上鞍马作战，而依仗舟楫水军，与水乡长大的吴越之人争斗较量，本来就不是中原人的长项。并且现在天气极寒，马匹没有草料，驱使中原的士兵长途跋涉来到南方江湖之间，不服水土，一定会生发疾病。这几点都是用兵的禁忌，而曹操都贸然为之。将军擒拿曹操，应该就在今日。周瑜我请求得到精良之军三万人，进军驻守夏口，保证为将军您打败曹操。”孙权说：“曹操老贼想要废掉汉室自立为帝已经很久了，只是忌惮袁绍、袁术、吕布、刘表和我罢了。如今几位雄才已被灭掉，只有我还在，我与老贼，不能并存。您说应当抗击，和我的心意很是相合，这真是上天把您赐予给我啊！”

时刘备为曹公所破，欲引南渡江，与鲁肃遇于当阳，遂共图计，因进住夏口，遣诸葛亮诣权。权遂遣瑜及程普等与备并力逆曹公，遇于赤壁。时曹公军众已有疾病，初一交战，公军败退，引次江北。瑜等在南岸。瑜部将黄盖曰：“今寇众我寡，难与持久。然观操军船舰首尾相接，可烧而走也。”乃取蒙冲斗舰数十艘，实以薪草，膏油灌其中，裹以帷幕，上建牙旗①，先书报曹公，欺以欲降。又豫备走舸②，各系大船后，因引次俱前。曹公军吏士皆延颈观望，指言盖降。盖放诸船，同时发火。时风盛猛，悉延烧岸上营落。顷之，烟炎张天，人马烧溺死者甚众，军遂败退，还保南郡。备与瑜等复共追。曹公留曹仁等守江陵城，径自北归。

〔注释〕

①建：竖起，插上。牙旗：旗竿上饰有象牙的大旗，多为主将主帅所用，亦用作仪仗。

②走舸(gě)：指轻便快速的战船。

〔译文〕

当时刘备被曹操打败，想率军向南渡过长江，与鲁肃在当阳相遇，于是共同商议计策，就进驻夏口，派诸葛亮去拜见孙权。孙权于是就派周瑜以及程普等人与刘备合力迎击曹操，两军在赤壁相遇。这时曹操的士兵已经生了疾病，刚一交战，曹军失败退后，曹操率军驻扎在长江之北。周瑜等人在南岸。周瑜的部将黄盖说："如今敌众我寡，难以长时间与他们相持。但是看曹操军队的船舰首尾相连，可以放火烧船打跑他们。"就取来几十艘大中型战船，装满柴草，中间灌注易燃的膏油，用帷幕裹住船舱，在上面插上大旗，先写信给曹操，骗他说自己想要投降。又预备轻快的小船，分别系在大船后面以备逃走，就依次一起向前驶去。曹操军中的官吏士兵都伸长脖子观看，指点着说黄盖来投降了。黄盖放开各艘船只，同时点火。当时风势猛烈，大火都蔓延烧到了岸上的营寨。不久，烟火漫天，曹军人马烧死淹死的很多，曹军于是失败后退，返回守卫南郡。刘备与周瑜等人又共同追击。曹操留下曹仁等人守卫江陵城，自己径直返回北方。

瑜与程普又进南郡，与仁相对，各隔大江。兵未交锋，瑜即遣甘宁前据夷陵。仁分兵骑别攻围宁。宁告急于瑜。瑜用吕蒙计，留凌统以守其后，身与蒙上救宁。宁围既解，乃渡屯北岸，克期大战。瑜亲跨马擽陈[①]，会流矢中右胁，疮甚，便还。后仁闻瑜卧未起，勒兵就陈。瑜乃自兴，案行军营，激扬吏士，仁由是遂退。

〔注释〕

①擽(lüè)陈:通“掠阵”,即压阵、助威的意思。一般为战争中主将对阵时,副将们在旁边准备。

〔译文〕

周瑜与程普又进兵南郡,与曹仁相对峙,各自隔着长江。两军没有交战,周瑜就派甘宁前去占据夷陵。曹仁分派兵马围攻甘宁。甘宁向周瑜报告事情紧急,并请求援助。周瑜采用吕蒙的计策,留下凌统守卫自己的后方,亲自与吕蒙前去救援甘宁。甘宁的包围被解除,于是渡江驻扎在长江北岸,约定日期和曹仁大战。周瑜亲自跨上战马为他压阵,恰好流箭射中他的右胁,伤势很重,随即撤回。后来曹仁听说周瑜卧床不起,就率军列阵。周瑜便自己起来,巡视军营,激励将士,曹仁因此就退走了。

权拜瑜偏将军,领南郡太守。以下隽、汉昌、刘阳、州陵为奉邑[①],屯据江陵。刘备以左将军领荆州牧,治公安。备诣京见权,瑜上疏曰:“刘备以枭雄之姿,而有关羽、张飞熊虎之将,必非久屈为人用者。愚谓大计宜徙备置吴,盛为筑宫室,多其美女玩好,以娱其耳目,分此二人,各置一方,使如瑜者得挟与攻战,大事可定也。今猥割土地以资业之,聚此三人,俱在疆埸,恐蛟龙得云雨,终非池中物也。”权以曹公在北方,当广揽英雄,又恐备难卒制,故不纳。

〔注释〕

①奉邑:指以收取赋税作为俸禄的封地。奉,通“俸”。

〔译文〕

孙权任命周瑜为偏将军,兼任南郡太守。把下隽、汉昌、刘阳、州陵作为他的奉邑,让他驻军据守江陵。刘备以左将军的身份兼任荆州牧,治所设在公安县。刘备到京县拜见孙权,周瑜上奏疏说:“刘备具备强横而富于野心的姿质,又有关羽、张飞这样熊虎一般的猛将,一定不是长期屈从被他人任用的人。我认为上上策应该是迁移刘备到吴郡,大规模为他修筑宫室,多多地送给他美女和珍稀的玩物,让他在享受声色娱乐中丧失斗志,再把关羽、张飞这两个人分开,分别安置一方,派像我这样的能够挟持镇压住他们的人与他们一同攻城作战,大事就可以安定了。现在轻率地割出土地用来资助他们,让这三个人聚集在一起,都在边境战场之上,恐怕他们就像蛟龙遇到云雨,终究不会是池中之物了。”孙权认为曹操在北方对东吴虎视眈眈,应当广泛招揽天下英雄,又担心刘备一时难以制伏,所以没有采纳周瑜的意见。

是时刘璋为益州牧,外有张鲁寇侵,瑜乃诣京见权曰:“今曹操新折衄[①],方忧在腹心,未能与将军连兵相事也。乞与奋威俱进取蜀,得蜀而并张鲁,因留奋威固守其地,好与马超结援。瑜还与将军据襄阳以蹙操,北方可图也。”权许之。瑜还江陵，为行装，而道于巴丘病卒，时年三十六。权素服举哀[2]，感动左右。丧当还吴，又迎之芜湖，众事费度，一为供给。后著令曰：“故将军周瑜、程普，其有人客，皆不得问。”初瑜见友于策，太妃又使权以兄奉之。是时权位为将军，诸将宾客为礼尚简，而瑜独先尽敬，便执臣节。性度恢廓，大率为得人，惟与程普不睦。

〔注释〕

①折衄（zhénǜ）：指失败，挫败。

②举哀：指办丧事时高声号哭，表示哀悼。

〔译文〕

当时刘璋担任益州牧，在外有张鲁等贼寇入侵，周瑜于是到京县拜见孙权说：“如今曹操刚刚战败，正有忧虑在心，不能与将军您交兵作战。恳请您让我和奋威将军刘备一起进兵攻取蜀郡，得到蜀郡而吞并张鲁，就留下奋威将军固守那里，好与马超结盟互援。我回来与将军您占据襄阳来进逼曹操，北方就可以谋取了。”孙权答应了他。周瑜回到江陵，整治行装，行军途中在巴丘病死，当时三十六岁。孙权换上素服痛哭哀悼，感动了身边的人。周瑜的灵柩将要运回吴县，孙权又亲自到芜湖迎接，各项丧事费用，一律供给。后来又专门颁布政令说：“已故将军周瑜、程普，他们两家的佃客，都免去租税徭役。”当初周瑜受到孙策的友待，太妃又让孙权以兄长之礼事奉周瑜。这时孙权的职位是将军,众位将领宾客对他的礼仪都还很简单,而周瑜独自率先竭尽恭敬,对他执行臣下的礼节。周瑜性情开朗大度,心胸宽阔,大体上很得人心,只是和程普不够和睦。

瑜少精意于音乐,虽三爵之后,其有阙误,瑜必知之,知之必顾,故时人谣曰:“曲有误,周郎顾。”

〔译文〕

周瑜年轻时精心学习音乐,即使是喝了很多杯酒之后,乐曲如果有遗漏或是错误,周瑜也一定会知道,知道后一定会回头看演奏的乐工,所以当时人有歌谣说:“曲有误,周郎顾。”

瑜两男一女。女配太子登。男循尚公主,拜骑都尉,有瑜风,早卒。循弟胤,初拜兴业都尉,妻以宗女,授兵千人,屯公安。黄龙元年,封都乡侯,后以罪徙庐陵郡。赤乌二年,诸葛瑾、步骘连名上疏曰:“故将军周瑜子胤,昔蒙粉饰,受封为将,不能养之以福,思立功效,至纵情欲,招速罪辟。臣窃以瑜昔见宠任,入作心膂①,出为爪牙,衔命出征,身当矢石,尽节用命,视死如归,故能摧曹操于乌林,走曹仁于郢都,扬国威德,华夏是震,蠢尔蛮荆,莫不宾服,虽周之方叔,汉之信、布,诚无以尚也。夫折冲捍难之臣,自古帝王莫不贵重,故汉高帝封爵之誓曰‘使黄河如带,太山如砺,国以永存,爰及苗裔’;申以丹书,重以盟诅,藏于宗庙,传于无穷,欲使功臣之后，世世相踵，非徒子孙，乃关苗裔，报德明功，勤勤恳恳，如此之至，欲以劝戒后人，用命之臣，死而无悔也。况于瑜身没未久，而其子胤降为匹夫，益可悼伤。窃惟陛下钦明稽古，隆于兴继，为胤归诉，乞匄余罪[②]，还兵复爵，使失旦之鸡，复得一鸣，抱罪之臣，展其后效。”权答曰：“腹心旧勋，与孤协事，公瑾有之，诚所不忘。昔胤年少，初无功劳，横受精兵，爵以侯将，盖念公瑾以及于胤也。而胤恃此，酗淫自恣，前后告喻，曾无悛改[③]。孤于公瑾，义犹二君，乐胤成就，岂有已哉？迫胤罪恶，未宜便还，且欲苦之，使自知耳。今二君勤勤援引汉高河山之誓，孤用恧然。虽德非其畴，犹欲庶几，事亦如尔，故未顺旨。以公瑾之子，而二君在中间，苟使能改，亦何患乎！”瑾、骘表比上，朱然及全琮亦俱陈乞，权乃许之。会胤病死。

〔注释〕

①心膂（lǚ）：比喻主要的辅佐人员，也用来比喻亲信得力之人。本义为心与脊骨。

②乞匄（qǐgài）：给予，施与。

③悛（quān）改：悔改。

〔译文〕

周瑜有两个儿子一个女儿。女儿嫁给了太子孙登。儿子周循娶了公主，被任命为骑都尉，有周瑜的风范，早早就去世了。

周循的弟弟周胤，最初任兴业都尉，孙权把宗室之女嫁给他，授给他兵士一千人，驻守在公安县。黄龙元年，封为都乡侯，后来因为获罪被流放到庐陵郡。赤乌二年，诸葛瑾、步骘一起联名上奏疏说："已故将军周瑜的儿子周胤，过去蒙受褒奖，被封为将军，不能以先人福泽涵养自己，想着为国家立功报效，以至放纵情感欲望，很快就招致罪罚。臣等私下认为周瑜昔日受到宠爱信任，在内如心脏与脊骨一样，出外像利爪与牙齿一样，受命出征，身挡箭石，尽忠献命，视死如归，所以能在乌林打败曹操，在郢都驱走曹仁，宣扬国之威德，华夏因而震动，愚昧的蛮荆没有人不佩服，即使是周朝的方叔，汉朝的韩信、英布，实在也无法超越他。那些克敌制胜解除国难的臣子，自古以来的帝王没有人不珍视敬重的，所以汉高祖封爵的誓词说'即使黄河变得像衣带那样窄，泰山变得像磨刀石那么小，封国永远保存，传给子孙后代'；用丹砂书写盟书，郑重进行盟誓，将盟书藏在宗庙之中永远流传，想要让功臣的后代，世代继承，不只是子孙，而是传到更远的后人，报偿和表彰臣下的功德勤恳踏实，像这样至于极致，就是想要用来劝诫后人，使那些为国献身的臣子死而无悔。况且周瑜去世还没多久，而他的儿子周胤就被降为平民，更加让人哀痛伤心。我们私下认为陛下英明圣德能够以古为鉴，能使被消灭的爵位重新兴起，因此为周胤求情，请求赦免他其余的罪过，归还他的军队，恢复他的爵位，让未能及时报晓的雄鸡能够再次鸣叫，使负罪的臣子再有报效的机会。"孙权回答说："我的心腹旧臣，与我合力做事，公瑾是其中之一，的确不能忘记。当年周胤年纪小，最初并没有功劳，平白无故地掌管一队精兵，封侯爵任将军，正是顾念公瑾的功绩而恩泽到周胤的。而周胤凭借这些，酗酒淫乱放纵无度，前后数次警告劝谕他，都丝毫不知悔改。我与公瑾，情意就像你们二位一样，期望周胤有所成就，难道会有停止吗？只是由于周胤的罪恶，不宜马上召还，并且想让他受些磨难，让他自我反省罢了。如今您二位诚恳地援引汉高祖关于黄河泰山的封爵誓词，我感到很是惭愧。虽然我的德行比不上汉高祖，但还想和他差不多，事情就是这样，所以没有采纳你们的意见。作为公瑾的儿子，又有你们两位从中说情，如果他能够改正错误，又有什么可担心的呢！”诸葛瑾、步骘的奏表接连呈上，朱然和全琮也都陈说求情，孙权就答应他们恢复周胤的爵位和官职。恰巧周胤病死了。

瑜兄子峻，亦以瑜元功为偏将军，领吏士千人。峻卒，全琮表峻子护为将。权曰：“昔走曹操，拓有荆州，皆是公瑾，常不忘之。初闻峻亡，仍欲用护，闻护性行危险，用之适为作祸，故便止之。孤念公瑾，岂有已乎？”

〔译文〕

周瑜哥哥的儿子周峻，也因为周瑜的大功而担任偏将军，统领官兵一千人。周峻去世，全琮上表请求封周峻的儿子周护为将。孙权说：“昔日驱逐曹操，开拓并占有荆州，都是公瑾的功劳，我永远不会忘记他。当初听说周峻去世，就想要任用周护，但听说周护的性情行为孤僻险恶，任用他等于就是制造祸端，所以就放弃了这个打算。我思念公瑾，难道会有停止吗？”

（以下略去鲁肃传、吕蒙传）

孙权与陆逊论周瑜、鲁肃及蒙曰："公瑾雄烈[①]，胆略兼人，遂破孟德，开拓荆州，邈焉难继，君今继之。公瑾昔要子敬来东，致达于孤，孤与宴语，便及大略帝王之业，此一快也。后孟德因获刘琮之势，张言方率数十万众水步俱下。孤普请诸将，咨问所宜，无适先对，至子布、文表，俱言宜遣使修檄迎之，子敬即驳言不可，劝孤急呼公瑾，付任以众，逆而击之，此二快也。且其决计策意，出张苏远矣；后虽劝吾借玄德地，是其一短，不足以损其二长也。周公不求备于一人，故孤忘其短而贵其长，常以比方邓禹也[②]。又子明少时，孤谓不辞剧易[③]，果敢有胆而已；及身长大，学问开益，筹略奇至，可以次于公瑾，但言议英发不及之耳。图取关羽，胜于子敬。子敬答孤书云：'帝王之起，皆有驱除，羽不足忌。'此子敬内不能办，外为大言耳，孤亦恕之，不苟责也。然其作军，屯营不失，令行禁止，部界无废负，路无拾遗，其法亦美也。"

〔**注释**〕

①古人称字是表示对他人的尊敬。下文中鲁肃字子敬，张昭字子布，秦松字文表，吕蒙字子明，都是孙权的重要谋士。

②邓禹：东汉初年军事家，被刘秀"恃之以为萧何"。

③剧易:轻重;难易。多用为偏义复词,指艰难。

〔译文〕

孙权同陆逊评论周瑜、鲁肃及吕蒙说:“周瑜雄强刚烈,勇气和谋略倍于常人,于是打败曹操,开拓荆州,他的高远很难有人成为后继,您如今继续了。周瑜当初邀请鲁肃东来,将他推荐给我,我和他宴饮交谈,很快就谈到大的战略和帝王之业,这是第一大快事。后来曹操因为收降刘琮扩大了势力,就扬言将要率领几十万人水军陆军一起东下侵吴。我遍请众位将领,询问适宜的对策,没有人首先提出让我满意的计谋,甚至连张昭、秦松都说应该派使者修书迎接曹氏,鲁肃当即驳斥他们说不可以,劝我急速召见周瑜,把军队交给他,迎击曹操,这是第二大快事。而且他的决策计谋,远远超出张仪、苏秦;后来虽然劝我借荆州给刘备,是他的一个短处,但是不足以损害他的两个长处。周公不求全责备于一个人,所以我忘记他的短处而珍视他的长处,常常把他比作邓禹。再说吕蒙年少时,我认为他只是不推脱难事,果敢有胆量而已;等到他长大成人,学问大大增加,运筹谋略出奇而至,可以说仅次于周瑜,只是言谈议论英姿奋发不及他罢了。图谋攻取关羽,他胜过鲁肃。鲁肃在给我的回信里说:‘每位帝王的兴起,都会有人来驱除祸难,关羽不值得顾忌。’这是鲁肃于内不能想出办法,于外说些大话罢了,我也宽恕他,不过分责备他。而他训练军队驻守扎营,能够令行禁止,辖区内无人因失职而负罪,路无拾遗社会风气很正,他的治理方法是极好的。”

评曰：曹公乘汉相之资，挟天子而扫群桀[1]，新荡荆城，仗威东夏，于时议者莫不疑贰。周瑜、鲁肃建独断之明，出众人之表，实奇才也。吕蒙勇而有谋，断识军计，谲郝普，禽关羽，最其妙者。初虽轻果妄杀，终于克己，有国士之量，岂徒武将而已乎！孙权之论，优劣允当，故载录焉。

〔注释〕

①桀（jié）：同“杰”，杰出的人。

〔译文〕

评曰：曹操利用汉朝丞相的权势，挟持天子而扫灭群雄，刚刚荡平荆州，又依仗武力攻打江东，当时议事的没有人不心怀疑惧和贰心的。周瑜、鲁肃提出独特果断的高明见解，出于众人之上，实在是奇才啊！吕蒙英勇而有谋略，能够决断明辨军事计策，诱骗郝普，擒获关羽，是他最妙的计谋。起初虽然轻率武断随意杀人，最终却能克制自己，有国士的器量，哪里仅仅是一员武将呢！孙权的论断，对各人的长处和短处都评价得公允恰当，所以记载抄录在这里。